全社でデータを活かす技術

Data Is Everybody's Business

データマネタイゼーションの成功法則

The Fundamentals of Data Monetization

バーバラ・ウィクサム／シンシア・M・ビース／レスリー・オーウェンス
Barbara H. Wixom, Cynthia M. Beath, and Leslie Owens

天野秀俊 訳

日本経済新聞出版

DATA IS EVERYBODY'S BUSINESS: The Fundamentals of Data Monetization

by Barbara H. Wixom, Cynthia M. Beath, and Leslie Owens

Japanese translation published by arrangement with The MIT Press
through The English Agency (Japan) Ltd.

訳者まえがき

このたび、*Data Is Everybody's Business: The Fundamentals of Data Monetization*（Barbara H. Wixom, Cynthia M. Beath, and Leslie Owens, The MIT Press, 2023）の日本語版を皆さまにお届けできることを光栄に思います。本書は、データが現代ビジネスにおいて重要な資産であり、データを活用することで既存事業の売り上げ拡大やコスト削減、または新規ビジネスの創発を実現する可能性を秘めており、組織全体の成功を左右することを説いています。

デジタル化が急速に進む現代社会において、データをいかに理解し、活用するかが、企業の競争力を決する時代が到来しています。本書はそのような状況を深く掘り下げ、タイトルにある「全社でデータを活かす技術：データマネタイゼーションの成功法則」の必要性と、その実現のための考え方や手法を明快に解説しています。

私が本書の翻訳を手がけることを決意した背景には、昨今データの重要性が急速に高まる一方で、多くの企業においてデータの活用がデータサイエンティストやＤＸ部門、新規ビジネス部門など一部の専門家や部門に限定されている現状への問題意識があります。しかし、データが企業全体で共有され、その価値が最大限に引き出されて収益性の向上や新規ビジネスを創発させるためには、すべてのビジネスパーソンがデータリテラシーを身につけ、データを活用できる環境を整えることが必要不可欠です。

本書の著者たちは、データの専門家だけでなく、組織の全員がデータを理解し活用することで、組織全体のパフォーマンスが向上することを強調しています。データが組織全体でどのように活用されるべきか、またそのためにどのような教育やインフラが必要かについて、本書は具体的かつ実践的なガイドラインを提供しています。

「全社でデータを活かす」ためには、まずは経営層がその価値を認識し、組織の全員がデータを活用したビジネスの検討ができるようなリテラシーを身につける（データリテラシーの向上）活動を推進することが不可欠です。本書では、経営層がどのようにしてデータドリブンの文化を醸成し、組織全体に広げることができるかを詳しく説明しています。日本の企業においても、このような全社的な取り組みが求められており、本書がその一助となることを期待しています。

また、データリテラシーを広めるための具体的な方法論として、データを活用するためのインフラ整備が紹介されています。この手法は、専門知識を持たない従業員でもデータを扱えるようにするためのものであり、日本の企業においても非常に参考になる内容です。特に、データにもとづいた意思決定が日常的に行われるような環境を整えることが、今後のビジネスにおいて重要な課題となるでしょう。

さらに、データの活用がもたらす具体的なメリットや、成功事例も多く紹介されています。実際のビジネスシーンにおいてどのようにデータを活用すれば効果的かを具体的に示しています。本書を通じて、こうした事例を参考にしながら、各企業が自社に適したデータ活用の方法を模索し、実践することを期待しています。

われわれが翻訳作業を進めるなかで、改めて実感したことは、データが持つ力の大きさです。データは単なる数字や文字の集まりではなく、適切に分析・活用することで、ビジネスの拡大や競争力の向上に大きく寄与するものです。本書が提示する考え方や方法論は、すべてのビジネスパーソンがデータを扱えるようになるための道標となるはずです。そして、それが企業全体の成功につながるという著者のメッセージは、日本のビジネスパーソンにおいても有用な教訓であると感じています。

最後に、本書日本語版の出版にあたり、多くの方々のご支援とご協力を賜りましたことについて心より感謝申し上げます。日経BP日経BOOKSユニットの田口恒雄氏をはじめ、出版に関わってくださったすべての方々に、この場を借りて深く御礼申し上げます。また、本書の翻訳はクニエの新規事業戦略チームが担い、代表として天野を訳者として記載しております。巻末にチームのメンバーも紹介しています。

本書を手に取ってくださった読者の皆さまが、データをより深く理解し、その力を最大限に活用することで、ビジネスにおける成功を手にされることを心から願っております。

Data Is Everybody's Business の神髄である「全社でデータを活かす」という考え方が、日本のビジネス界における企業の競争力向上に寄与することを祈念しております。

株式会社クニエ　新規事業戦略チーム

天野秀俊

原著まえがき

マサチューセッツ工科大学（ＭＩＴ）スローン情報システム研究センター（ＭＩＴ ＣＩＳＲ）の主任研究員に着任したバーバラ・ウィクサム（愛称「バーブ」）教授が、データ研究を率いるリーダーとして自身の研究に対しての意見やアドバイスを得るべく、世界各国のデータ分野の権威などの有識者からなる諮問委員会の設置を提唱した。そのメンバーが私たちだ。さまざまな組織に所属するデータ分野の専門家で、研究に加わって研究の優先順位を設定したり、研究から得られる洞察を吟味したりできる人材を彼女は求めていた。私たちに任された役目は、ＭＩＴ ＣＩＳＲのデータ研究が常に適切で先鋭的かつ応用的なものになるようサポートすることだ。

私たちは、チャットのやり取りだけでなく、ＭＩＴのキャンパスに赴いたり、経営層向けの教育イベントやオンラインミーティングに参加したりして、データに対する情熱を共有してきた。こうしたやり取りの甲斐もあり、バーブや、ＭＩＴ ＣＩＳＲで彼女の共同研究者を務めるシンシアやレスリーとも知り合うことができ、互いに信頼を深めることができた。この交流は、データ分野の研究について新しいアイデアや方向性を生み出している。たとえば、あるメンバーが何かとても珍しいことをやっていると、チームが一丸となってその内容を調査したり、吟味したりしてくれるため、新しいインサイト（洞察）が生まれることがある。そして、成功に役立ちそうなアプローチが見つかった場合は、その取り組みをケーススタディとしてまとめるという流れだ。

２０２１年第１四半期、バーブは「Inspiring Hearts and Minds（心にインスピレーションを）」と銘打ったオンラインのミーティングをスタートさせた。そして、私たちに次のように問いかけた。「私たちがこの分野に足を踏み入れた頃と**今とでは、なぜデータ分野を取り巻く様相が違うのか？**　その違いに対して、データ分野のリーダーである**私たちは何をすべきなのか？**」その問いに対して、彼女は、データ分野のリーダーたちは周囲に対してもっと熱心にデータの重要性を説くべきだと考えた。というのも、私たちデータ分野のリーダーが組織のデータアセットに対する責任をあまりにも一手に負いすぎていると考えていたからだ。また、説得力のあるコミュニケーションを図るためにも、データ分野のリーダーは誰でも理解できるような、シンプルかつ日常的なビジネス用語を使う必要もあると考えた。私たちもそう感じており、これには同感だった。

その後の会話で、データは大多数の人にとって期待されるアセット（資産）となるべきであり、それには忍耐やコミットメント、そして人材と新しい働き方への継続的な投資が必要ということで意見が一致した。そして、この流れに勢いをつけるためには、さまざまな部署や領域、経験、役職の多様な視点を持つ人びとの関与が必要である、となった。

この点では、データに価値があることを説得するよりも、部門レベルのような個別の取り組みから全社的なケイパビリティ構築の取り組みへの移行を後押しするべきだ。なぜなら、（一部の人やＩＴ部門の責任ではなく）すべての従業員がデータを自分たちの裁量で扱うことができる場合には、つまりは全社的なケイパビリティが得られると、イノベーションの機会が一段と見つかりやすくなることがわかったためだ。そこで、データ分野のリーダーとして私たちは、信頼できるデータアセットの創出や共有、そしてデータリテラシー・プログラムをリードすることに注力する必要がある。その結果として、多くの仲間がデータを活用して業務や製品を改善できるようになることを目指している。

チームメンバーの多くはMIT CISRの研究成果をすでに各自の組織で役立てているため、そのメリットを挙げることができる。そして今、研究成果を一冊の本に集約し、すべての人に魅力的な形で提供できることを嬉しく思う。私たちは、この本を各自の組織全体に配布して内容を議論し、使いやすいフレームワークを活用して周りを育てることにより、次のことに携わってもらうことを期待している。

- データアセットの構築
- データにもとづいた斬新な業務方法や顧客体験の創出
- データについての学習、およびデータに関する知識の共有

私たちは、第一線で働く従業員から管理職、役員に至るまで企業全体がひとつにまとまり、データは誰もが向き合うべきアセットであるという考え方を受け入れてくれるよう願っている。本書はすべての人のためにある。

MIT CISRデータ研究諮問委員会メンバー

目次

Contents

第1章 データマネタイゼーション Data Monetization

第2章

データマネタイゼーション・ケイパビリティ

Data Monetization Capabilities

第3章 データによる業務改善
Improving with Data

第4章 データによるラッピング
Wrapping with Data

第5章 情報ソリューションの販売

Selling Information Solutions

第6章 データデモクラシーの創出
Creating a Data Democracy

第7章 データマネタイゼーション戦略
Data Monetization Strategy

第8章 データをマネタイズする

Monetizing Your Data

序　章

全社でデータを活かす技術

Data Is Everybody's Business

誰もが、データはビジネスにとって
非常に重要だと口を揃えるだろう。
ところが、何から始めればよいのかわからないのだ。

——ミヒル・シャー（フィデリティ・インベストメンツ）

データから価値を生み出そうとするリーダーは、往々にしてグーグルのような企業からインスピレーションを得ようとする。カリフォルニアまで車を飛ばしてグーグルのオフィスを見学する者もいるだろう。そこでは先進技術や、独自の人工知能をベースにした製品（自動的に更新される地図など）を開発している優秀なデータサイエンティストたちに出会えるかもしれない。[1] しかし、グーグルのような企業が成功を収めた背景には、他にも要因がある。グーグルでは誰もがデータを扱える人となって、データにもとづく新しい仕事のやり方を生み出し、周りと共有することが求められている。つまり、データを活用可能な形（データアセット）に転換することで、従業員は手作業で個別の業務プロセスや管理手法を作成することなく、現場のニーズに対応することができる。アルファベット（グーグルの親会社）の使命が「世界の情報を整理し、誰もがアクセスして利用できるものにすること」であるため、全社を挙げてこうしてデータが活用可能な形に変換された資産（データアセット）を収益化しているというわけだ。[2]

企業のリーダー陣は、シリコンバレーでのグーグル視察を終えてオフィスに戻ると、まるで素敵な新婚旅行から帰ってきた夫婦のように、どこから手をつけてよいか戸惑うことがあるかもしれない。言うまでもなく、グーグルほどのデータ量を持つ組織はほとんどない。しかし、あなたの組織も含め、すべての組織が大量のデータを保有している。たとえば、内部的なもの（会計データなど）もあれば、外部的なもの（消費者の信用リスクや家計の嗜好に関するデータなど）もある。また、構造的なもの（顧客の注文内容など）もあれば、構造化されていないもの（ツイートなど）もあるだろう。データが眠っている場所は、スプレッドシート、クラウド、メールのアーカイブ、データウェアハウス、データレイクなど多岐にわたる。今日の組織はデータを蓄積することに長けているがために、データの氾濫が起きており、それは、データの保存・処理、デジタル技術、ネットワーキング、通信といった技術の進歩に伴い、より顕著になっている。

もうおわかりだと思うが、ほとんどの組織では、データはあらゆる場所に眠っているのだ。一方で、データはその使い道として目的が明示的なことが一般的であり、その意味でなんらかの文脈と紐づいているといえる（例：販売実績データは販売予測に活用する目的で使われる）[3]。データの作成・管理プロセスによって、そのデータの形や使える範囲が決まる。データは閉鎖的なプラットフォームに閉じていたり、複数の場所で複製されたりしているうえ、不完全で正確さを欠き、定義も曖昧になってしまうことが多い。その結果、組織はデータをサイロから解放し、顧客離反のボリュームの算出やサプライチェーン断絶の原因の特定など、データを特定の用途に適用させることに、経営上の関心を集中させる。このような取り組みは複雑で軋轢が生じることも多く、データ活用の新たな機会が生まれるたびに、誰かが同じハードルを乗り越えなければならない。予期せぬ課題や機会に対応するためにデータを活用することは、至難の技のように感じるだろう。

グーグルのような企業は、保有するデータに対して他の企業とは異なるアプローチをとっている。データを文脈から切り離し、どのような目的に対しても取得・再利用できる形にする、つまり、データのアセット化を行っている。このようにアセット化されたデータは、正確かつ完全なうえ、最新で標準化され、検索可能で理解もしやすい。つまり、社内の誰もが各自の価値創造の取り組みに簡単に組み込むことができるアセットなのだ。本書のタイトルにある「データ」とは、このような**データアセット**を意味する。本書では、組織がデータアセットを開発し、繰り返し活用するための方法について紹介する。

タイトルに「全社で」という表現が使われていることにも意味がある。データは、役職名に「データ」がつく人だけのものではない。組織がデータアセットを開発し、それを繰り返し活用するためには、より多くの人の関与が必要となる。たとえば、組織の財務結果は財務・経理担当者だけの責任ではないし、顧客維持も営業部門だけの仕事ではない。また人材管理も人事部門（HR）だけのものではない。同様に、データに対する責任もデータチームだけが負うべきではないのだ。

ところで、なぜ Data Is Everybody's "Business" というタイトル（訳注：原著書名）なのだろうか？それは、組織は、データを駆使して利益を上げ、コストを削減すべきだからだ。組織のデータへの集中的な投資から生み出される収入は、支出を上回らなければならない。組織がデータから生み出す収益の程度を積極的に管理していない場合、収入は限定的になってしまうだろう。最悪の場合、損失が出てしまう。第1章で説明するデータマネタイゼーションという概念は、ビジネスの基礎的な概念である。

明確で覚えやすい、統合されたフレームワーク

データ分野のリーダーが従業員の「データに対するリテラシー」を高めようとするとき、助けになるもの（訳注：体系化された教育方針や教材など）があまりないのに気づくことが多い。ビジネススクールや経営層向けの教育でよく取り上げられる他の経営テーマとは異なり、データ分野は比較的新しく、基準やコアカリキュラムはまだ発展途上だ。[4]実際、データマネジメント協会は２００９年、データマネジメントの知識体系を解説した書籍を初めて刊行したが、[5]各組織はそれを参考に独自のデータトレーニング教材を開発したり、独自の用語を創出したりすることで、教育体系を確立するための試行錯誤を重ねる必要があった。

本書は簡潔な言葉と統合された概念を用いているため、従業員のデータに対する理解力をすばやく高めることができる。重要なフレームワークは図０・１に示した3つだけだ。本書を読み終えれば誰でも、ペンを手に取り、データマネタイゼーションの議論に役立つフレームワークをホワイトボードに描き出すことができるようになるはずだ。

ひとつ目のフレームワークは、組織がデータアセットを開発し、データマネタイゼーションを迅速に進めて成功させるための5つのデータマネタイゼーション・**ケイパビリティ**（データマネジメント、データプラットフォーム、データサイエンス、カスタマーアンダスタンディング、アクセプタブルデータユース）をまとめたものである。各ケイパビリティが扇状に描かれているのは、それぞれが密接に関連し、一体となって効果を発揮するからだ。データマネタイゼーション・ケイパビリティとは、データを特定の条件や文脈から切り離すことで再利用可能なアセットに変換する、すなわち、データのアセット化を繰り返し実践することで培われる知見のことである。この専門知識は、個

図 0.1　3 つの主要なデータマネタイゼーション・フレームワーク

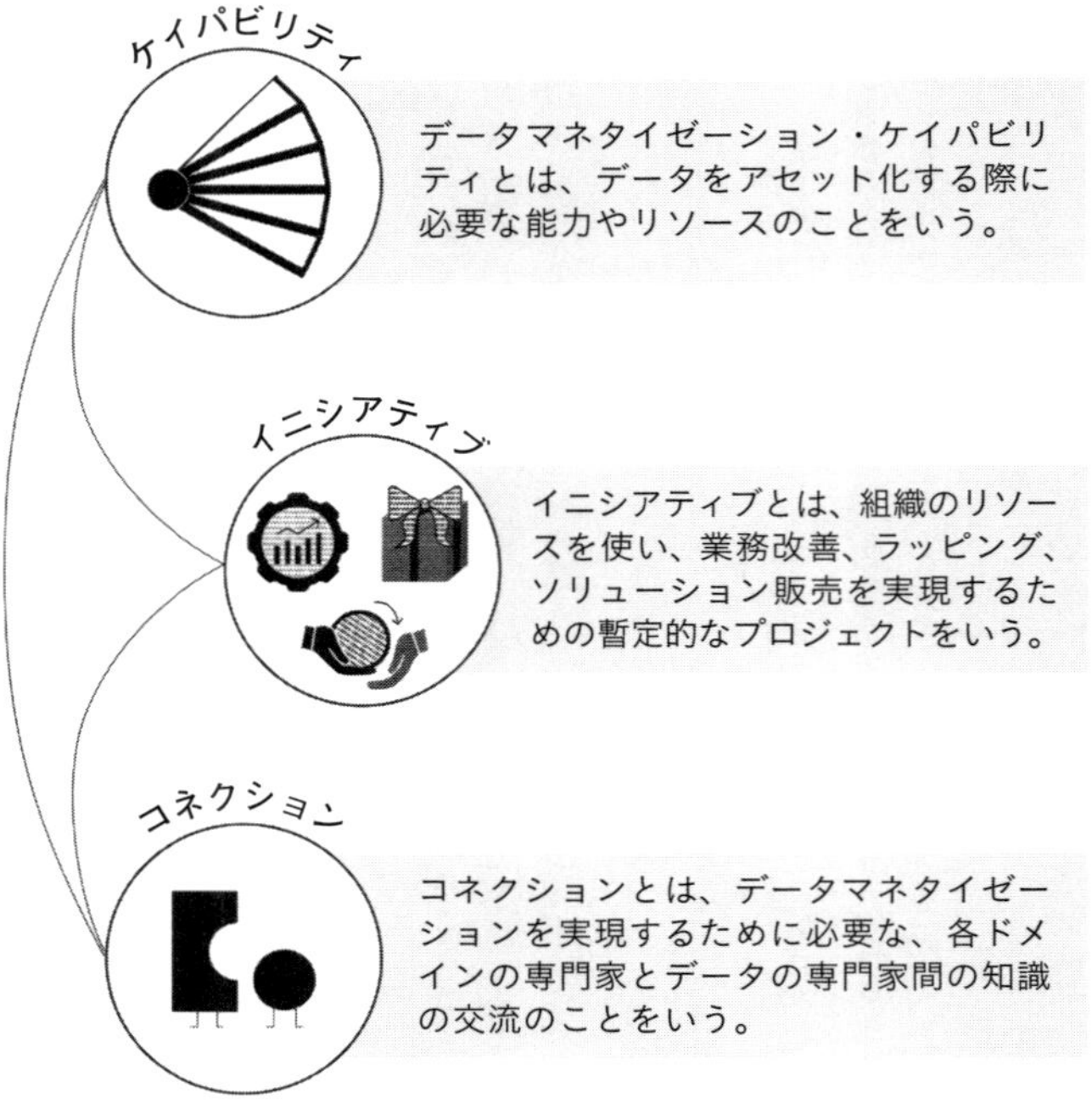

人の能力や技能などとして表されることもあるし、物的なリソース（ツール、習慣、テクノロジー、様式、ポリシーなど）として表されることもある。データマネタイゼーションの実践を重ねることで、5つのケイパビリティが鍛えられる。

2つ目のフレームワークは、組織がデータアセットから経済的リターンを得るために投資する3種類の**イニシアティブ**（業務改善、データを活用した機能や体験を製品に付与すること〈ラッピング〉、情報ソリューション販売）を定めている。各アプローチでデータの扱い方が異なり、それぞれに理想的なオーナー、軽減すべきリスク、そして独自の成果がある。これら3つのアプローチの違いを認識することは非常に重要である。たとえば、ソリューション販売のイニシアティブを業務改善のイニシアティブとして進めようとすると、悲惨なことになりかねない。これは、造園に必要な道具や人材、専門知識に頼ってキッチン用品を修理するようなものだ。それぞれのデータマネタイゼーションのアプローチで要件が異なることを理解している組織なら、投資を適切に行い、現実的な期待値を設定することで、投資に見合ったリターンを生み出すことができる。

3つ目のフレームワークは、データマネタイゼーションのための組織設計に関する考え方を示している。このフレームワークでは、データ分野の専門家とドメインの専門家の間の5つの組織的な**コネクション**について説明している。**ドメイン**という用語は、データに関連する領域以外の、組織内で価値のある領域を指す（たとえば、会計、マーケティング、看護、教育、法務が一般的なドメインである）。組織は、従業員がデータマネタイゼーションを受け入れ、自発的に取り組むだろうと期待することはできない。それは、日々の業務に追われる忙しさを考えれば明らかだ。従業員の行動の変化や、（理想的ではあるが）習慣の変化を促すためにも、組織は積極的にドメインの専門家とデータ分野の専門家の間のコネクションを確立しなければならない。そうすることで、従業員は知識の共有や学習を通して、最終的には行動を変えることができる。従業員が、データアセットとデータマネタイゼーション・ケイパビリティを駆使してイノベーションを起こす方法を理解しており、データマネタイゼーション・イニシアティブに参加して責任を負っていれば、それは組織のコネクションが機能しているということである。

これら3つのフレームワークは一体となって機能する。それぞれが互いに補強し合うことで、フライホイール（弾み車）のように働き、ポジティブな勢いは加速していく。フレームワークの適用は、どこから始めても構わない。データマネタイゼーション・ケイパビリティを正しく理解し、構築していけば、より多様なイニシアティブの実践が可能となり、組織全体でより多くの人を巻き込むことができる。データマネタイゼーション・イニシアティブに熟達し、そこからリターンを得ることができれば、投資家や参加者、支援者も満足し、期待に応えられるだろう。また、組織全体のドメインの専門家とデータ分野の専門家の交流を活性化することで、データマネタイゼーション・ケイパビリティを構築し、イニシアティブに参加するステークホルダーの数を増やしていくことも可能だ。

本書を読むべき人々

本書の対象読者は、すべての人だ。つまり、組織で働くすべての人である。本書は、データに関する専門知識のレベルを問わず、あらゆる人びとを対象としており、組織の規模、営利・非営利、国内組織、グローバル組織を問わず、すべての従業員に訴えかけるように組み立てられている。お気づきのとおり、慈善団体や公的機関でさえ、データマネタイゼーションに取り組んでいる。本書はあなたの役にも立つし、あなたが他の人を助ける際にも役立つだろう。また、データマネタイゼーション戦略を管理するリーダーにとっても、データマネタイゼーションの原理を実践する人にとっても、等しく重要な内容である。

本書は優れたデータマネタイズ事例を書き連ねたものではないが、紹介する事例からアイデアがひらめくかもしれない。また、具体的なデータベンダーやデータアーキテクチャに対する長所や短所については触れずに話を進める。その代わりにアイデアを明確にし、実現に近づけるための手助けとなる内容を展開する。複数の重要なフレームワークに焦点を当てることで、データマネタイゼーションを成功へと導く方法を学べるようになっている。

本書がベースとする学術研究

本書の著者はいずれも、MITスローン経営大学院に併設された世界的な非営利研究センターであるMIT情報システム研究センター（MIT CISR）に所属している。1974年創立のMIT CISRは、組織のリーダーが（データを含む）テクノロジーをうまく管理できるように支援している機関であり、現代のテクノロジー管理の課題に取り組むリーダーのために、最新の学術研究を行っている。

MIT CISRの学術研究者たちが目指すのは、現象を特定して理解し、その結果を説明・予測することだ。本書の背景にある研究では、数十年にわたり、組織がいかにしてデータから価値を生み出すかをさまざまな角度から検証してきた。研究対象となった組織は、マイクロソフトのような大規模なものから、30人規模のスタートアップであるアドジャグラー（AdJuggler）のような小規模な企業にわたり、航空会社、高級小売業者、データアグリゲーター（情報収集・提供者）など世界中の多様な業界、営利組織・政府機関やNPOを含む非営利組織などに及ぶ。そしてこの研究の理論的基盤はコンピュータサイエンスによるものではなく、組織とその中で働く従業員にフォーカスを絞ったものである。

MIT CISRの研究は、大抵の場合、探索的な定性的研究、つまりケーススタディや現場観察からスタートする。これは、組織が抱える問題や、有効なソリューションとそうでないものを理解することが目的である。本書でも、そうしたケーススタディを数多く紹介している。定性的な研究の後には、インタビューや調査データを用いた定量的分析が行われるが、本書ではこれらの研究の結果も知ることができる。また、研究の洞察を深めるために、さまざまな理論が用いられている。場合によっては、（ＭＩＴや世界各地の大学に所属する）深い専門知識を有する共同研究者が協力して、新しいアイデアを形成したり、既存の考え方を広げたりすることもあれば、マーケティングやマネジメントの文献から概念を借用して再適用していることもある。

本書の背景にある研究は、実務家、特にデータの実務家とともに進められた。２０１５年、ＭＩＴ ＣＩＳＲメンバー組織の最高データ責任者と最高分析責任者からなるデータ研究諮問委員会が発足した。１００人を超える実務家たちが、広範囲にわたる調査に根気強く回答し、インタビューに答えるだけでなく、研究が必要なテーマの優先順位付け、研究結果の議論、フレームワークの検証も行っている。彼らの声は本書を通して聞くことができる。

本書の構成

本書の冒頭（第１章）では、データマネタイゼーションを定義し、「データ・インサイト・アクション」のプロセス、価値創造、価値実現など、本書を通して繰り返し登場する基礎的な概念をいくつか紹介する。続いて第２章では、企業がデータマネタイゼーションを成功させるために必要な5つのエンタープライズ・ケイパビリティ（訳注：企業・組織におけるビジネスプロセス全般における重要なアセット）と、それを構築する方法について説明する。そして、続く3つの章（第3章、第4章、第5章）では、データマネタイゼーションで利用できる3種類のイニシアティブ（業務改善、ラッピング、ソリューション販売）について深く掘り下げる。また、データマネタイゼーションの各アプローチにおける重要な成功要因を探り、それぞれのアプローチを用いて価値を生み出し、実現する方法を探っていく。第6章では、従業員をより多く、データマネタイゼーションの取り組みに巻き込む方法について学ぶ。この取り組みの一例として、従業員間の交流が図られる状態を構築したうえで、データアセットを相互に再利用するよう促すことが挙げられる。第7章では、データマネタイゼーション戦略を確立することの重要性を解説し、データマネタイゼーションを実現するための4つの方法とそれに対応する4つの戦略を紹介する。最後の第8章は、データマネタイゼーションを自身のビジネスとして取り組めるよう、読者の背中を押すための内容となっている。

各章の最初のパートには、読者に取り組んでいただきたい自らへの問いかけを設けている。研究結果や重要用語の定義は、その過程で提示する。フレームワークの目的と適用の仕方を説明した詳細なケーススタディも紹介する。各章の最後は「まとめ」で締めくくる。学んだ教訓や概念を読者自身の状況に当てはめて考えるの役に立つだろう。それでは始めよう！

第1章

データ
マネタイゼーション

Data Monetization

取り組みの価値を
マネタイズという形で示すことができないのならば、
それはただの願望に過ぎない。

——ジーヴァン・レバ（Otsuka Pharmaceutical Companies）

ここ数年で仕事のあり方は大きく変化した。管理職たちは、従業員が単に業務をこなすだけでなく、変革を起こせるような新しい仕事のやり方を取り入れている。たとえば、カスタマージャーニー・マッピングの取り組みにより、顧客の視点を理解し、顧客が体験する価値を高めることができるように助力している。また、デザイン思考を通して、創造的に問題を解決し、製品の魅力向上を狙う。そして、試行と学習を繰り返すプロセスにより、大きな成功につながる可能性を秘めた小さなアイデアを小さなリスクをとって試してみるように支援している。

こうした新しい働き方によって、従業員一人ひとりが組織の成功に直接貢献できるようになった。今日の従業員は、どのチームに所属しているか、あるいは役職の上下にかかわらず、自分の仕事が組織全体にどのような影響を与え、自分の仕事をどう変えれば成果につながるかについて高い関心を持っている。中古車販売業者のカーマックスを例にとると、全従業員が各自の仕事を同社のミッションである「車の販売台数を増やすこと」か「車の買い取り台数を増やすこと」のいずれかに結びつけている。[1] こうした明確な目標があることで、社内の創造的な人材は、自分の仕事をどのように変えればカーマックスのミッションを達成できるかについて考えやすくなるのだ。たとえば、営業担当者の場合、見込み客を特定する方法をどのように改善すれば車の販売台数が増えるかという仮説を立て、現場で検証を行い、そのアイデアがうまくいくことを実証することができる。

カーマックスのような最近の組織では従業員が利用できるデータアセットが、こうした新しい働き方において重要な役割を果たしている。データアセットは真実を伝える唯一の情報源であり、

ＳＮＳ、モバイル機器、人工知能（ＡＩ）、モノのインターネット（ＩｏＴ）からの豊富で新しいデータにもとづいている。こうした組織で働く従業員は、財務面や社会的責任を考慮した形でデータアセットを効果測定や検証、情報提供、説得、指示に活用している。つまり、マネタイズのためにデータアセットが構築されているのだ。

本書では、データマネタイゼーションに積極的な組織の事例を数多く紹介する。この10年で、マイクロソフトはデータを活用し、ビジネスモデルを製品ベースからクラウドサービスベースに移行したことで、株価が急騰した。[2] 金融企業のベベウヴェア：ビルバオ・ビスカヤ・アルヘンタリア銀行（Bilbao Vizcaya Argentaria Bank：ＢＢＶＡ）も、データを活用してデジタルファーストの金融サービス事業者へと変貌を遂げた。２０２１年現在、ＢＢＶＡは自社の欧州におけるモバイルバンキングが評価され、フォレスター賞を5年連続で受賞している。[3] また、ペプシコは、データを活用して細かな市場ニーズを特定し、サービスを提供することで、小売業者との取引関係を協働的なパートナーシップへと変化させた。[4] これら3社と各社のデータマネタイゼーションの道のりについては、第2章、第3章、第4章でそれぞれ詳しく紹介する。

では、そもそもデータマネタイゼーションとは何だろうか？

データマネタイゼーションとは、データをお金に変えることである。公的機関であっても民間企業であっても、お金はすべての組織にとってきわめて重要なリソースだ。組織には顧客、機関投資家や一般投資家からの資金が必要であり、その資金は慎重に扱わなければならない。組織は、顧客や従業員の満足度向上、ブランド、製品改善、プロセスの効率化、あるいは市民の福祉といった価値ある利益を**創出**するだけでなく、お金という金銭的価値を目的を持って**実現**し、最終利益を改善するためにもデータの活用が求められている。

データマネタイゼーションとは、**データアセットから金銭的リターンを生み出すこと**である。

最近では、さまざまな組織が多種多様な「最終利益」に注目している。組織が常に効率的であり、能力が高いことを明らかに示す数字とは何だろうか？　たとえば、正味キャッシュフローや純利益、寄付金（非営利団体の場合）や、あるいはその他の指標かもしれない。本書では、最終利益を収益と支出の差とする。

価値ある便益を生み出すことと、その便益をお金に変えることでは天と地ほどの差がある。本書では前者を**価値創造**と呼ぶことにする。価値創造とは、最終利益につながる可能性がある望ましい便益を創り出すということだ。このような便益は、データ活用の取り組みにおける共通の目標、すなわち効率性の高いプロセス、スムーズなサプライチェーン、従業員の満足度向上、顧客が望む製品の提供などである。本書では、主にデータから価値を創造する方法を伝える。

そして後者は**価値実現**と呼ぶことにする。価値実現とは、こうした取り組みによって生まれた価値をお金に変えること、簡単にいえば、収益を増やすか、支出を減らすか、ということだ。データマネタイゼーションは価値実現により実現される。データを活用して価値を実現するということは、生み出された価値、すなわち効率性や顧客価値をお金に変えること、あるいはデータを販売することでデータから直接お金を得るということである。データマネタイゼーションの最終的な目標は、最終利益の改善、つまりコスト削減や収益拡大だ。価値実現に集中し続けることで、データへの投資が実を結ぶ確率が高まり、得られる最終利益をみすみす逃さずに済む。本書は価値創造の方法を中心に書いたものではあるが、生み出した価値をお金に変えるという命題は常に心にとどめておいてほしい。

自分自身に問いかけてみよう

現在、あなたの組織はデータを使ってどのように価値を創造しているだろうか？　価値創造の取り組みがもたらす金銭的リターンについて、どの程度きちんと把握して伝えているだろうか？　データが最終利益にどれだけ貢献したか可視化できるだろうか？

参考調査

収益性、収益成長率、イノベーション、アジリティ（訳注：状況の変化に応じてすばやく対応できる敏捷性）の面で高い業績を上げている組織は、収益全体に占めるデータマネタイゼーションの貢献割合が、業績の低い同業他社よりも10％高いと報告されている。[5]

データから価値を創造する

過去数十年にわたり、組織はデータから価値を生み出す方法について多くのことを学んできた。おそらく最も重要な教訓は、データから価値を生み出すには、人やシステムが通常ではとらなかったであろうアクションをとる必要があるということだ。データは、何かのやり方を変えたり、新しいものを生み出したりするために使われるべきである。ただし、新たな価値を生み出すのは優れたプロセスや製品であって、データそのものではない。データ価値創造のプロセスの中心をなす考え方として、一般に「データ・インサイト・アクション」と呼ばれているものがある。データが人（またはシステム）によって活用されることでインサイトが生まれ、そのインサイトをもとにアクションを起こし、そのアクションが価値ある成果を生むという考え方である。図１・１に示すように、価値創造が起こるためには、データ、インサイト、アクションのすべてが必要となる。価値ある果実を育てるためには、果樹に適切な土壌と栄養分、適量の日光、丁寧な水やりが必要であるのと同じだ。データ価値創造のプロセスが途切れたり停滞したりした場合、すなわち、適切に植えられた種があっても、日光や水を与えていない場合、その植物に対する投資は無駄な費用になってしまう。価値創造に先立ってデータ・インサイト・アクションのプロセスを完了させるということの考え方は、データマネタイゼーションの基本的な概念であり、データ活用に関する会議や研修、イベントで耳にしたことがある読者もいるだろう。本書の中心的な考え方もこれ

図 1.1 データ価値創造のプロセス
（別名：データ・インサイト・アクションのプロセス）

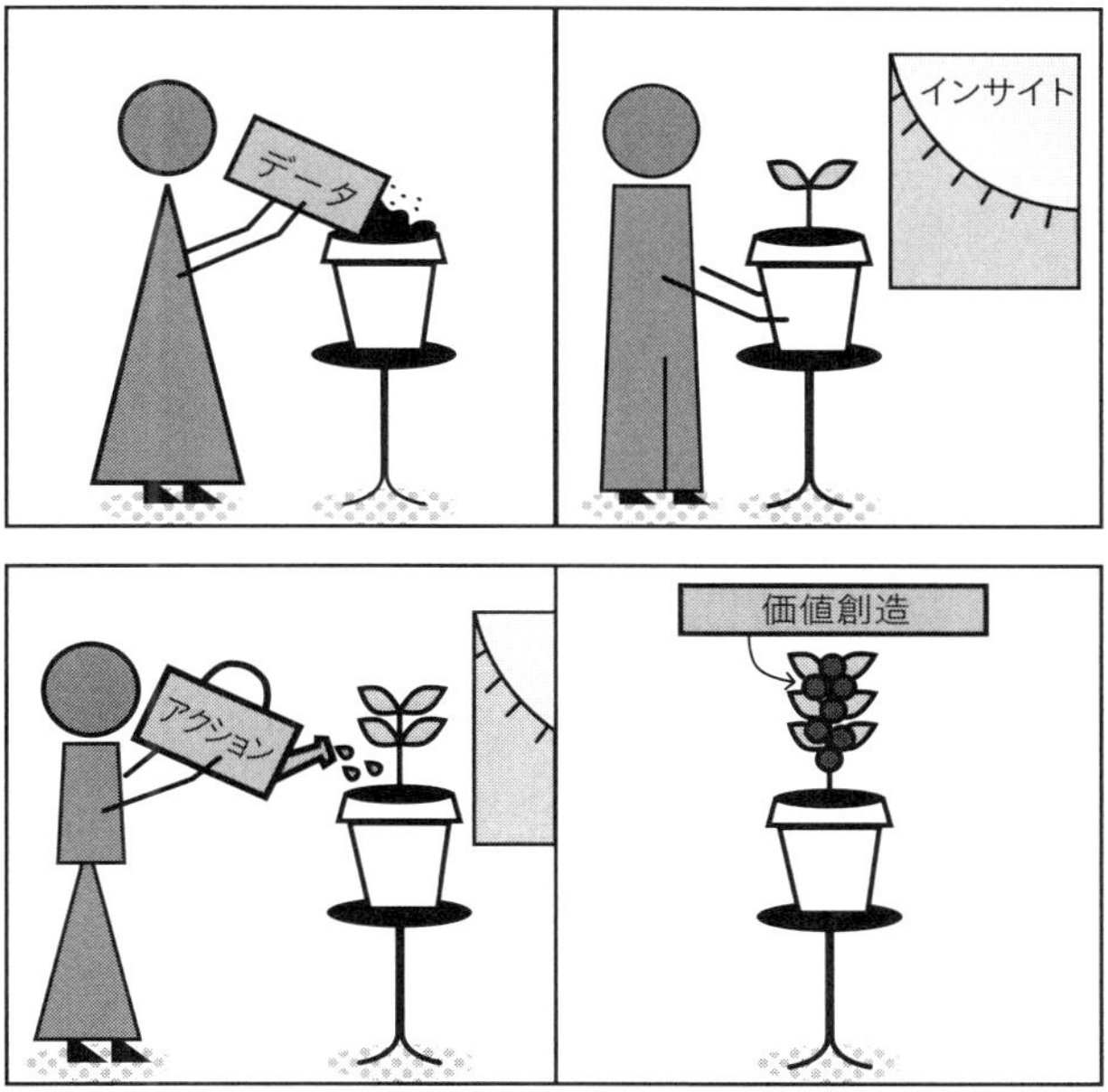

図 1.2　価値実現

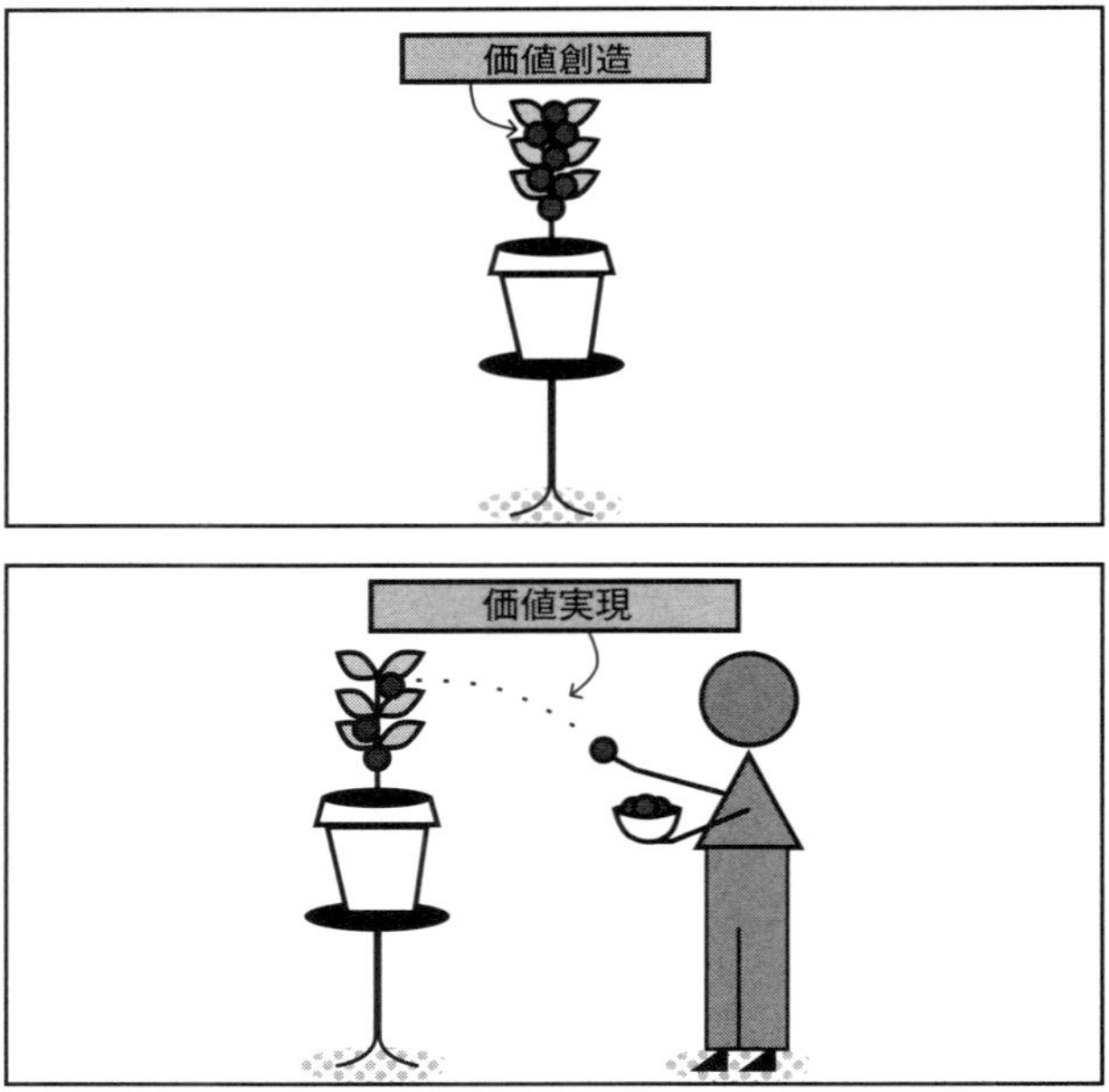

だ。

データ価値創造のプロセス（別名：データ・インサイト・アクションのプロセス）とは、**人やシステムがデータを活用してインサイトを生み出し、それをもとにアクションを起こし、価値を生み出す一連の流れ**である。

データから価値を実現する

データから価値を生み出すことは必要だが、それだけでは不十分だ。最後のステップは、生み出された価値が組織の最終利益に貢献するのを確実にすることである。言い換えると、「創造した価値」はお金に変えなければならないということだ。これが前述した価値実現のステップである。金銭的価値が生まれない限り、データはマネタイズされておらず、かえってコストが増えていることになる。

価値実現とは、**データから生み出された価値がお金に変わること**をいう。

考えてみてほしい。果物は自ら摘まれることはない。果物は木になっている限り、食べられることもなければ売られることもない。図1・2に示すように、果樹を栽培する理由は、誰かがその果実を楽しむためだ。

価値実現はひとつのステップで達成されることもあれば、2つのステップが必要なときもある。1ステップで達成されるプロセスでは、データはなんらかの形でお金と交換され、販売したデータに対しお金を受け取る形になる。たとえば、ニールセンのような情報ビジネス企業が、消費者行動のデータをテレビ局に販売していることを想像してほしい。ニールセンがデータの価格を決め、テレビ局側はその金額を支払う。つまり、データが持つ価値は売買取引によってお金に変わるわけだ。

一方で、まず本質的な価値を持つ何かを創出し、次にその価値をお金に変えるという流れの場合、価値実現は2ステップのプロセスになる。第1ステップはデータマネタイゼーション・イニシアティブに取り組むことによる価値創造である。そして、第2ステップの価値実現では、複数のステークホルダーの関与が必要となることもある。一定以上の権限を持つ役職者の関与が必要になる場合、第2ステップの責任者は管理職、シニアマネージャーやシニアリーダーになるかもしれない。たとえば、採用チームがデータを活用して新入社員の採用プロセスを効率化しているとしよう。これが第1ステップであり、その効率化は本質的に価値があるものだ。そして重要な第2ステップとは、効率化によって人員削減や新入社員の採用予算を削減し、価値をお金に変えることをいう。組織が定常業務の維持に必要以上のリソースを有している場合、それは「ゆとり（スラック）」である。そのため、第2ステップでは、効率性の高い新しいプロセスによって生じたスラックが取り除かれ、組織の財務状況が改善する。

データマネタイゼーション・イニシアティブでは、顧客にとってより価値のある製品へ強化がもたらされる場合もある。その場合、第2ステップでは、製品責任者が製品の価値向上を反映して価格を引き上げることが求められる。そしてそれは、損益計算書における収益増加をもたらすことになる。

第2ステップである価値実現は、大抵の場合、一筋縄ではいかない。予算の削減や製品の価格改定は、誰にでもできることではない。組織が経費削減に消極的であったり、値上げを躊躇していたりするとしよう。その場合、当該プロセスの責任者にとってはスラックを従業員が享受する形にしたり〔訳注：たとえば、業務が楽になり暇な時間が増える〕、製品改善の価値を顧客に還元させたりする〔訳注：たとえば、値上げせずにサービスを追加する〕ほうが手っ取り早いかもしれない。状況によっては、そうすることが望ましいことさえある。しかし、データマネタイゼーションから生じるスラックを取り除くことでコストを削減したり、製品の付加価値相当額を顧客から引き出すことで利益を上げたりすることができなければ、データマネタイゼーション・イニシアティブは組織の最終利益には寄与しない。このようなイニシアティブはデータをマネタイズしたとはいえない。

図 1.3　データマネタイゼーションの 3 つのアプローチ

データマネタイゼーションの3つのアプローチ

図1・3に示すように、データマネタイゼーションには3つの異なるアプローチがある。

「業務改善」とは、より優れた、より低コストな、またはより迅速なオペレーションの実現など、データを活用して仕事の効率化を図ることをいう。価値を実現するには、効率化によって生じたスラックを取り除くか、別の用途に再配分することで組織の最終利益に寄与する必要がある。

「ラッピング」とは、顧客がより多く購入したいと思ったり、より多く支払うことに積極的になったりするよう、データを活用して製品を強化することをいう。価値を実現するには、製品強化の結果、価格を上げるか、製品をより多く販売して最終利益を改善する必要がある。

「ソリューション販売」とは、情報ソリューションをなんらかの形でお金と交換することをいう。この場合、価値の実現はわかりやすく新たな収入という形で表れる。

参考調査

2018年、315人の経営幹部に対し、各自の組織が業務改善、ラッピング、ソリューション販売により価値を創造しているかどうかについて聞き取りを行った。サンプル全体で、50%が「業務改善により価値を生み出している」に「とてもそう思う」と回答し、33%が「ラッピングにより価値を生み出している」に「とてもそう思う」と回答したが、「ソリューション販売により価値を生み出している」に対して「とてもそう思う」と回答したのは19%にとどまった。[7]

業務改善

業務改善は、組織がデータをマネタイズする最も一般的な方法であり、数々の事例が存在する。ユナイテッド・パーセル・サービス（UPS）は、車両の走行ルートのデータを利用して配送ルートを最適化し、年間4億ドルのコスト削減を実現している。[8] また、コロンビア・スポーツウェアは、過去の配送追跡データを利用して、サプライチェーンにおける根本課題を解決。この結果、在庫切れや過剰在庫の問題が緩和され、在庫コストを2700万ドル以上削減した。[9] トリニティ・ヘルスは、医療機関用のスマートベッドのデータを利用して、看護師の対応スピードを57%アップ。看護師の対応スピードの改善は患者の転倒事故の減少に結びつき、結果として患者ケアのコストが低下した可能性があるとリーダー陣は考えている。[10]

業務改善とは、組織がデータを活用して業務効率を高め、その結果として生じたスラックを取り除くか、別の用途に再配分することでお金を生み出すデータマネタイゼーション・アプローチである。

ほとんどの組織が、データを活用してビジネスプロセスや業務を改善しようとしたことがあるだろう。１９９０年代のビジネスプロセス・リエンジニアリング（ＢＰＲ）の動きに触発された多くの組織が、効率的なワークフローやビジネスプロセスを分析・設計しようとした。[11] ＢＰＲの実施にあたり、組織はまずテクノロジーを活用してデータクレンジングを行い、その利用可能性を高めることに取り組んだ。次にそのデータを活用して、プロセス遅滞の根本原因を分析。従来の業務方法からより革新的なやり方に移行することによる効果を測定して、重要な評価指標を監視・管理しようとした。ＢＰＲというトレンドにより、多くの組織がデータ主導のプロセス改善や業務改善のメリットについて理解するようになった。一方で、この動きには弊害もあった。それは、プロセス改善のメリットがそのまま最終利益につながると思い込む癖がついてしまった組織が多かったことだ。実際には、ＵＰＳ、コロンビア・スポーツウェア、トリニティ・ヘルスのような取り組みから金銭的価値を生み出すには、組織全体による意識づけ、リソース配分、規律づけが必要となる。

業務改善による成果を実現するには、2つのステップが必要だ。まず、データによる改善がもたらす効率性や品質の向上を測定しなければならない。次に、こうした効率化や生産性の向上によって生じたスラックを取り除く、あるいは別の用途に再配分する必要がある。生じた価値をお金に変える過程には、複雑な問題が伴う。あるプロセスの改善が下流のプロセスで効率性を生み出すこともあれば、改善によって生じたスラックが、過労やストレスを抱える従業員の負担を軽減するために使われることもある。また、プロセスの効率化による利益が、スラックではなく、生産量の増加や在庫の削減といった形で表れることもあるだろう。しかし、改善によってコストや予算が削減されるはずなのに、そうならないのであれば、データはマネタイズされていないことになる。

ラッピング

2つ目のデータマネタイゼーション・アプローチはラッピングである。ラッピング・イニシアティブは、データを活用した機能や体験を生み出すことで、製品が顧客に提供する価値を高める。本書で「製品」と言及する場合、組織が顧客のニーズを満たすものを顧客に提供することを指す。たとえば、商品やサービスなどであり、仮想的なものもあれば物的なものもある。また、これらが組み合わさったものである場合もある。本書では顧客に提供されるものすべてに「製品・サービス」という言葉を用いる。[12] 製品の価値向上によって生み出された価値の一部を実現するためには、製品の価格を上げるか、販売数を増やさなければならない。「販売数を増やす」とは、既存顧客に同じ製品・サービスをより多く売ること、関連する製品・サービスをより多く売ること、新たな顧客に売ること、売り上げが落ち込んでいる製品・サービスの売り上げを維持することなどが考えられる。

ラッピングとは、**組織がデータを活用した機能や体験を利用して製品の提供価値を強化し、価格を引き上げたり、より多くの製品を販売したりすることで収益を上げるデータマネタイゼーション・アプローチ**である。

製品をラッピングする機会は至る所にある。コネクテッドデバイスの急増や、組織と顧客のパーソナライズされた新しい関わり方を見ればわかるだろう。ラッピングの例としては、レポート、アラート、スコア、ビジュアライゼーション、ダッシュボードなどの形で製品・サービスに情報を付加することで、製品・サービスを補完または強化し、顧客にとってより魅力的なものにすることが挙げられる。

ラッピングのアプローチにより、市場で際立つ製品・サービスを生み出すことができる。エレベーターメーカーのシンドラーを考えてみよう。同社は、エレベーターに稼働表示ダッシュボードを備え付けることで、ビルの管理者がエレベーターの稼働状態を監視できるようにしている。世界銀行などの政府間組織は、資金を拠出した政府に対して、その資金が慈善活動の目標を達成していることを確認できるポータルサイトを提供している。また、医療保険会社が、医療保険管理者向けの医療費の可視化機能を追加することで、医療費管理を支援している例もある。いずれのケースも、それぞれの製品・サービス（エレベーター、慈善活動、保険）をデータ、インサイト、アクションでラッピングすることで、顧客（または他の関係者）にとってさらに魅力的なものとしているのだ。

どのような製品・サービスもラッピング可能だ。赤ちゃん用おむつも例外ではない。[13] パンパースは、おむつに取り付けるセンサーを開発したメーカーのひとつだ。これにより、おむつが濡れるとアプリを介して親にアラートが送信される。そして、赤ちゃんの睡眠時間と起床時間も記録してくれる。ラッピングできない製品を挙げるほうが、むしろ難しい。

デジタルの時代において、データを活用した機能や体験を提供する製品・サービスのラッピングで顧客を喜ばせることが求められている。ところが、どれだけの金額が収益として計上されているのかを検証することなく、価値を実現していると思い込んでいるケースがあまりにも多すぎる。業務改善と同じように、ラッピングによるデータマネタイゼーションにも、組織全体にわたるマネタイズへの意識、リソース、規律が必要だ。そのため、まずは、ラッピングによって顧客が製品をどの程度好意的に捉えているかを測定する必要がある。たとえば、「顧客ロイヤルティのスコアは上がるのか？」「顧客はその製品をより積極的に周りに勧めているか？」などだ。次に、たとえば製品・サービスの価格を引き上げるなどして顧客から得られる収入を増やすことで顧客の好意的な評価をマネタイズする必要がある。

ラッピングによるデータマネタイゼーションには複雑な問題もつきまとう。たとえば、強化された製品・サービスの対価がすでに支払われており、値上げの機会は将来的にしか生じないこともある。時には、失われていたかもしれない顧客をラッピングによって維持できるものの、価格競争の圧力が弱まったり、ラッピングによって顧客の切り替えコストが増加してしまうこともある。そのような場合は、すぐに売り上げが増加することはないが、将来的に増えるか、あるいは売り上げ減少に歯止めがかかるかもしれない。しかし、こうした複雑さはいずれも、価値実現のステップを無視してよい理由にはならない。ラッピングは金銭的に意味のあるものでなければならず、関連する投資はどこで行っても利益の向上に結びつきうるものであるからだ。

ソリューション販売

企業は何十年もの間、情報を販売することでデータをマネタイズしてきた。小売業界を考えてみよう。1970年代後半から、販売時点情報管理（POS）の取引データをIRI（Information Resources, Inc.）のようなデータサービス企業に販売してきた。[14] IRIは集約されたデータと分析結果を、自社の製品販売情報を競合他社と比較して詳細に把握したいと考えている小売企業（および〔訳注：卸売業や製造業などの〕他の組織）に提供してきた。[15] POSデータは、それをもとにかなりの収益を生み出すことができるため、データ収集・提供業者にとっては重要な原材料といえる。

ソリューション販売とは、組織がデータを情報ソリューションの形で商品化し、新たな収益を生み出すデータマネタイゼーション・アプローチである。

情報収集・提供業者からレポートやデータ管理指標を購入するのではなく、自身のPOSデータと交換する小売業者もいた。これは物々交換であり、金融取引である。実際、小売業者も情報収集・提供業者も、POSデータや分析レポートに対して受け取る対価が、交換にかかる費用やリスクに見合っているかどうかを定期的に評価しなければならない。

本書では、データを商品化したものを、他の種類の製品と区別するために「情報ソリューション」と呼ぶことにする。情報ソリューションは、顧客の切実な問題を解決するために提供される独立型の製品・サービスである。顧客が情報ソリューションを購入する理由は多岐にわたる。たとえば、自社が必要とする希少データが含まれている、自社製品の市場投入を早めるのに役に立つ、洗練されたアルゴリズムが含まれている、あるいはインターフェイスが使いやすい、などが挙げられる。ブルームバーグが提供するニュース、データ、取引ツールのサブスクリプションは、情報ソリューションの一例だ。もうひとつの例は、IBM傘下のザ・ウェザー・カンパニーが提供するデータ・アプリケーション・プログラミング・インターフェース（API）であり、クラウドベースのプラットフォームで気候データ、環境データ、予報データを利用することができる。[16]

ソリューション販売は3つあるデータマネタイゼーション・アプローチのうちのひとつだが、データを販売することがマネタイズの唯一の方法であると単純に考えている組織があまりにも多い。データマネタイゼーションの機会を限定的に捉えてしまうと、利益をみすみす逃す羽目になる。それは多大な損失である。

業務改善・ラッピング・ソリューション販売フレームワーク

3つのデータマネタイゼーション・アプローチ（業務改善、ラッピング、ソリューション販売）はどれも、データをお金に変える方法である。その違いを表1・1にまとめた。この3つのアプローチを組み合わせたものが、業務改善・ラッピング・ソリューション販売フレームワークである。業種、ビジネスモデル、規模、地理的位置、戦略的意図を問わず、業務改善、ラッピング、ソリューション販売を複数のパターンで組み合わせることにより、データをマネタイズすることができる。組織に適したアプローチの組み合わせ方をどのようにして選んでいくかについては、第7章で詳しく説明する。

それぞれのアプローチが価値を生み出す流れには違いがあるため、要求されるケイパビリティのみならず、成果に責任を負うオーナー、リスクも異なり、独自の測定基準や測定方法が必要となる（これについては、第3章、第4章、第5章で詳しく取り上げる）。業務改善の成功は、オーナーのリーダーシップにかかっている。オーナーには、業務改革が必要な箇所を見つけ、データを活用する可能性を見極め、業務変革を徹底して遂行することが求められる。ラッピングには、データ

表 1.1 データマネタイゼーションの 3 つのアプローチ

	業務改善	ラッピング	ソリューション販売
価値創造プロセス	データは業務プロセスやタスクをより良く、より速く、より安くすることで、効率性(ひいてはスラック)を生み出す。	データは製品の顧客への提供価値を強化する。	データは商品化され、情報ソリューションという形で販売される。
価値実現プロセス	スラックを排除するか、別の用途に再配分する。	顧客がより多く支払うか、より多く購入する。	新たな収益源が生まれる。
価値実現の測定基準:	最終利益への影響		
成果に責任を負う者	プロセスオーナー	プロダクトオーナー	情報ソリューションオーナー
主なリスク	アクション遂行と価値創造の欠如。	ラッピングの目算が外れた場合の顧客価値提案への悪影響。	競争優位性を創出または維持できない。

出典 : Barbara H. Wixom and Jeanne W. Ross, "Profiting from the Data Deluge," MIT Sloan Center for Information Systems Research, Research Briefing, vol. XV, no. 12, December 17, 2015, https://cisr.mit.edu/publication/2015_1201_DataDeluge_WixomRoss (accessed January 10, 2023).

が製品にどのような価値をもたらすかを想像できるプロダクトオーナーの積極的な関与が必要だ。主力製品の開発・販売時には必要とされなかったやり方で、ＩＴ部門やカスタマーサービス部門など、他の部門と積極的に関わる意欲がなければならない。ソリューション販売のアプローチでは、新規顧客向けに新たな情報ソリューションを構想し、市場投入できる起業家精神を持ったリーダーを情報ソリューションオーナーに選任する必要がある。

3つのアプローチに伴うリスクもそれぞれ異なる。業務改善のリスクは、データ・インサイト・アクションのプロセスが進まなくなり、価値が創造されなくなることだ。プロセスオーナーは、価値創造の可能性を慎重に見定め、軌道修正を行うことによって、このリスクを管理する必要がある。ラッピングに伴うリスクは、製品の強化が逆に、顧客が得ていた価値を損なう恐れがあるという、プロダクトオーナーにとっては馴染みの深いものである。幸いなことに、プロダクトオーナーは顧客満足度を追跡する方法をすでに知っているため、ラッピングを実装する際にも、同様の手順に従うことでリスクを管理することができる。ソリューション販売に伴うリスクは、どのような新規事業にもつきまとうリスク、すなわち、競争優位性を生み出したり維持したりできないことによる事業の失敗である。情報ソリューションのオーナーは、代替品や新規参入者の競争圧力に対して非常に敏感であり続けなければならない。

マネタイゼーションという言葉の重要性

すべての組織が、データへの投資から得られる利益を享受すべきである。そして今日、データへの投資は莫大になる可能性があるため、価値が創造され、それがマネタイズされていなければ、データへの投資は単に組織の運営コストを増加させるだけになりかねない。ビジネスの基本原則として、組織はデータのアセット化と管理に投資した以上の利益を、そのデータアセットから生み出さなければならない。データマネタイゼーションの概念は認めるが、「データマネタイゼーション」という言葉が気に入らないという人もいるかもしれない。中には不愉快に感じる人もいるだろう。特に非営利組織の中には、この言葉をあまり好まないところもある。これはおそらく、データマネタイゼーションを、データの過度な利用やデータアセットの度しがたい利用、あるいはデータを用いた策略や不正な戦術と結びつけるリーダーたちがいるためだろう。

どうしても今、この言葉を使う気になれないなら、好きなように呼べばいい。ただ、データが組織の最終利益と結びつくことがイメージできる用語を使うようにしてほしい。議論や討論では、従業員が明確に理解できる共通の言葉があれば都合が良い。組織で働く全員がデータマネタイゼーションという言葉を同じ意味合いで使えば、データをマネタイズすることが倫理的かどうかという議論をする必要はなくなり、データを倫理的にマネタイズする方法について議論を深めることができるはずだ。

まとめ

どのような組織でもいまやデータを用いた活動が盛んだが、データをマネタイズすることについての一貫したビジョンが欠けている。この章で押さえておくべきポイントを以下に示す。

- 図1・2に示すように、果実（価値）は価値創造プロセスの最後に現れる。**あなたの組織のデータイニシアティブは、どのような価値を生み出すことが最も多いだろうか？ 今日、あなたの組織は、データを活用して創造した価値をどの程度測定できているだろうか？**
- データイニシアティブがなんらかの価値を生み出す（木に果実がなる）と仮定するなら、その価値は、会社の最終利益に反映させることによってマネタイズされるべきである（木から果実を収穫しなければならない）。**データイニシアティブで価値がマネタイズされたと思い込んでいないだろうか。それが実際に最終利益につながったことを理解しているだろうか？**
- データをマネタイズする基本的な方法は、データを活用して業務を改善する、データを活用して商品やサービス（「製品」）をラッピングする、情報ソリューションを他者に販売する、の3通りがある。**あなたの組織で、これらの各アプローチを使える可能性を考えられるだろうか？**
- 業務改善、ラッピング、ソリューション販売のイニシアティブは、すべて同じように管理されるべきではない。**業務改善、ラッピング、ソリューション販売のイニシアティブは誰が責任を**

負っているか？ すべてIT部門が責任を負っているということはないだろうか？

◎組織は、データへの投資により、最終利益に影響を与えることを意識しなければならない。**データマネタイゼーションという言葉を使うことが、従業員にどの程度受け入れられているだろうか？**

データマネタイゼーションは、組織にとって大きなチャンスである。しかし、一筋縄でいくものでもない。たとえば、組織が幅広く使えるデータアセットを構築するには、特定のケイパビリティ（能力）が必要となる。次の章では、こうしたケイパビリティについて探っていく。

第 2 章

データマネタイゼーション・ケイパビリティ

Data Monetization Capabilities

> 多くの企業では、どの事業部もそれぞれの裁量で
> 外部企業に依頼し、データの取得からデータストアへの
> 選別・格納、個別の活用事例の優先的取り扱いまでを
> 支援してもらっている。こうしたことが何度も何度も繰り返されている。
> さまざまな活用事例に誰もが対応できるケイパビリティを
> 構築するには、異なる考え方とアプローチが必要だ。
>
> ――――――――ブランドン・フートマン（キャタピラー）

データを繰り返しマネタイズできている組織もあれば、成功と失敗を繰り返している組織もあるのはなぜだろうか？　データを着実にマネタイズしている組織は、企業としての強固なデータマネタイゼーション・ケイパビリティを活用している。この章では、正確性、利用可能性、結合性、関連性、安全性を備えたデータアセットを生み出す5つのケイパビリティを構築する方法について取り上げる。このような特徴を持つデータアセットは簡単に再利用でき、再利用可能なデータアセットは、より迅速かつ低コストのデータマネタイゼーション・イニシアティブにつながる。データマネタイゼーションにおいて優れていると評価される組織は、単に高度なケイパビリティを活用しているだけではなく、従業員がそれを簡単に利用できる環境の整備を優先している。

一般的に、ケイパビリティとは何かをするための能力をいい、そして、それには基礎的なものから高度なものまである。たとえば、大抵の家庭で朝食にゆで卵を作ることはできるが、プロのシェフなら卵を想像を超えた美味しい料理に変えることができる。一般的な軽食店には、限られたメニューを作り続ける調理スタッフはいるだろうが、調理のレベルが高いことで有名なレストランなら、洗練されたさまざまな料理を作れるシェフとそれをサポートするスタッフがいることが多い。高度な調理能力は通常、教育と経験によって身につくものであるが、才能もひとつの要素であることは間違いない。

組織では、特定のケイパビリティに特化した人材（経理担当者など）をひとつの部署にまとめることが一般的だ。一緒に仕事をするなかで互いに学び合うためだけでなく、組織で働く誰もが、その（経理の）ケイパビリティがどこにあるのかを知るためでもある。組織の一部でしか必要とされない能力であれば、単にその部門だけがそのケイパビリティを持っていればよい。たとえば、グローバル企業の場合、事業を展開する各国で、その国の税法に詳しい人材が必要となる。こうした人材はその地域では重宝されているが、その知識が他国でも必要かといえば、そうではない。あるケイパビリティを組織全体で活用できるとしたら、それは**エンタープライズ・ケイパビリティ**といえる。たとえば、デジタルアセットを管理するケイパビリティがあれば、ワールドワイドに連携しているコミュニケーションチームが、一元化されたシステムから公式ブランド画像を取得することができる。このようなメディアコンテンツは一度制作、承認、整理すれば、画像はその後、さまざまな販売やマーケティングの場面で使用され、再利用することが可能となる。

自分自身に問いかけてみよう

あなたの組織は、データを、正確性、利用可能性、結合性、関連性、安全性を備え従業員が再利用できるアセットに変えることができているだろうか？　それとも、明らかに欠けているスキルや情報があるだろうか？

参考調査

データマネタイゼーションでトップの成果を上げている組織は、成果が最も低い組織の約1・5倍強力なケイパビリティを持っており、トップ企業の業績は最下位の企業よりも2・5倍優れている。[1]

5つのデータマネタイゼーション・ケイパビリティ

データマネタイゼーション・ケイパビリティとは、組織がデータを再利用可能なデータアセットに転換するために必要な、有形のリソースや能力、あるいは習熟度を集約したものである。数十年前、われわれはニールセンやIRIのような、企業としての存続をデータアセットに頼っている情報ビジネス企業について研究し、そのビジネスモデルの把握を試みた。その結果、こうした情報ビジネス企業の成功の鍵は、5つの高度なデータマネタイゼーション・ケイパビリティの存在であることがわかった。[2] そして、他業種におけるデータマネタイゼーションの調査、研究が進むにつれ、この5つのケイパビリティが、どの組織のデータマネタイゼーション・イニシアティブにおいても重要であることが明らかになった。そう、すべての組織（もちろんあなたの組織も）には、データマネジメント、データプラットフォーム、データサイエンス、カスタマーアンダスタンディング、アクセプタブルデータユースの5つのケイパビリティがそれぞれ必要ということだ。

図2・1は、5つのデータマネタイゼーション・ケイパビリティを扇形に並べたものである。この5つは一体となって機能する。それぞれ単体では驚くほど高度なものではないかもしれないが、組織が使いこなすとなると決して容易なものではない。

この5つのケイパビリティと、それぞれを高度なレベルで達成することの重要性を以下にまとめた。そして、この章の後半では、金融サービス企業BBVAのケイパビリティ構築について見ていく。

データマネジメント　データマネジメント・ケイパビリティとは、人びとがデータを見つけ、利用し、信頼できるデータアセットを生み出す能力をいう。データマネジメント・ケイパビリティが高い組織は、データの正確性についての報告、関連する入力データとのマッチング、データフィールドの統合と合理化、データ収集・提供業者やサプライヤーなどの外部ソースからの関連データの統合を行うことができる。

データプラットフォーム　データプラットフォーム・ケイパビリティとは、データアセットを安全かつ効率的に取得、変換、提供する能力をいう。このケイパビリティによって、最新のクラウドベースのソフトウェアを活用し、データアセットの取り込み、処理、保護、統合、提供を行うことができる。データプラットフォーム・ケイパビリティが高い組織は、組織内外のデータア

図 2.1　5 つのデータマネタイゼーション・ケイパビリティ

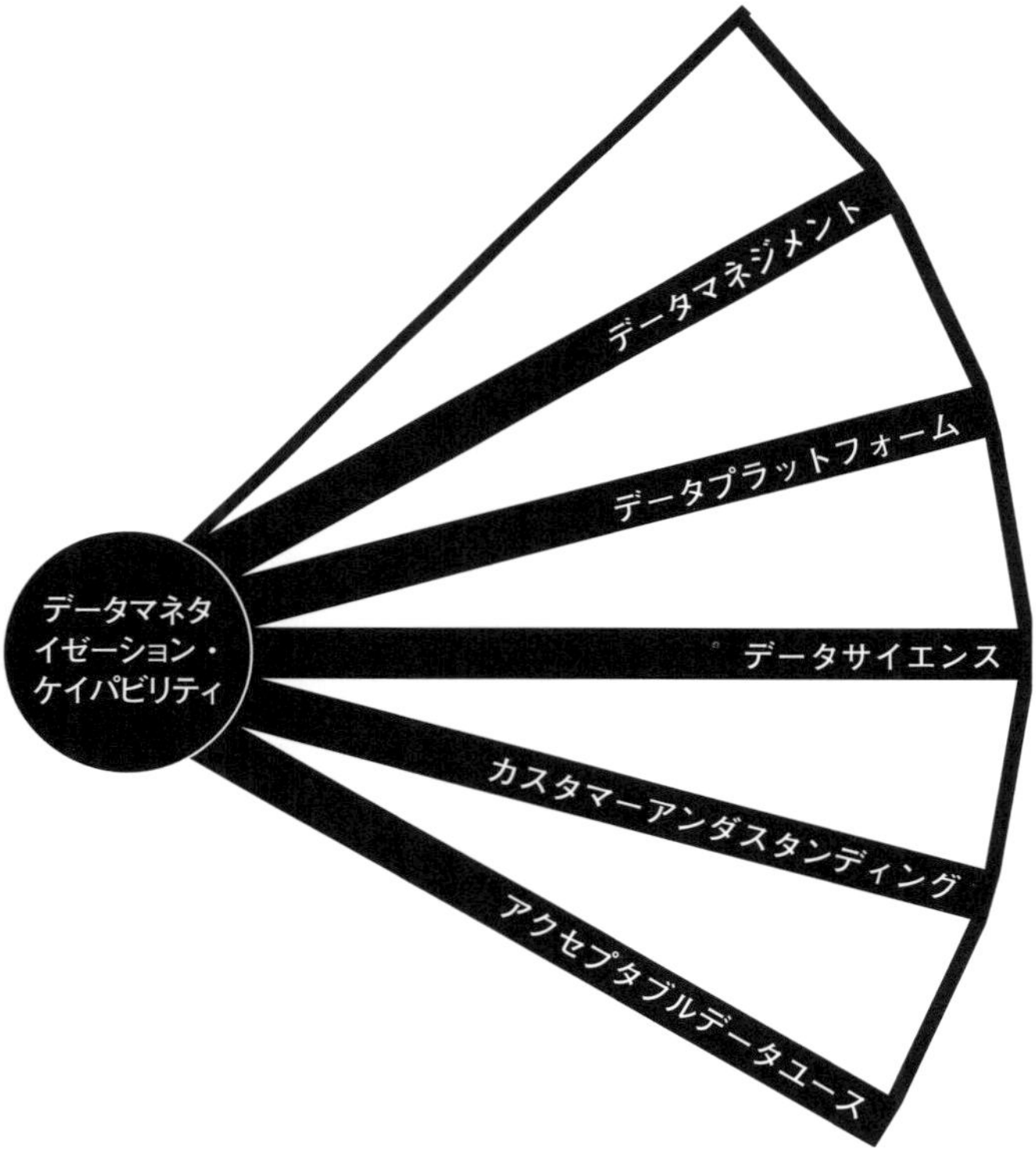

セットをコスト効率よく大規模に行き渡らせることができる。

データサイエンス　データサイエンス・ケイパビリティとは、科学的な手法、プロセス、アルゴリズム、統計を駆使して、データアセットから意味や洞察を引き出す能力をいう。データサイエンス・ケイパビリティが高い組織は、組織内のデータに精通している人びとをサポートすることで、データから導き出された根拠にもとづく意思決定を実現している。こうした組織は、高度な統計や機械学習などの技術を活用して、プロセスや製品の情報提供や自動化を行っている。

カスタマーアンダスタンディング　カスタマーアンダスタンディング・ケイパビリティとは、顧客のニーズや行動に関する正確で実用的な情報を収集する能力をいう。このケイパビリティが高い組織は、顧客が何を必要とし、何に価値を見いだしているかを正確に把握し、顧客と共同で、顧客の嗜好に関する仮説を検証することができる。

アクセプタブルデータユース　アクセプタブルデータユース・ケイパビリティとは、既存の法律や規制を遵守し、組織やステークホルダーの価値観に合致した方法で、データアセットを収集、保管、利用する能力をいう。このケイパビリティが高い組織には、状況に応じた規範とポリシーがある。また、データ利用を監視する範囲を広げることによって、従業員、パートナー、顧客が組織のデータアセットに適切に関与できるようになっている。

ケイパビリティとは本来、かなり抽象的なものだ。曖昧さをなくすため、それぞれをどうやって構築していくかについて、具体例も交えて見ていこう。

プラクティスへの取り組みによるデータマネタイゼーション・ケイパビリティの構築

データマネタイゼーション・ケイパビリティは、主に実践を通して学ぶことで身につく。そして、どのようなプラクティスを採用するかによって、どのようなケイパビリティが構築されるかは異なる。たとえば、カスタマージャーニー・マッピングのような基礎的なプラクティスを取り入れる場合、顧客のニーズに関する情報を収集する能力など、基礎的なデータマネタイゼーション・ケイパビリティが徐々に構築される。基礎的なプラクティスがしっかりと確立されれば、より複雑なプラクティスを採用できるため、学習のスピードが増し、より高いレベルのケイパビリティが身につく。その結果、図2・2に示すとおり、人びとやシステムがより複雑なデータマネタイゼーションのプラクティスに取り組むにつれ、ケイパビリティはより強固なものとなり、結果として扇形が端まで完全に広がることになる。そして、より洗練されたケイパビリティ構築のためのプラクティスを採用するにつれて、より高度なものへと進歩していく。[3] 強固なデータマネタイゼーション・ケイパビリティの獲得に近道はない。正しい方向へ地道に進んだ努力の賜こそがケイパビリティなのだ。

データサイエンス・ケイパビリティを例に考えてみよう。一般的に、組織はまず基本的な報告ダッシュボード作成やデータの可視化に精通するようになる。次に、統計的な技術やアプローチを習得。その後、機械学習、そして自然言語処理のような専門的な分析手法を身につけていく。

図 2.2　組織がプラクティスによりケイパビリティを構築する方法

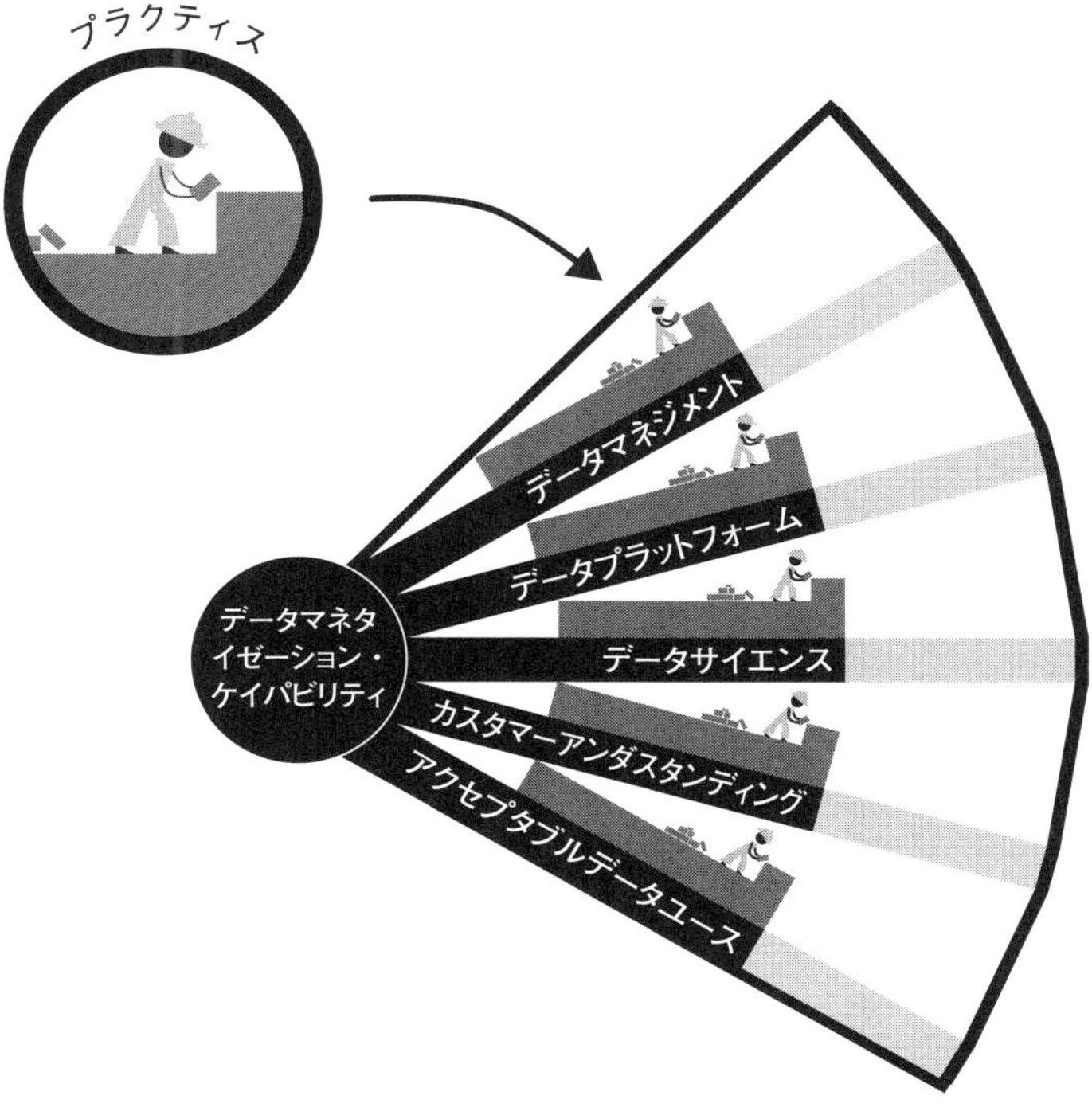

機械学習ツール（高度なプラクティス）にお金をつぎ込んでも、データサイエンス・ケイパビリティを一気に高めることは不可能に近い。せいぜい、組織の大半が簡単には利用できないような機械学習ツールの部分的な導入程度に終わるだろう。高度なプラクティスに取り組む前に、まずは基礎を固めなければならない。基礎から中程度、高いレベルのプラクティスへと進むにつれて、人びとは学習し、学んだことを応用する必要がある。

次に、それぞれのデータマネタイゼーション・ケイパビリティを構築・強化するために組織が採用すべきプラクティスを明らかにしていこう。[4] プラクティスの形はさまざまだ。たとえば、「クラウドファースト！」といった方針として示され、その方針からできるだけ逸脱しないように手順が定められる場合もあるだろう。はたまた、データアクセスを管理するプログラムによって自動化されたり、統計やＡＩモデリングなどのツールに組み込まれたり、顧客からのフィードバックの集約・共有方法などのルールや慣行として示されることもあるだろう。後ほど説明するが、プラクティスには３つのレベルがあり、それぞれのレベルのケイパビリティ構築と関連している。似たようなケイパビリティ構築を達成できる代替的なプラクティスも確かにあるだろうが、研究で有効性が確認されているのは、以下に挙げるプラクティスである。

データマネジメント　データマネジメント・ケイパビリティを構築するにあたり、組織はデータを正確かつ統合されたデータアセットにするためのプラクティスに取り組む必要がある。

◎基礎レベル：**マスターデータ**：再利用可能なデータアセットを生み出すプラクティスの例としては、自動化されたデータ品質管理プロセスの確立、コアビジネスに関わる活動や、顧客、製品などの主要エンティティ（データ項目）を記述するデータソースとフローの特定、優先的な組織データフィールドの標準定義の作成、およびこうしたデータフィールドのメタデータの確立などが挙げられる。

◎中レベル：**インテグレーテッドデータ**：社内外のソースからデータを統合できるようにするプラクティスには、データのマッピングとハーモナイゼーション、データフィールドの標準化、マッチング、結合などがある。

◎高レベル：**キュレーテッドデータ**：組織は、データの分類体系（タクソノミー）とデータの関係性（オントロジー）を定めることでデータを収集・選別・管理する。こうしたプラクティスの例として、データおよびその関連性を分析し、データとその関連性についてユーザーフレンドリーな表示をし、その表示を長期にわたって維持することなどが挙げられる。このようなプラクティスにより、組織は外部のデータアセットや人工知能（AI）モデル開発の副産物として生じたデータアセットを活用して、自身のデータアセットを補強できるようになる。[5]

データプラットフォーム　データプラットフォームを構築するにあたり、組織はクラウド、オープンソース、先進的なデータベース技術を駆使して、データ処理、管理、および提供におけるニーズを満たすソフトウェアとハードウェアの構成を作成するプラクティスに取り組む。

- 基礎レベル：**先進技術**：クラウドネイティブ技術の採用は、データプラットフォーム・プラクティスの一例だ。最新のデータベース管理ツールとしては、データの圧縮、保存、最適化、移動に関する最先端技術を活用した製品などが挙げられる。
- 中レベル：**内部アクセス**：データや分析のサービスを社内で利用できるようＡＰＩ（アプリケーション・プログラミング・インターフェース）を使用することは、どのシステムからも生データやデータアセットにアクセスしやすくするためのプラクティスである。
- 高レベル：**外部アクセス**：ＡＰＩは、組織の生データやデータアセットを外部チャネル、パートナー、顧客が利用できるようにするためにも使用できる。組織外のステークホルダーにＡＰＩを提供するには、外部ユーザーを認証し、そのプラットフォームでのアクティビティを追跡できるプラクティスを採用しなければならない。

このようなデータマネジメントとデータプラットフォームのプラクティスがどのようなものか、ボストンを拠点とする金融サービス企業、フィデリティ・インベストメンツを例に考えてみよう。２０１９年、フィデリティは、１００を超えるデータウェアハウスと分析格納庫を共通の分析用プラットフォームに統合する取り組みを数年計画で開始した。[6] 同社は、顧客、従業員、投資可能な証券といった企業内の主要データ項目ごとに共通の識別子を作成するなどのデータマネジメント・プラクティスに投資した。３０００を超える企業のデータ項目の定義を作成し、この新しい用語を整理するための分類体系とカタログを構築するプラクティスを遂行した。データプラットフォーム・プラクティスの一例としては、最新のクラウドベースの分析プラットフォームの導入があり、これにより自社のデータアセットを格納、処理し、社員に提供することもできるようになった。

データサイエンス　データサイエンス・ケイパビリティを構築するにあたり、組織はデータサイエンスの技術や考え方を活用する能力を高めるためのプラクティスに取り組む必要がある。また、新たな人材の採用、既存の従業員のスキルアップと能力開発も必要になる。さらに、データサイエンスに関連する業務をサポートするツールや手法に投資することで、データサイエンス業務を適切に管理し、組織内に行き渡らせることが可能になる。

- 基礎レベル：**レポーティング**：ダッシュボードなどの可視化・報告用のツールの活用を促すプラクティスとしては、データを用いたプレゼンテーションツールの標準化、業務プロセス結果やビジネス成果についての「信頼できる唯一の情報源」として使うことができるデータアセットの特定などが挙げられる。また、データを活用して主張に説得力を持たせる方法や、エビデンスにもとづく意思決定を行う方法を従業員に教育することも、このプラクティスに含まれる。
- 中レベル：**統計**：数学と統計の活用を促すプラクティスとしては、分析ツールの選択、高度な数学的・統計的知識を持つ人材の採用、データサイエンス支援部門の設置などが挙げられる。

また、確率や統計、分析ツールやテクニックを使いこなすスキルを教えることも、このプラクティスに含まれる。

- 高レベル：**機械学習**：機械学習、自然言語処理、画像処理などの高度な分析技術の利用を促進するにあたり、組織は特徴量エンジニアリング、モデルトレーニング、モデル管理に取り組む。また、AIモデルが価値を生み出し、法令を順守し、信頼性があることを保証するためのプラクティスを実践している[7]。

カスタマーアンダスタンディング　カスタマーアンダスタンディング・ケイパビリティを構築するために、組織は顧客とつながり、顧客に関するデータ（属性、感情、利用背景、利用状況、欲求など）を収集し、その情報から顧客の基本的・潜在的なニーズについて分析し、洞察を引き出す。

- 基礎レベル：**意味づけ**：顧客の声に耳を傾け、そのニーズを理解することは、基礎的なカスタマーアンダスタンディング・プラクティスの一例だ。顧客と接する従業員が、「目安箱」やイノベーションのためのクラウドソーシング・イベント（訳注：不特定多数を集めてアイデアなどを募集するイベント）を通じてアイデアを共有することで、組織は重要な顧客ニーズを特定しやすくなる。こうして従業員は、共有された顧客ニーズをもとにカスタマージャーニーを作成したり、新しい製品やプロセスを設計したりするアジャイル的なチームや部門横断型のチームに参加することもできるようになる。

- 中レベル：**協創**：新しい製品やプロセスの協創に顧客を巻き込むには、適切な顧客の特定、顧客参加の条件の設定、顧客の時間の有効活用に関するプラクティスが必要となる。
- 高レベル：**検証の実施**：顧客とのアイデアをテストするための一般的なプラクティスとしては、仮説検証（顧客の行動を観察し、期待に合致するかどうかを検証する）や、Ａ／Ｂテスト（ＡとＢの２つの種類を用いた比較実験）が挙げられる。

オーストラリアの保険会社ＩＡＧは２０１５年、顧客インサイトを収集・分析する、従業員数40名の企業アンビアータを買収し、データサイエンス・ケイパビリティとカスタマーアンダスタンディング・ケイパビリティを向上すべく多額の投資を行った。[8] その結果、経験豊富なデータサイエンティストを獲得し、統計的手法、機械学習、分析手法といったデータサイエンスのプラクティスの実践に成功した。翌年の２０１６年12月には、新部門「カスタマーラボ」を設立し、データ、分析、マーケティング、顧客体験、デザイン思考、プロダクト・イノベーションの専門家たちをひとつの部署に集約した。カスタマーラボは、アンビアータが顧客インサイトを収集・分析する企業として長年培ってきたＡ／Ｂテストや仮説検証などのプラクティスからデータマネタイゼーション・ケイパビリティの構築を進めることができた。

ＩＡＧはアンビアータのプラクティスを企業全体に普及させるまで数年を要したが、結果的に、多くの従業員が高度なデータサイエンス・ケイパビリティやカスタマーアンダスタンディング・ケイパビリティを獲得し活用できるようになった。カスタマーラボを活用して、アンビアータのプラクティスが自社に適合するまで検証と改良を続けることで、このプラクティスを積極的に広めていったのである。

アクセプタブルデータユース　アクセプタブルデータユース・ケイパビリティを構築するために、組織は従業員、パートナー、および顧客によるデータアセットの利用、またはステークホルダーのデータアセットの利用について、規制上および倫理上の懸念に効果的に対処するためのプラクティスに取り組む必要がある。組織はこのケイパビリティを活用して、データアセットを不正確に、望ましくない形で、あるいは契約上または法的に認められていない形で利用するリスクを軽減することができる。

- 基礎レベル：**社内監視**：従業員による安全なデータ利用のためのプラクティスは、通常、データオーナーシップの設定、法律・規制・組織方針に関する従業員のトレーニング、データアクセスに関する承認プロセスの設定、従業員のデータアクセスの監視から始まる。
- 中レベル：**社外監視**：パートナーによるデータアセットの適切な使用のためのプラクティスは、適切な使用に関するパートナーとの明確な合意の形成、パートナーによるデータアセットの使用の監視を行うことである。
- 高レベル：**監視の自動化**：顧客が自身のデータを自己管理できるようにするためのプラクティスは、顧客のデータ管理に関するポリシーを確立することから始まる。こうしたポリシーを実践させるには、顧客にポリシーを伝達し、顧客自身での管理を自動化して容易にするという両方のステップを踏む必要がある。プラクティスを自動化することで、組織による監視を内部だけでなく外部に広げることができる。

アンセム・ヘルス（訳注：現エレバンス・ヘルス。米国の健康保険会社）は2019年、クラウドベースの環境を構築するため技術とガバナンスの専門家を雇用することで自社のアクセプタブルデータユース・ケイパビリティを高めた。この環境整備により同社は、匿名化された患者の健康データのAIモデルの開発や検証への活用を望むスタートアップや学術研究者などと連携できるようになった。一方で、データアクセス、開発基準、知的財産権など、解決すべき大きな問題も存在した。しかし、こうした専門家の提供する技術により、各パートナーのプロジェクト特有のニーズに合わせて契約の項目を微調整できるようになり、結果として、契約の初期段階のプロセスを大きく簡素化することに成功した。

図2・3は、5つのケイパビリティすべてが高度にある状態を扇形で示したものである。それぞれが同程度のレベルまで高まっていれば、その扇形は「きれいに広がっている」といえる。この5つのデータマネタイゼーション・ケイパビリティは補完性が高いため、それぞれを同程度のレベルまで向上することが理想的だ。高度なデータマネジメント・ケイパビリティやデータサイエンス・ケイパビリティを持たずして、高度なデータプラットフォームをフル活用することは難

図 2.3　高度な状態にある 5 つのデータマネタイゼーション・ケイパビリティ

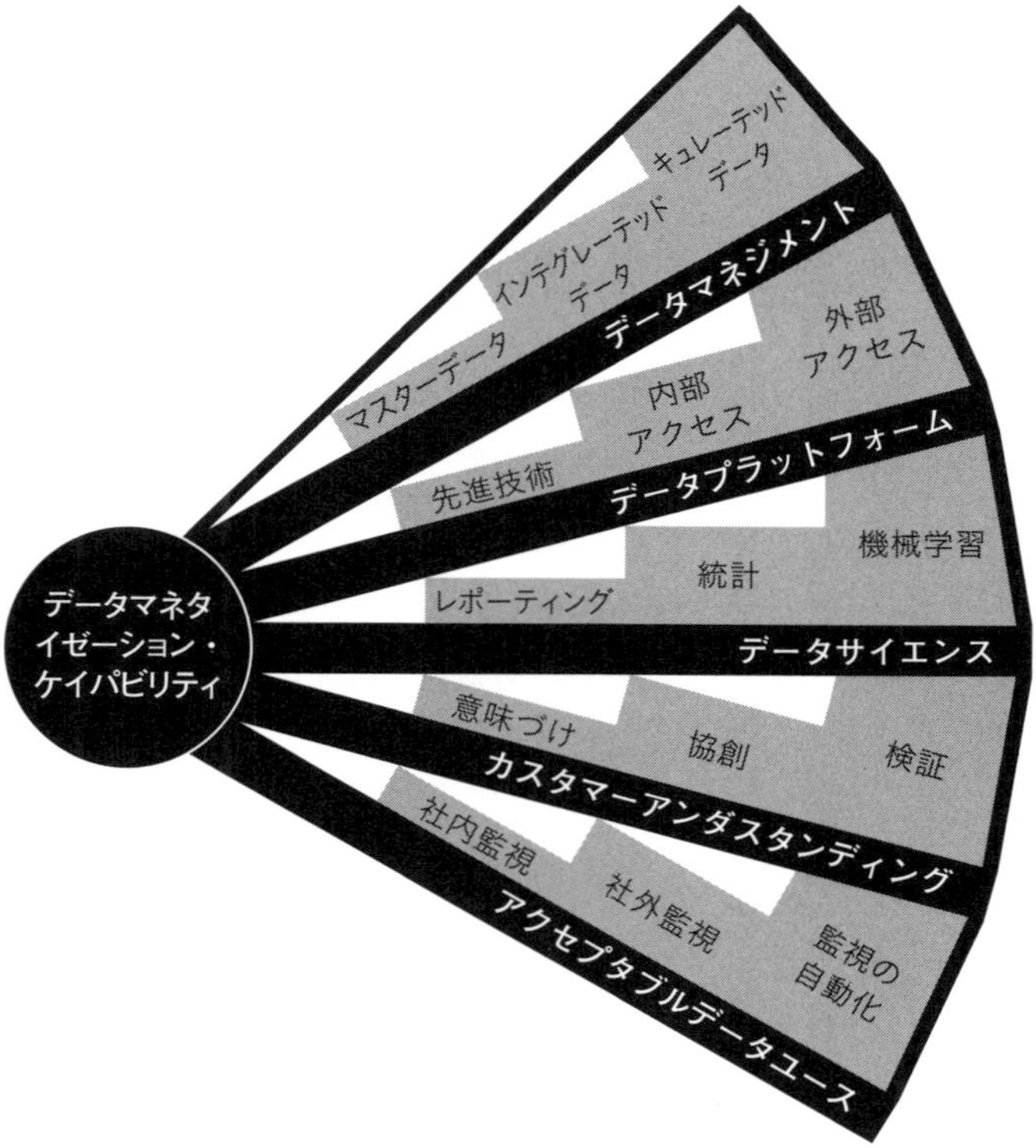

しい。とはいえ、5つが同じペースで成長することはほとんどない。時として、他のケイパビリティを差し置いてひとつから2つのケイパビリティだけを十分に高めてしまった結果、バランスが悪く効果が期待できない扇形になってしまうこともある。プラクティスを積み重ねれば、どの部分を追加で強化すると、5つの集合的な力を強化できるかが見えてくるだろう。

プラクティス評価による
データマネタイゼーション・ケイパビリティ評価

ケイパビリティを正確に測定することは非常に難しいが、プラクティスは観察および評価できるため、代わりの指標となる。先ほどの料理の例を考えてみよう。二人の人間を見ただけで、どちらがアマチュアのシェフで、どちらがプロのシェフかを見分けることはほぼ不可能だ。しかし包丁の選び方、肉の焼き加減、皿の盛り付けなど、厨房での動きを見ればどちらがプロのシェフかは一目瞭然だ。こうした行動は観察可能な実際のプラクティスであり、その人の調理のケイパビリティを評価するに足る指標となる。

本書付録のケイパビリティ評価ワークシートを使用して、組織のデータマネタイゼーション・プラクティスを評価することができる。説明に従って自身のプラクティスを評価し、組織のケイパビリティ・レベルを確認してみるといいだろう。

ケイパビリティの全社化によるイニシアティブの加速と低コスト化

効率性やコストの理由から、上記で示したプラクティスの採用をいくつか検討しているが、そのプラクティスがデータマネタイゼーション・ケイパビリティの構築にどのように寄与するかという観点からの価値については認識していないという場合もあるだろう。なんらかの理由でプラクティス（ポリシー、ルール、プロセスなど）を推し進めようとしても、そのプラクティスがデータマネタイゼーション・ケイパビリティの構築に役立つとは気づいていないかもしれない。たとえば、財務的な理由から「クラウドファースト」のポリシーを採用しても、それがデータアセットを社内外で再利用できるようにするための重要な基礎的プラクティスであることには気づいていないことがある。

エンタープライズ・ケイパビリティを構築しようとする場合は、企業全体でプラクティスを採用しなければならない。プラクティスによってケイパビリティを強化し、それが組織全体で繰り返し共有されることで、どのような業務改善、ラッピング、ソリューション販売のイニシアティブにも利用できるようになることが理想的だ。たとえば、クラウドベースのアプリケーションを使用すると、開発者は他のサービスを妨げることなく、個別のサービスを迅速に作成し、展開することができる。そして、開発者のチームメンバーも、それらを再利用することができる。カスタマーアンダスタンディング・プラクティスを企業全体で採用することにより、組織の一部で得られた顧客インサイトを確実に把握し、他の部門でも利用できるようになる。部門レベルのケイパビリティをエンタープライズ・ケイパビリティに移行するには、ある程度の時間と労力を要するし（IAGが、買収した企業のプラクティスを徐々に大企業である自社に取り込んでいった事例を思い出してほしい）、そもそもゼロから新たなエンタープライズ・ケイパビリティを有機的に育てること自体が難しい。しかし、ケイパビリティが構築され、広範囲において新しい方法で使用できるようになれば、その対価が大きいことは想像に難くない。

エンタープライズ・ケイパビリティの価値は、レースの文脈に当てはめて考えるとわかりやすい。あなたがF1レーシングチームのオーナーだとする。観客用の豪華なスタンドや設備、安全な共用給油設備、ピットクルー（とデータサイエンティスト）用の整備された施設、ドライバーを保護するために入念に設計された安全柵など、美しく設計されたサーキットで派手な車を走らせたいと思うだろう。レース主催者に対しても、そうした共有・再利用可能な機能をすべて提供してほしいと期待しているはずだ。そうすることで、あなたは完璧なマシンを設計し、最高のドライバーを見つけてそのモチベーションを高め、勝つための戦略を練ることに時間を費やすことができる。

図2・4は、ある理想的な状況において、データマネタイゼーション・イニシアティブのチームが組織に求めているものを示している。それは優れたデータマネタイゼーション・ケイパビリティ、すなわち、イニシアティブを推し進める良好な「データマネジメント」、迅速かつスムーズな進行を実現する良質な「データプラットフォーム」、イニシアティブを最適化する最高の「デー

図 2.4　イニシアティブに取り組むチームが組織に求める優れたエンタープライズ・ケイパビリティ

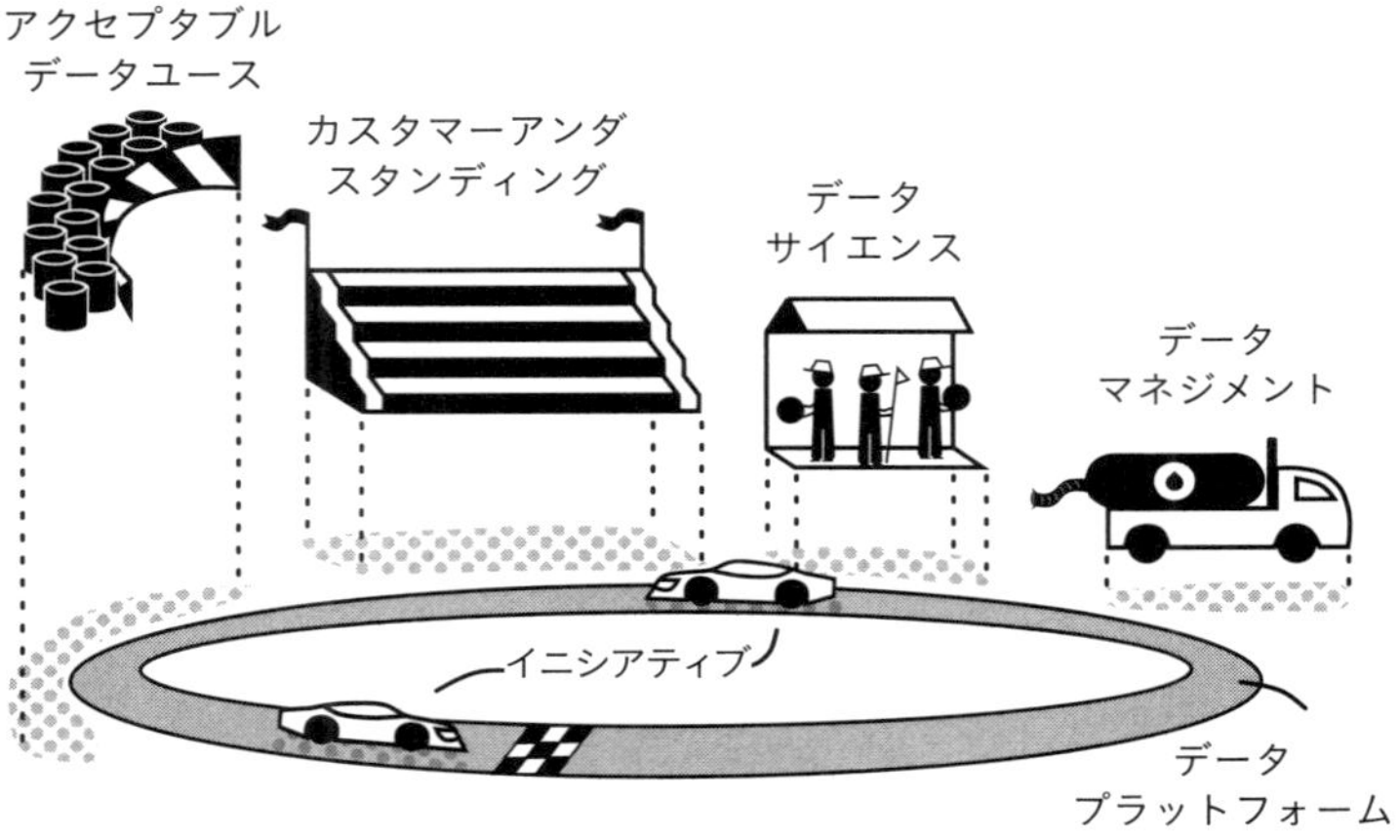

タサイエンス」、顧客を十分に満足させるための優れた「カスタマーアンダスタンディング」、そしてイニシアティブが軌道から外れることがないようにするための素晴らしい「アクセプタブルデータユース」だ。エンタープライズ・ケイパビリティにより、イニシアティブを実践するチームのニーズを満たすことができれば、そのイニシアティブはより円滑かつ迅速に進むことになる。その結果、チームはステークホルダーの管理、チームの育成、モデルのトレーニングなど、イニシアティブの特定の課題に集中できるようになるだろう。

　エンタープライズ・ケイパビリティの構築に向けて動く前に、ケイパビリティは活用されて初めて価値を生み出すという点を押さえておくことが重要だ。エンタープライズ・ケイパビリティを利用しないうちから、その構築に時間や費用をかけすぎるべきではない。使われないエンタープライズ・ケイパビリティは無駄な費用でしかないからだ。とはいえ、組織の長期的な目標は、あくまでもすべてが揃った完璧なレーストラック、つまり、高度なエンタープライズ・ケイパビリティ一式を手に入れ、これを多種多様なイニシアティブで繰り返し利用することである。

現実には、大抵のプラクティスはまずイニシアティブに取り組むチームが採用するため、ほとんどのデータマネタイゼーション・ケイパビリティは、イニシアティブの流れの中で成長する。エンタープライズ・ケイパビリティが存在しない場合、イニシアティブのオーナーは目的の達成に必要なケイパビリティを発掘しなければならない。特定のイニシアティブを成功させるために、新しいツールを試してみたり、クラウドプラットフォームで実験してみたり、条件を満たした利用ポリシーを策定したりするかもしれない。しかし、必要なデータマネタイゼーション・プラクティスを個別のイニシアティブごとに採用してしまうと、他の分野では活用が難しい部門レベルのケイパビリティにとどまることになりかねない。だからこそ、エンタープライズ・ケイパビリティを蓄積するには、ある程度のビジョンとリーダーシップが必要となる。このような捉え方は経営幹部や最高データ責任者に見られるものだが、そこではまさにトップダウン型でグローバル志向の姿勢が求められている。

《事例》BBVAにおけるエンタープライズ・ケイパビリティの構築

ここで、エンタープライズ・データマネタイゼーション・ケイパビリティを長い時間をかけて高度なレベルにまで築き上げた組織の例を見てみよう。BBVAは、データマネタイゼーションの成果を生み出す卓越性と、優れたデータマネタイゼーション・ケイパビリティで知られる組織だ。[10] しかし、最初から高度な状態のケイパビリティを有していたわけではない。154年の歴史を誇る金融サービスグループBBVAは2011年当時、コストがかかり処理速度の遅いレガシーな技術、時代遅れのデータサイエンスに関するスキルしかない従業員、データ利用に関する規制上の厳しい制約という課題を抱えていた。しかし、リーダー陣が長期的な視野に立ってケイパビリティ構築に取り組んだ結果、高度なエンタープライズ・データマネタイゼーション・ケイパビリティを確立し、世界中で展開しているあらゆる種類のデータマネタイゼーション・イニシアティブを支えている。

第1段階：ソリューション販売イニシアティブ

2011年、BBVAのリーダー陣は、匿名化された銀行クレジットカードデータの販売により新たな収益を生み出せないかと考えていた。そこで、市場が求める可能性のある情報ソリューションを発掘すべく、マサチューセッツ工科大学（ＭＩＴ）のセンシアブルシティラボに少人数のチームを派遣した。５００万件の匿名化されたクレジットカードの記録をチームに提供し、チームはそのデータを解析用に整理した。つまり、データをクリーンアップしてフィールドを定義するため、データマネジメント・プラクティスを採用した。これにより、クレジットカードの記録が再識別されない状態であることを確かめる方法を確立し、データを合法的に販売できる場所や方法の範囲を定めることもできた。

当時、ＢＢＶＡでクラウドコンピューティングを使用することは社内の規制部局によって禁止されていた。しかし、ＭＩＴに派遣中のチームは、クラウドのソフトウェアやサービスを自由に利用したり、学んだりすることができたため、その機会を大いに活用した。さらに、ＢＢＶＡ社内に存在するものよりもはるかに先を行くアルゴリズムや可視化技術の使用方法も習得した。ＭＩＴでの経験から、チームは銀行外のプレイヤーと協力することが非常に有意義であると認識することができた。スタートアップ、政府機関、慈善団体などの組織と協力する方法を学ぶことが、有意義なプロトタイプを開発する鍵であると認識したチームは、そのプロトタイプを利用して、銀行クレジットカード情報ソリューションに関心を持ちそうな顧客層や、顧客がそのソリューションに支払うであろう対価について検討した。

ＭＩＴとの４年間の連携を経て、ＢＢＶＡのチームは複数のソリューション販売イニシアティブを滞りなく完了し、匿名化された銀行クレジットカードのデータアセットに対する顧客の購買意向を検証することができた。また、銀行クレジットカードデータの販売に関連する今後の取り組みで活用できるような、新しいプラクティスとケイパビリティの初期構築にも成功した。さらに、都市計画や政府機関など、経済的な影響に関する分析を活かせる有望な市場を特定する方法も極めた。

この取り組みにより、BBVAのリーダー陣はデータ販売が実行可能な戦略であると確信した。このタイミングで、リーダー陣はBBVAデータ&アナリティクス（D&A）と呼ばれる、法的に独立した完全子会社を設立した。この新組織は当初わずか4人という小規模なもので、独立採算制となる予定であった。D&Aは、MITとのイノベーション創出の活動の中で生成された銀行クレジットカードのデータアセットにもとづく、情報ソリューションを販売する独立した情報ビジネス事業を運営する形で、計画を進めることになる。

D&Aの独立性を強化するため、BBVAはこのグループの拠点を銀行とは別のマドリードのビルに設置した。この新しい拠点は、コラボレーションとイノベーションを刺激する現代的な要素（可動式家具、ガラス壁のホワイトボードなど）を取り入れて設計された。既存の銀行から物理的に切り離すことで、MITでの経験で得られたプラクティスや教訓が維持・醸成され、新たなケイパビリティが育つことになった。

BBVA D&Aは独立した情報ビジネス事業として価値があると自身で判断したプラクティスを採用し、銀行クレジットカードの情報ソリューションの販売に必要とされる高度なエンタープライズ・ケイパビリティを構築した。ただし、このユニットが小さな規模で活動していたことにも注目すべきだ。彼らは限られた市場向けに小規模なソリューションを提供していたため、得られた収益は既存の銀行の収益に比べれば微々たるものであった。高度なプラクティスを小規模に採用する方法で驚くほど高度なケイパビリティを得ることはできたが、それを活用できるデータアセットはごくわずかであった。

第２段階：業務改善イニシアティブ

ＢＢＶＡ Ｄ＆Ａのデータサイエンティストたちは、ソリューション販売イニシアティブに取り組む傍ら、より規模の大きい親銀行に勤めるデータ担当の同僚たちとも、コーヒーやカジュアルなランチを通して交流を続けていた。そんな中で、Ｄ＆Ａのデータサイエンティストたちは、自分たちが採用したより高度な先進技術とプラクティスを活用すれば、ＢＢＶＡの内部データを活用した取り組みがさらに高い成果を上げられる可能性に気づき始めた。そこで、行内の数名の同僚の取り組みについて別の角度からのアプローチをサポートしたいと打診した。一例として、ＢＢＶＡ Ｄ＆Ａは自社のより高度なデータサイエンス・ケイパビリティを活かして、銀行の支店配置をより効果的に最適化する取り組みを支援し、３５００万ドルのコスト削減を実現した。

ＢＢＶＡの経営陣は、データが銀行の業務を改善することで大きな価値を生み出せることを知り非常に喜んだが、ＢＢＶＡが必要としているのはＤ＆Ａが持つケイパビリティそのままではなく、異なるデータアセットを活用するためのケイパビリティであることにも気づいた。実際のところ、ＢＢＶＡはＤ＆Ａと同様のケイパビリティを必要としてはいたが、扱いたいデータの種類が異なっていた。たとえば、銀行業務には、銀行クレジットカードの取引だけでなく、信用リスク、顧客、ウェブサイトのアクティビティといったデータアセットが必要であった。

活用できるデータアセットを増やすため、Ｄ＆ＡのデータサイエンティストたちはＢＢＶＡ内部の取り組みを行っているチームに助言を行い、データサイエンスのツールやテクニックの活用方法を教えるようになった。Ｄ＆Ａは自前で資金を調達する必要があったため、財務専門家を雇い、助言するすべての取り組みについて経済的目標とその達成度を測定する方法を策定した。収益がプラスだった場合、ＢＢＶＡとのコンサルティング契約にもとづき、その収益の一部がＤ＆Ａに入ってくるという仕組みだ。また、取り組みがＢＢＶＡのエンタープライズ・ケイパビリティ構築に貢献することを条件に、Ｄ＆Ａがそのイニシアティブの費用の10~20%を負担。そして、業務改善イニシアティブごとに、Ｄ＆ＡはＢＢＶＡによるデータアセットとアルゴリズムの蓄積を支援し、新しいデータアセットとアルゴリズムを新規のイニシアティブに取り込んで再利用を推し進めた。

ＢＢＶＡのＩＴグループは、一元化されたプラットフォームを継続的にサポートすることに同意し、その運用と監督のために最新のプラクティスを採用した。Ｄ＆Ａは２０１７年までに、27のさまざまな事業部門における40件以上の業務改善イニシアティブの導入についてＢＢＶＡをサポートした。こうしたイニシアティブの一環として、Ｄ＆Ａが１８８の関連データテーブルをクラウドベースのエンタープライズ・プラットフォームに移行した結果、34のデータアセットが新たに利用可能となり、（新しいクラウドポリシーのおかげで）このプラットフォームもその後のイニシアティブに活用できるようになった。注目すべきは、BBVA D&Aが業績管理プロセスの一環としてケイパビリティ構築を追跡したことだ。追跡対象の項目としては、D&Aとの提携によってBBVAが利用できるようになった新しいアセット領域の数や、再利用可能な機械学習モデルの数、スキルアップでデータサイエンティストになったBBVAのデータマイニング担当者の数といった指標が挙げられる。

第3段階：ラッピング・イニシアティブ

BBVA D&Aのデータサイエンティストたちは次に、自分たちのアルゴリズムや方法論の一部を利用して、BBVAの消費者向けのバンキング商品のいくつかに魅力的な機能を付加し、BBVAのデジタル領域でのプレゼンス向上に貢献できると考えた。顧客体験向上のためにデータサイエンスの活用に投資するようBBVAのリーダー陣を説得するのは、当初は難しいことであった。これは、BBVAの事業形態が業務改善イニシアティブやソリューション販売イニシアティブとは異なっていたからだ。そこで、D&Aチームは、データ分析を行い、顧客の取引を整理し、その結果を円グラフで表示する支出カテゴライザーという単一の機能を試験的に提供することを提案した。これにより、顧客は自身の支出状況を把握することができるようになった。ところが、残念なことに、この取り組みは予想以上に時間を要してしまった。理由のひとつは、これまで扱ったことのない顧客データを整理し、寸分の狂いなく正確なものにする必要があったためだ。すなわち、顧客データをデータアセットに変える必要があったのだ。また、D&Aチームは顧客取引を分類できるＡＩモデルをゼロから構築し、トレーニングする方法も学ばなければならなかった。

支出の分類は、ＢＢＶＡの顧客にとってわかりやすいものでなければならず、そうでなければこの機能はメリットどころか害になりかねない。そこでイニシアティブに取り組むチームは、Ａ／Ｂテストを使った検証方法を学ぶことで、その機能が顧客のニーズをどの程度満たしているかを継続的に把握する仕組みを確立した。結果、支出カテゴライザーの導入から間もなく、送金に次いで、ＢＢＶＡのデジタル体験の中で最も人気のある機能のひとつとなった。この機能のおかげで、ＢＢＶＡは２０１７年にフォレスター・リサーチのグローバルモバイルバンキング調査で最優秀賞を受賞し、その後も何年も同賞を受賞している。

課題に対応する新たなプラクティスの採用によるケイパビリティの構築

ＢＢＶＡはソリューション販売から業務改善に移行した際、エンタープライズ・データマネタイゼーション・ケイパビリティが不足していることを認識した。ＢＢＶＡのデータアセットは不十分であり、プラットフォームは幅広い部門からのアクセスに対応できず、部門レベルに限定したデータサイエンスのスキルも時代遅れとなっていた。これは、ＢＢＶＡがラッピング・イニシアティブを導入した際にも発生した。従業員が時代遅れの視点や手法に頼っていたため、顧客を真に理解できていなかったことが明らかとなったのだ。こうした不足が生じるのは、業務改善、ラッピング、ソリューション販売の各データマネタイゼーション・アプローチがそれぞれ異なるケイパビリティに依存していることも原因のひとつである。[11] 業務改善、ラッピング、ソリューション販売について、組織はそれぞれ個別の要求に対応しなければならない。たとえば、ビジネスプロセスの改善を重視する組織では、組織内に焦点を当てたケイパビリティが必要になる。業務関連の分析に使用可能なデータアセットを従業員が見つけるための、共有データ用語や定義の検索可能なカタログなどがその例だ。一方、製品・サービスをラッピングしたり、まったく新しい方法で新規顧客にサービスを提供したりすることを重視する組織は、従業員による顧客データアセットの利用方法や利用規則に関するガバナンスポリシーとプロセスに焦点を当てなければならない。

続く第3章、第4章、第5章では、データマネタイゼーションの3つのアプローチ——業務改善、ラッピング、ソリューション販売——それぞれに必要なケイパビリティについて見ていく。

まとめ

この章で押さえておくべきポイントを以下に示す。

- プラクティスを実践することでケイパビリティが構築される。**あなたの組織で最も弱いケイパビリティを考えてみよう：あなたの組織は、どのようなプラクティスを採用する必要があるだろうか？**
- ケイパビリティは、特定のイニシアティブのニーズを満たすために構築されることが多い。**あなたの組織で最も強いケイパビリティを考えてみよう：それはどのように構築、あるいは獲得したのだろうか？　どのようなプラクティスが現在の状態に最も貢献しただろうか？　（もしわからない場合、教えてくれる人が組織にいるだろうか？）**
- エンタープライズ・ケイパビリティは、組織の中の一部に限定されたケイパビリティよりも価値がある。**最も「エンタープライズ的」、つまり広く共有されているケイパビリティはどれだろうか？　どのようにしてエンタープライズ・ケイパビリティとなったのだろうか？　イニシアティブに取り組むチームが、限定的で部門レベルの価値しか持たない孤立したケイパビリティのサイロを構築してしまわないよう、どのような戦術を用いただろうか？**
- ケイパビリティは活用されて初めて価値を生み出す。**現在進行中のイニシアティブがケイパビリティを見つけ出し、活用できるようにするために、どのようなポリシー、習慣、規範を設けているだろうか？**
- ケイパビリティは、正確性、利用可能性、結合性、関連性、安全性を備えたデータアセットを生み出す。このような特徴を持つデータアセットは簡単に再利用でき、より迅速かつ安価なデータマネタイゼーション・イニシアティブにつながる。**あなたの組織はデータとデータアセットを区別しているだろうか。**

組織のケイパビリティを把握しておくメリットは、それを活かす方法について時間をかけて考えられるようになることだ。これが次のトピックだ。次の章では、業務改善、ラッピング、ソリューション販売で優れた成果を上げる方法について探っていく。

第3章

データによる業務改善

Improving with Data

データとテクノロジーを活用することで、
より多くの情報をもとにした意思決定をより迅速に行うことができ、
業務の効率化を図ることができる。

――――ロバート・フィリップス（カーマックス）

あなたの組織では、何十年もの間、データを用いた業務改善を行ってきただろう。しかし、あなたにとっては当たり前のその業務改善は、組織的あるいは戦略的に実施できているだろうか。最新の業務改善アプローチをとれているかどうかは、（1）業務改善に向けたビジョン、（2）創造または実現した価値の量、（3）ケイパビリティのレベル、（4）業務改善の指揮者、という4つの要素によって判断できる。

あなたの組織は、データを用いた業務改善について具体的なビジョンを描けているだろうか。リーダー陣は、従業員に「データにもとづいて」行動するよう呼びかけるだけで、それ以上のことはしていないのではないだろうか。あるいは、「(評判の良い業界別ランキングで）最下位からトップに返り咲く」「従業員の効率性を100倍高める」「顧客の無駄な時間を1億時間削減する」といった具体的な目標を掲げ、データの活用を促しているだろうか。何を目指すべきか、どのようなメリットがあるのかを知ることで、従業員がデータを生産的に活用することがどれほど容易になるか、想像してみてほしい。

あなたは、業務改善のイニシアティブによってどれだけの価値を生み出し、実現しているだろうか。業務改善の場合、（顧客が関与するラッピングやソリューション販売とは異なり）価値創造プロセスは組織がコントロールすることになる。つまり、理論上ではあるが、価値創造および価値実現をするために、組織のコントロールを自ら直接的かつ積極的に行うことができるということである。

データマネタイゼーション・ケイパビリティはどの程度あるだろうか。分析担当者たちは、複雑なスプレッドシートやピボットテーブルを手作業で作成すること自体に誇りを感じていないだろうか。データマイニング担当者たちは、データウェアハウス時代（あるいはさらにそれ以前）に導入されたソフトウェアを使っていないだろうか。はたまた、データの保存場所がバラバラではないだろうか。もし、こうした状況に心当たりがあるのであれば、データマネタイゼーションのケイパビリティ構築に向けたプラクティスを刷新する必要がある。前章でも触れたが、業務改善をはじめとするあらゆるデータマネタイゼーション・アプローチは、優れたデータマネタイゼーション・ケイパビリティによって価値を与えられる。つまり、ケイパビリティが向上すれば、結果も良くなるということだ。

業務改善のイニシアティブを指揮するのは誰だろうか。「IT部門」が担当しているのだろうか。この章では、業務改善のイニシアティブ、業務改善のイニシアティブによる価値創造と価値実現、そして業務改善のイニシアティブに向けて構築すべきケイパビリティに対し、より広範囲なステークホルダーの間でそれらの責任を共有すべき理由について取り上げる。

自分自身に問いかけてみよう

あなたの組織に存在するかもしれない、高コストで非効率的、あるいは効果のない仕事のやり方を思い浮かべながら、この章を読み進めてほしい。顧客の取り込みに苦戦しているのかもしれないし、サプライチェーンのトラブル対応に手を焼いている場合もあるだろう。データを使ってその問題を解決することはできないだろうか。また、その仕事のやり方を改善することで生み出され、実現される価値を、どのように測定したり監視したりすればよいかわかるだろうか。

参考調査

ＭＩＴ ＣＩＳＲによる調査の回答者を見ると、「業務改善」がデータマネタイゼーション・イニシアティブによる金銭的リターンの51％を占めており、業務改善・ラッピング・ソリューション販売の3つのアプローチの中で最も一般的となっている。[1] これは、市場における業務改善の成熟度を反映している可能性が高い。

業務改善の種類

ほとんどの組織が、業務改善のイニシアティブへの投資を行っている。ＡＩのイニシアティブに関する２０１９年の調査[2]では、調査対象となった52件のイニシアティブのうち40件が、機器の故障予測から乗客の需要予測、検査画像の異常検出まで、プロセスやタスクの業務改善[3]を目的としたものであった。たとえば、ＧＥは自社の環境、健康、安全を担当する３０００人の専門家向けにＡＩを用いた請負業者評価システムを構築し、請負業者がＧＥの安全基準を満たしているかどうかを評価することとした。この改善により、請負業者の受け入れプロセスにかかる時間を何時間も節約することに成功した（調査当時、GEは年間約8万人の請負業者を雇用していたといえば、この改善の規模が伝わるだろう）。

すべての業務改善は、第1章で紹介した価値創造プロセスの3つのステップ、すなわち、データの提供（**データ提供による業務改善**）、インサイトの提供（**インサイトによる業務改善**）、価値を創造するなんらかのアクションの実行（**アクションによる業務改善**）のいずれかを達成するためのものである。それぞれの名称は業務改善の範囲を示している。図3・1に示すように、データを提供するだけの「データ提供による業務改善」の場合、データの重要性を理解し、その理解にもとづいてなんらかの行動を起こして、価値を創造するのはデータを受け取る側の役目である。インサイトによる業務改善では、タスクの進め方に関する助言を得ることはできるが、受け手がその助言にもとづいて行動し、価値を創造しなければならない。アクションによる業務改善の場合、アクションを実行する（あるいは実行しようとする）ため、目標どおりの価値を確実に生み出すことができる。

データ提供による業務改善

多くの業務改善のイニシアティブは、これまでそのデータにアクセスできなかった者や、さまざまなソースからデータを集めてスプレッドシートにまとめる作業に多大な時間を費やしていた

図 3.1　業務改善における３つのステップ

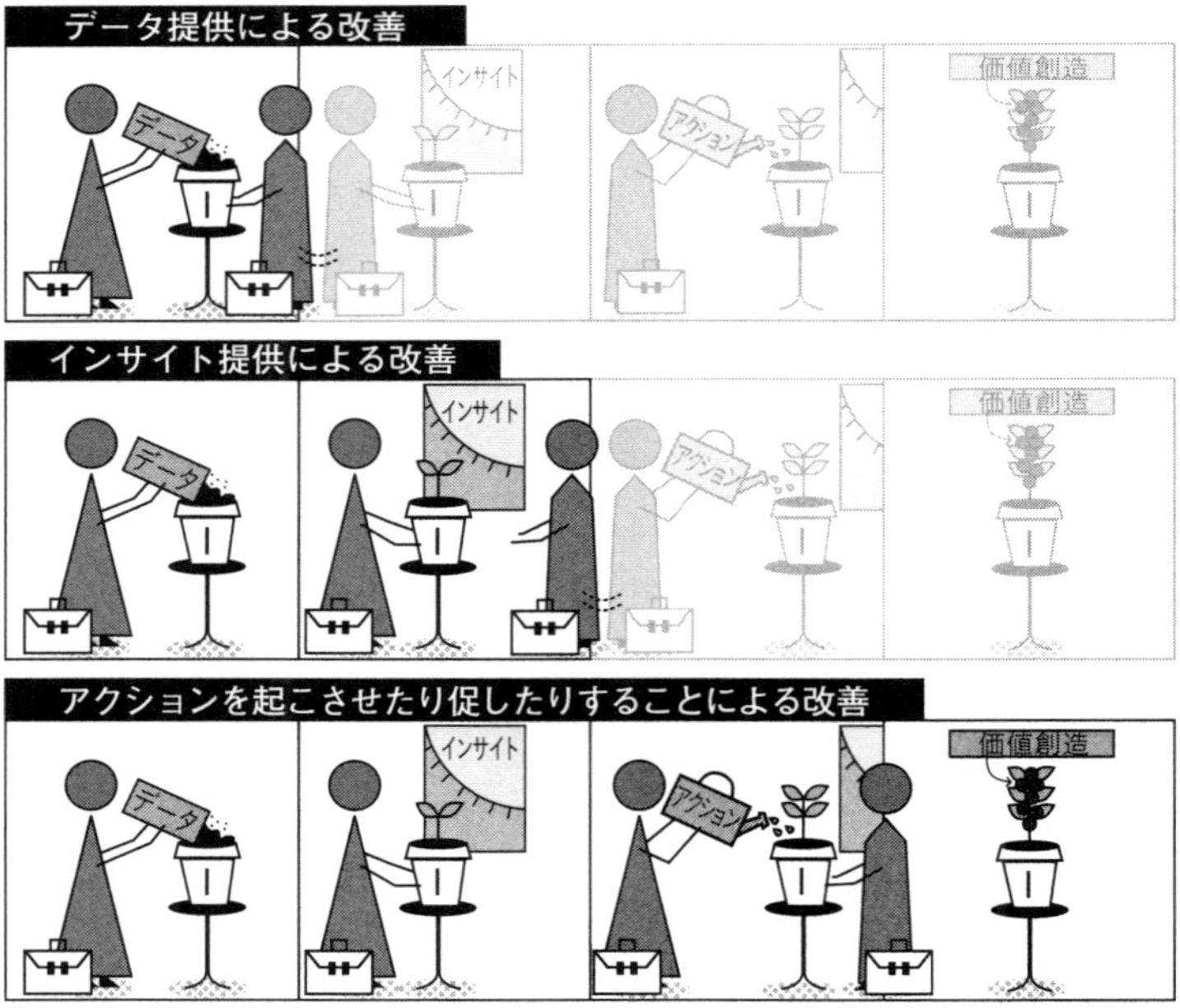

者に、より正確で、よりタイムリーで、より統合されたデータを、提供するものである。ビジネスインテリジェンスレポートのイニシアティブの利点のひとつは、はるかに優れたデータを組織の上層部から下層部に至るまで利用できるようになったことだろう。しかし、そのデータは生産的に活用されたのだろうか。従業員はそのデータの扱い方を知っていたのだろうか。しっかり活用できているケースもあるだろうが、大抵の場合はそうではない。

業務改善のイニシアティブは時として、データの扱い方を理解しアクションを起こす意欲のある意思決定者に、質の高いデータを提供することもある。覚えている人も多いと思うが、米国証券取引委員会（SEC）が長い間バーニー・マドフの出資金詐欺に気づけなかったのは、市民から寄せられた数多くの通報が大勢の担当者に分散してしまい、誰も問題のパターンを把握できなかったのが一因だ。[4] このような過ちの再発を防ぐため、SECは通報、苦情、照会の情報を一元化した単一のデータリポジトリ（TCR）（訳注：tips, complaints, and refer の頭文字をとった名称）を構築した。非常に優れたこのデータソースは、証券取引法違反の可能性を特定する分析担当者に委ねられ、分析担当者は違反の疑いを特定すると詳細調査を開始し、TCRの問題の解消または法的措置のいずれかに至った（すなわち、TCRデータから価値を生み出すことになった）。つまり、然るべきデータを然るべき者に委ねることが重要なのだ。

しかし、大抵の場合、賢明な意思決定者に高品質のデータを提供するだけでは不十分だ。従業員がそのデータに関与できるようにし、関与する意欲を高めるよう積極的に動く必要があるが、従業員に対してデータの取り扱いに関する教育が不十分だと、関与することすらできない（データリテラシー・プログラムやアナリティクス・トレーニングは、こうしたスキルの障壁を克服できる優れた手法だ）。また、従業員が不信感を抱いていたり、忙しすぎたりする場合も協力を得ることはできない。データを提供するだけだとしても、そのデータの使用状況だけでなく、データの活用、価値創造、価値実現までのステップもきちんと見届けなければならない。

インサイト提供による業務改善

業務改善のイニシアティブを行うことで、ベンチマークスコア、例外報告、アドバイス、そして多種多様な視覚化やアラートという形でインサイトを得ることができる。インサイトを提供することがその活用を保証するものではないが、少なくとも価値創造には一歩近づくことができる。

アパレル小売企業であるゲス（ＧＵＥＳＳ）の場合、データサイエンスチームが、スタイリッシュなデバイスを用意したり、グラフィックアーティストを雇って面白く現代的なアプリ体験を生み出したり、アパレル商品の写真や店舗レイアウトも閲覧できるビジュアルダッシュボードを作成したりすることで、クリエイティブスタッフ（データにもとづくインサイトを受け入れる時間や意欲がほとんどなかった衣料品のバイヤーやデザイナー）の支持を得ることに成功した。[5] その結果、バイヤーやデザイナーは、売れ筋のファッション、地域需要、効果的な商品展開に関するインサイトを活用するようになった。また、重要な商品の販売傾向について全員が「すでに同じ認識」を共有しているため、以前まで謎めいたＳＫＵナンバー（訳注：Stock Keeping Unit：在庫管理用の商品コード）

が並ぶ表形式のレポートの理解に費やしていた時間も節約された。理解しやすく簡単に活用できるインサイトをもとに、バイヤーやデザイナーは新しい販売や需要の管理、商品化戦略の策定と展開（すなわち、価値を生み出すアクションをとること）に時間を割けるようになった。

一般的に、アクションを起こすべき者がインサイトを手にした時が、アクションや価値創造につながる可能性が最も高い。先に述べた調査における40件のAIのイニシアティブのほとんどが、なんらかの専門家にインサイトを与えるものであった。たとえば、機器の故障予測は機械の操作員ではなく機器の管理担当者に、乗客の需要予測はサービス係ではなくフライトスケジュールの管理責任者に、検査画像の異常に関するアラートは看護師ではなく放射線科医に、それぞれインサイトが提供されていた。つまり、インサイトは、それにもとづいて行動する権限と能力を持つ者（またはシステム）が利用できるようにしなければならないということだ。

アクションを起こさせたり促したりすることによる業務改善

もうお気づきかもしれないが、アクションを起こさせたり促したりすることで、価値創造プロセスが破綻するリスクを回避することができる。AIを用いた業務改善のイニシアティブの多くが、タスクの自動実行のトリガーとなるものだ。前述の調査でも、AIによる業務改善の3分の1が自動化に関するものであった。たとえば、ネットワークセキュリティ障害を自動的に修復するアクション、在庫が少なくなった商品を自動的に再注文するアクション、使用環境の変化に応じて機器の設定を調整するアクション、理想的なマーケティングコンテンツの電子メールを顧客に自動的に送信するアクションなどである。

　完全な自動化の実現は組織全体で補完的な調整が必要になるため、必ずしも容易なことではない。米国最大規模の医療提供システムであるトリニティ・ヘルスを例に考えてみよう。[6] 旗艦病院の改築を控えたトリニティ・ヘルスは、ＩｏＴ活用のユースケースを試験的に実施した。その一例が、患者に迅速に対応できるように看護師を補助し、患者の転倒リスクを低減するというものであった。この業務改善のイニシアティブでは、転倒リスクの高い患者がセンサー付きのベッドから降りようとすると、自動的に看護師のモバイル端末にアラートが送信され、看護師が迅速に対応できるようになっている。このアラートを自動化するにあたり、チームが対処すべき課題は山積していた。たとえば、アラートの送信先、送信順、送信条件を明確に定めた業務ルールの確立、患者データの整理と正確な転倒リスクスコアの作成、看護師の巡回プロセスの再設計、新しいプロセスと具体的な手順に関するスタッフ教育、新しい方針と手順をスタッフに受け入れてもらうためのインセンティブ設定などだ。このイニシアティブの展開を経て、トリニティ・ヘルスのリーダー陣はこのユースケースが成功したと評価した。看護師のナースコールへの応答までの時間が57％短縮されるという形で価値を創造することに成功し、この結果は、患者の転倒数減少と相関していた。

　中には、アクションを起こさせたり促したりすることを完全に自動化するというわけではなく、人間の行動がシンプルで容易になるように設計されたイニシアティブもある。たとえば、ＧＥの

ＡＩを用いた請負業者評価システムの場合、初めに専門家がボタンを押して評価をアシストする機能を開始させる。その後、ＡＩモデルがドキュメントを解析し、ＧＥの安全基準を満たしているかどうかの判定を出すという流れになっている。このアプリケーションは、ＡＩ評価のもととなる根拠を簡単に知ることができるため、専門家はほとんどの評価をすばやく承認して次に進むことができ、結果的にプロセスの効率を大幅に向上させることができた。

業務改善から価値を創造する

業務改善から価値を創造する場合、イニシアティブチームはまず、イニシアティブによって創出しようとする価値の種類と規模を明確にしなければならない。次に、組織全体の補完的な改革を行うことで、価値が確実に創造されるようにする必要がある。

改善可能なものが多く存在する場合、組織は、イニシアティブから最も生み出したい価値をあらかじめ明確にしておかなければならない。時には、イニシアティブチームでも、期待している価値の種類や規模が実現可能かどうか、確信が持てないこともあるだろう。このような場合は、パイロットテストや実験を多用することになる。小規模、あるいはコントロールされた条件下での業務改善を調査することにより、そのイニシアティブの価値を見極めることができる。また、パイロットテストにより、価値のベースライン（あるプロセスの生産性に関する改善前のレベルなど）を定義することも可能だ。実験では、価値創造を把握するための測定アプローチを開発しなければならないことも多いが、幸いにもそのアプローチは展開された後も長期にわたって使い続けることができる。

たとえば、トリニティ・ヘルスのリーダー陣は、「スマート」病室における(看護師対応に関するイニシアティブのような)業務改善のイニシアティブからどのような価値を生み出せるのかを、事前に知りたがっていた。具体的には、患者ケアの質と効率を向上させたいと考えていたのだ。とはいえ、どのような方法で実現できるか。リーダー陣はパイロットチームに対し、30の病室の至るところ、たとえば、医療機器、ベッド、患者が装着するデバイス、そして出入り口や手洗い場といった戦略上重要となる場所にセンサーを設置するよう依頼。パイロットテストのひとつとして、手指衛生をモニタリングすることで感染対策の成果向上(データ提供による業務改善)につながるかどうかを検証した。まず、手洗いセンサーとスタッフ位置センサーのデータを用いて病院スタッフが病室に入る際の手洗い状況をモニタリングした。分析担当者たちは次に、手洗いの割合を計算し、その数値と院内感染率との相関性を見いだした。

この情報は、スタッフの手洗い習慣を管理する担当者に共有された。そして、このパイロットテストの結果は、手指衛生イニシアティブを拡大展開していくことの根拠となり、イニシアティブチームも価値創造の現実的な目標を設定しやすくなった。パイロットテスト実施から3年後、トリニティ・ヘルスで記録された手洗いの数は1450万回以上にのぼり、内科外科エリアと重症患者エリアでの手指衛生手順の遵守が向上したことが明らかとなった。また、手洗いの遵守により、クロストリジオイデス・ディフィシル感染症が29・7％減少、MRSA感染症は24・5％減少した。

展開する業務改善のイニシアティブがデータやインサイトを提供するものであれ、アクションを起こさせたり促したりするものであれ、価値を具体化するためには、データ・インサイト・アクションという完全な価値創造プロセスを実現しなければならない。業務改善アプローチによる価値創造の最大のリスクは、アクションに移せないことだ。このリスクを軽減する方法のひとつは、（図3・1のように）イニシアティブの範囲を広げることである。たとえばSECの場合、TCRデータベースを構築したあと、分析担当者に実用的なインサイトを提供することで、作業を効率化することができた。つまり、SECのイニシアティブチームは、業務改善の範囲をデータ提供からインサイト提供へと広げたのだ。また、GEの場合、請負業者評価アプリケーションのおかげでAIモデルの評価結果に簡単にアクセスでき、その内容も理解しやすくなったが、それ以前は、評価担当者はAIモデルに目もくれず、評価作業を手作業で延々と行うことが多かった。つまり、GEのイニシアティブチームは、業務改善の範囲をインサイト提供からアクション促進へと広げたことになる。

アクションに移さないことでリスクや課題が多数発生する可能性があるため、価値創造プロセスにおいて想定されるさまざまな展開について強く意識しておくことが重要だ。可能であれば、データやインサイトを計測して、これらが利用されているかどうかをチェックするか、もしくは、データやインサイトの使用者を対象に、その利用状況について定期的に直接質問を行い、価値創造プロセスを定期的に確認すべきである。意思決定者のデータ活用能力に関して、トレーニングやサポートによって解決できる障害はあるだろうか。インサイトがアクションにつながっていない場合、そのインサイトは然るべき者以外の人物、つまり、インサイトにもとづいてアクションを起こせる権限や能力を持たない人物の手に渡っているのかもしれない。これまで紹介した改善例で見たように、業務改善のイニシアティブで価値を確実に生み出すためには、関連するポリシーや業務ルールの変更、プロセスの再設計、データ収集方法の変更、職務の再設計、パフォーマンス指標やインセンティブの変更、人材の再教育や入れ替えなどが必要になるかもしれない。

業務改善から価値を実現する

第1章で説明したとおり、組織はイニシアティブによって実現したあらゆる価値を常に把握していなければならない。また、大抵の業務改善のイニシアティブは、プロセスや作業タスクを標準化または簡略化し、効率化という形で価値を生み出すものであるということも覚えていることだろう。効率化から価値を実現するには、生じたスラックを削減するか、別の用途に再配分する必要がある。つまり、効率化によって必要な人員が減るとしたら、その人数をプロセスから排除するか、他の業務に振り分けなければならないということだ。そして、切り詰めた分は最終利益につながる。たとえば、GEによるAIを用いた業務改善のイニシアティブでは、オフィスでド

図 3.2　業務改善のイニシアティブによる価値実現

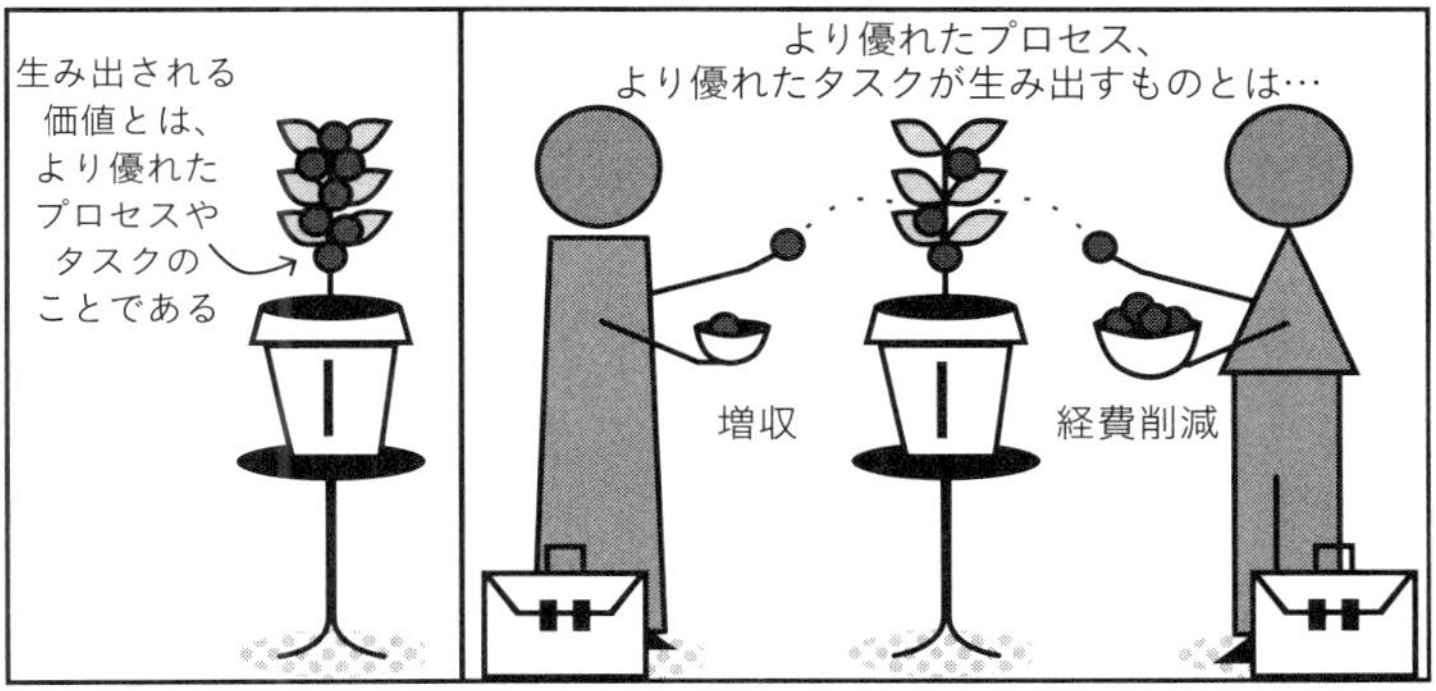

キュメントを確認する時間が短縮された結果、専門家は現場に入って安全上の問題を洗い出し、解決するといった、より高付加価値の仕事に集中できるようになった。ただし、多少のスラックはあるほうが望ましいということも覚えておいてほしい。スラックがあることでイノベーションが可能となり、また、突然の需要の増加といった環境の不確実性にも対応することができる。[7]

第1章では触れなかったが、業務改善のイニシアティブでは、プロセスの生産性を高めたり、製品の品質を向上させたりすることによっても価値を生み出すことができる。より質の高い製品をより多く生産することで生み出される価値は、その製品を販売することによって実現する、すなわち、お金に変えることができる。つまり、GUESSのバイヤーやデザイナーに提供されたインサイトの事例のように、より優れた商品配置によって生み出される価値は、割引や値下げを行う頻度が下がることで収益が増加するという形で実現される。一方、より優れた製品の価値を実現するためには、値上げが必要になる場合もある。このラッピング・イニシアティブの主要な価値実現メカニズムである製品販売からの価値実現については、第4章で掘り下げて見ていく。

要約すると、図3・2に示すように、業務改善のイニシアティブによって生み出される価値の一部は、組織におけるコスト削減として実現され、また一部は増収として実現される。いわば、一部の価値はまだ木に残っている状態、つまり、創出された価値の一部がまだお金に変換されていない状態にある。その価値とは、イノベーションのためのスラックという形をとる場合もあれば、従業員や管理職のプレッシャーを軽減するものかもしれないし、顧客に還元されるものかもしれない。ただ、スラックを取り除いて別の用途に再配分しなければ、木に残された価値が相当なものとなってしまうだろう。

《事例》マイクロソフトにおける業務改善

世界で最も有名なテクノロジー企業のひとつであるマイクロソフトは、大小さまざまなイニシアティブを通して、業務改善に巨額の投資を行ってきた企業の好例だ。マイクロソフトは本社を米国に構えながらグローバルに事業を展開し、2022年時点で16万3000人以上を雇用。継続的な経済ショックや消費者行動の変化にもかかわらず、2022年6月までに同社の時価総額は2兆ドルを超えるまでに成長した。[8]

2014年、マイクロソフトはグーグル、アップル、オラクルなどとの競争激化に加え、消費者の行動や期待の大きな変化にも直面していた。特に、ソフトウェア業界がクラウドベースのサービスへと移行するなかで、同社はビジネスモデルの大幅な変更に迫られていた。クラウドサービスを提供するには、サービス利用に関する絶え間ない情報把握、顧客の考え方やニーズに対する深い理解、そしてまったく新しい価格設定と販売戦略が必要となるためだ。

サティア・ナデラは2014年2月にCEOに就任すると、この課題に取り組み、素晴らしい結果を残した。わずか3年後、クラウドの収益は93%成長し、同社の株価は2倍以上にまで上昇。また、社員の61%が毎月データと分析機能を利用するようになった。ナデラの明確なビジョンと、エビデンスにもとづく意思決定を優先し続けたことが相まって一連の内部改善がもたらされ、マイクロソフトはデータを糧とする組織へと変貌を遂げたのだ。

これは、マイクロソフトが明確なビジョンを持って業務改善に取り組んだことを意味する。多くのCEO（最高経営責任者）がそうであるように、サティア・ナデラも社内外の聴衆との対話の中で「データドリブン」という言葉を全面に押し出していた。しかし、ナデラがその言葉で伝えたいことは明らかであった。世界中の同社の従業員がデータを活用して業務の性質を変えることで、マイクロソフトがソフトウェア製品企業からクラウドベースのサービス提供へうまく移行できると考えていたのだ。

その言葉を裏付けるように、ナデラは大胆な行動に出た。コアビジネス部門（販売、マーケティングなど）を統合し、製品ありきの縦割り組織を解消。従業員のインセンティブを調整することで、業績評価に関する3本柱のうちのひとつを、従業員が組織全体でどれだけ協働しているかを評価するものに変更した。ナデラはさらに、全従業員が業務にPower BIを使用するという目標も設定。こうした取り組みの積み重ねにより、リーダー陣がデータから価値を創造できる環境が生まれた。その結果、マイクロソフト全体で業務改善のイニシアティブが次々と誕生していったのだ。

ここで、マイクロソフトのファイナンス部門のリーダー陣による業務改善のイニシアティブ（具体的には、インサイトを提供するイニシアティブ）の一例をご紹介しよう。リーダー陣は、ファイナンス分析から現場での行動までの一連の所要時間を短縮することで、ファイナンス分析業務の効率化を図りたいと考えていた。このイニシアティブの目標は、分析担当者がファイナンスデータの分析に費やす時間を減らし、販売パートナーへインサイトを伝える時間を増やすことであった。そこでファイナンスチームは、柔軟で網羅性の高い分析ツール一式を導入することで、分析担当者がビジネスレビュー中に即座にさまざまな質問に答えたり、営業担当者からの急な問い合わせにも対応したりできる環境を構築。また、分析担当者のコミュニケーションスキルとプレゼンテーション技術を磨くため、オンラインセミナーやライブでの実演、動画、対面セッションなどで構成されるストーリーテリング研修プログラムも確立した。これらの取り組みの結果、15カ月でファイナンス分析担当者はインサイトの創出にかかる時間を30％削減し、その時間を販売パートナーとのコミュニケーションに割くことができるようになった。こうした結果は、マイクロソフトがクラウドサービスのビジネスモデルへと移行するにあたり、まったく新しい価格設定と販売戦略を構築する必要があったことと合致していた。

この短い事例から、データマネタイゼーションの業務改善アプローチについて、次の重要なポイントを学ぶことができる。

◆クラウドサービスにシフトするというナデラのビジョンの実現には、営業に労力を再配分するための大幅な効率化が必要だった。

◆事例のイニシアティブにより、ファイナンス分析に必要な時間が短縮され、マイクロソフトの既存のファイナンス分析担当者の効率性がアップした。

◆また、分析担当者の効率性が上がることで、より有意義なインサイトを提供し、販売パートナーの問い合わせにも即座に対応できるようになった。

◆ファイナンス部門のリーダー（すなわち、改善対象のビジネスプロセスのオーナー）が、価値創造と価値実現の達成について説明責任を負っていた。

◆価値創造プロセスをサポートするため（すなわち、営業担当者が分析担当者のインサイトにもとづいてアクションを起こす可能性を高めるため）、ファイナンス部門のリーダーがストーリーテリング研修プログラムを確立し、分析担当者に実用的なインサイトを説得力のある方法で提示する方法を身につけさせた。

◆ファイナンス部門のリーダーは、成功（すなわち、価値創造）を、データ収集時間の短縮と、それに伴う販売パートナーとのコミュニケーションに費やす時間の増加として測定した。

◆価値実現が達成されたのは、分析担当者が切り詰めた時間が、売り上げを伸ばしている販売パートナーのサポートという、より価値のある活動に再配分されたときであった。

繰り返しになるが、これはナデラがＣＥＯに就任した後のマイクロソフトでの業務改善の一例に過ぎない。ここで紹介した事例以外にも、マイクロソフト全体で新しい業務改善のイニシアティブは数多く存在している。

業務改善のための データマネタイゼーション・ケイパビリティ

第2章では、5つのデータマネタイゼーション・ケイパビリティ（データマネジメント、データプラットフォーム、データサイエンス、カスタマーアンダスタンディング、アクセプタブルデータユースケース）が、データマネタイゼーション・イニシアティブを支えていることについて解説した。他のイニシアティブと同様に、より高度なケイパビリティを活かせる業務改善のイニシアティブを実践することで、データマネタイゼーションから得られるリターンは大きくなる。[9]

どの程度までケイパビリティを高める必要があるかを知りたい場合、以下の調査が参考となるだろう。ある調査によると、業務改善において成果が最も高いと分類された組織（業務改善の成果でトップスコアを報告した組織）は、図3・3に示すような明確なパターンのケイパビリティの実践が見られる[10]（次の2つの章で述べるが、トップクラスのラッピングとソリューション販売を実践している組織には、それぞれ特徴的なパターンがある）。

業務改善において成果が最も高いとされる組織は、成果が最も低い組織（扇形が空白）よりも優れたケイパビリティを有しているが、必ずしもすべてのデータマネタイゼーション・ケイパビリティが高いわけではない。しかし、こうした成果が最も高い組織では次のようなケイパビリティを有することで、業務改善の目標を達成する能力を高めている。

- 勘定科目表、製品番号や部品番号、従業員ID、所在地コード、アセットIDなど、特に業務に関するマスターデータを有している。
- クラウドと先進技術を駆使して構築されたデータプラットフォームを介して、データやツールに内部アクセスできるため、場所や時間を問わず迅速かつコスト効率良くデータにアクセスすることができる。
- データサイエンス・ケイパビリティは統計にもとづいてしっかりと確立されているため、プロセスやタスクの最適化に必要なインサイトを提供することができる。
- 顧客のニーズに沿った変化を実現するうえで基礎的なカスタマーアンダスタンディングが業務改善のイニシアティブにおいて重要であることは間違いない。しかし、トップクラスの業務改善を実践している組織は、概してこのケイパビリティにおいて特段優れているというわけではない。これはおそらく、多くの業務改善のイニシアティブが顧客と直接関わるものではないからだろう。

図 3.3　トップクラスの業務改善を実践している組織のケイパビリティ

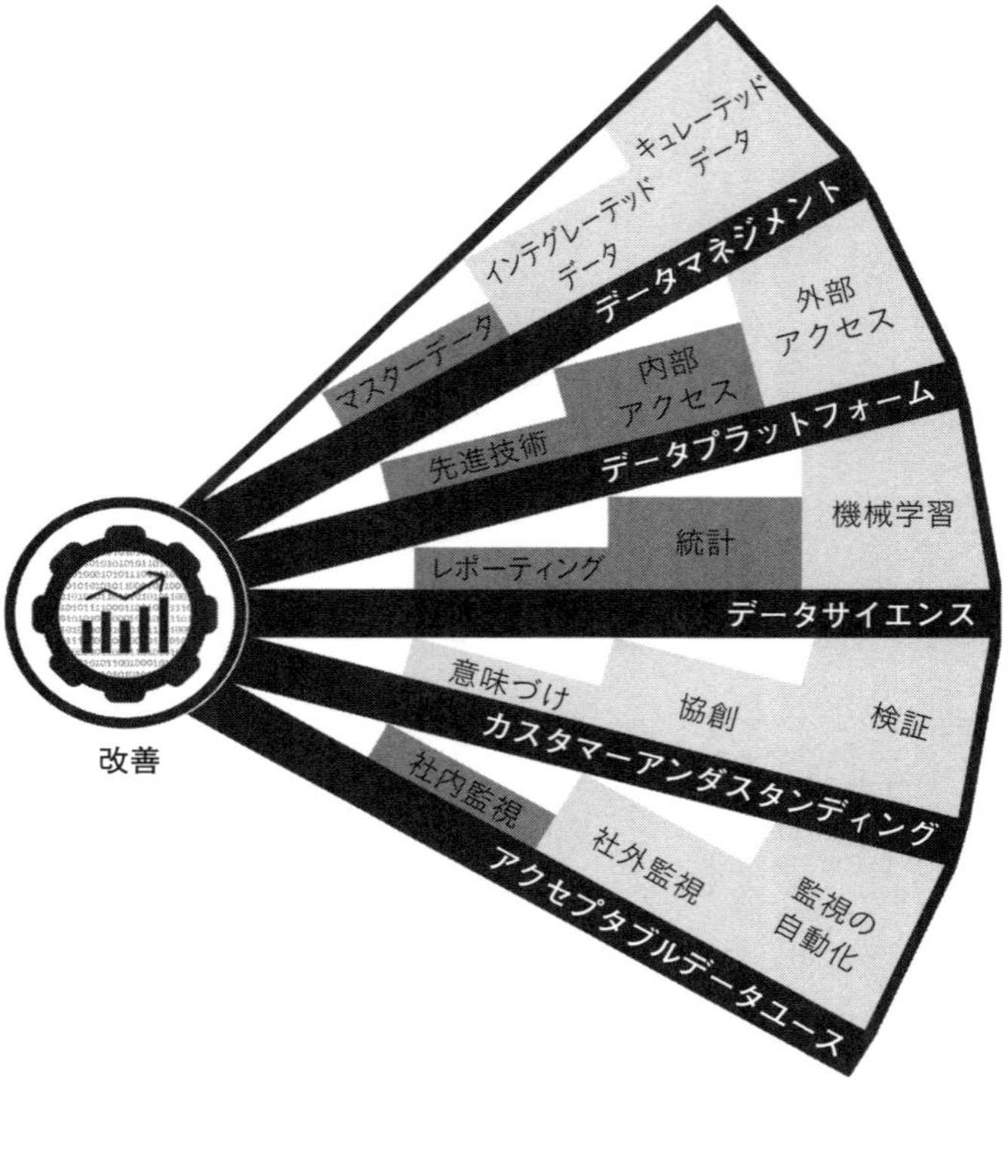

◉機密性の高いデータの内部使用は、データの適切な利用の観点から厳格に監視・管理されている。

まとめると、トップクラスの業務改善を実践している組織は、自社にとって有益な形で再利用可能なデータアセットを生み出せるケイパビリティを活用しているといえる。

《事例》マイクロソフトのデータマネタイゼーション・ケイパビリティ

テクノロジー企業はデータの扱いに長けていると思われがちだ。しかし、他の組織と同じように、テクノロジー企業も、企業レベルでデータマネタイゼーション・ケイパビリティを構築するのではなく、部門レベルでケイパビリティを確立してしまうこともある。また、スプレッドシートやＳＱＬクエリなど、すでに確立されたデータ処理の方法に慣れてしまい、新しいツールやトレーニングの導入をおろそかにしてしまう場合もある。

ナデラが就任する前のマイクロソフトがまさにそうであった。しかし、マイクロソフトのリーダー陣や従業員によるデータ利用の頻度が高くなると、最高情報責任者（ＣＩＯ）のジム・デュボアは、全社レベルでデータマネタイゼーション・ケイパビリティを1カ所に集約すべく、４つのシェアードサービスグループを設立。これらの企業グループは、マイクロソフト全体のリーダー陣と緊密に連携し、新たなデータマネタイゼーション・イニシアティブに必要なプラクティスを確立していった。

ケイパビリティとイニシアティブの相互作用について、マイクロソフトの販売プロセスを合理化した別の業務改善のイニシアティブを例に考えてみよう。営業部門のリーダー陣は当時、営業担当者が顧客と接する時間を30%、つまり週に1・5日増やすことを目指していた。この目標は、マイクロソフトのビジネスモデルの転換によって再び推進されることになり、営業担当者には顧客の考え方やニーズをより深く理解することが求められた。

マイクロソフトは当初、このイニシアティブに必要な**データマネジメント・ケイパビリティ**を有しておらず、重要なデータは、製品ラインごとに独立して存在しているためアプリケーションに埋もれており、データの定義やコーディング規則も一貫性を欠いていた。また、営業担当者は80以上の異なるシステムからデータを引き出している状態であった。彼らは、複数の定義が存在する「セールスリード」という用語に対応せねばならず、結果、必要な情報を手作業で統合するという作業に時間を浪費していた。データマネジメント・ケイパビリティを向上させるための第一歩として、営業部門のリーダー陣は、「パイプライン」や「リード」といった共通の営業概念を標準化するプロセスを採用。これにより、営業担当者、営業マネージャー、ＩＴ部門の間で合意された定義についてコンセンサスを得ることができた。

さらに、世界各地の営業担当者が新しく、かつ、改善された営業データにアクセスできるよう、マイクロソフトは**データプラットフォーム・ケイパビリティ**の近代化も図る必要があった。そこで、同社は1年をかけてMicrosoft Azureのクラウド技術を利用したマイクロソフト・セールス・エクスペリエンス・プラットフォームを開発した。プラットフォームチームが、データを引き出す主要なソースシステムを特定し、データ移動プロセスを確立。さらに、異なるフィールド識別子やフォーマットを使用するソースを統合できるようにフィールドを標準化し、また、一般的に使用されるフィールドの値に一貫性を持たせるための（国コードの標準リストなどの）参照データを確立した。こうして生まれたプラットフォームに販売データを取り込んで統合することで、マイクロソフトと法人顧客との関係を包括的に把握できるようになった。この新しいシステムには、顧客ごとに、購入履歴、問題や苦情、過去のやり取りなどがまとめられている。

このプラットフォームは、Power BI（マイクロソフト独自のビジネス・アナリティクス・サービス）などのデータサービスによるダッシュボードのコレクションを提供する。プロセスの設計者がこうしたダッシュボードを整理して、営業担当者や営業マネージャーなど、さまざまなセールス領域の顧客をサポートするワークフローを設計した。それぞれ異なるワークフローにより、ユーザーは自社の**データサイエンス・ケイパビリティ**を活用しやすくなり、営業担当者も各自の顧客アカウントやタスクに関連する情報や実用的なインサイトにアクセスできるようになった。

このイニシアティブは顧客と直接関わる主要プロセスを改善するものであるため、**カスタマーアンダースタンディング・ケイパビリティ**も不可欠だった（マイクロソフトの前述の例の場合は、ファイナンス分析担当者の効率は改善したが、カスタマーアンダスタンディング・ケイパビリティにもとづいたものではなかった）。そこで、営業担当者の集合知を活用するというプラクティスを採用した。これは仮説構築と呼ばれる、顧客の声に耳を傾け、そのニーズを理解する基礎的なプラクティスだ。まず、ワークフローのアイデア、報告要件、さらには営業関連の機械学習モデル（取引成立の可能性を予測するモデルなど）に使用できる機能について、営業担当者たちが意見を提供。彼らの意見は、実際に新しい作業ツールやタスクに反映され、これによりマイクロソフトはカスタマーアンダスタンディング・ケイパビリティを構築することができた。

最終的に同社は、ダッシュボードの使用状況を監視し、この監視に透明性を持たせることで、独自の**アクセプタブルデータユース・ケイパビリティ**を構築。サポートやトレーニング、インセンティブを向上させることで、データアクセスの障壁を解消し、データの不適切な利用を抑えることに成功した。

マイクロソフトのデータマネタイゼーション・ケイパビリティは、自社の販売データを、再設計された企業向け営業プロセス（営業担当者のアクションを促す業務改善のイニシアティブ）で再利用可能なデータアセットへ転換した。価値創造を追跡するため、営業のリーダー陣は従業員のダッシュボード利用状況を監視し、事務作業に費やす時間がどれだけ減少したかを測定。また、価値を実現するため、営業担当者に、顧客と接する活動に時間（平均して週に1日半）を再配分するよう呼びかけた。実際、この業務改善のイニシアティブによって、トレーニングを受けた経験豊富な営業チームの規模を30%拡大させるコストを負担しなくて済むだけの価値を実現している。

業務改善イニシアティブのオーナーシップ

業務改善のイニシアティブにおける理想的なリーダーは、改善の対象となるプロセス、アクティビティ、またはタスクのオーナーである。ここでは業務改善のイニシアティブのオーナーをプロセスオーナーと呼ぶことにしよう。この役割を担う者は、組織の最終利益に影響を与えるプロセスやタスクの結果（何かを製造するコストやスピード、提供する品質など）について、組織のリーダー陣に対して説明責任を持つ。プロセスオーナーは、自分が管轄しているプロセスがどのように機能しているのか、プロセスにおける作業はどのように達成されるのか、そしてその作業に関連する情報が何であるかを理解していなければならない。また、自分のプロセスのパフォーマンスが、組織の主要業績目標にどのように関連し、またはどのように影響しているのかも把握している必要がある。

マイクロソフトの場合、営業改善のイニシアティブのオーナーは、（IT部門やプロセス設計チームに所属する者でもなければ、データリーダーでもない）エンタープライズ営業事業部門の責任者であった。この人物だけが期待されている価値（週平均1時間半の事務作業の削減）を確実に生み出し、アクションに移せないことで生じるリスクを管理できる立場にあったのだ。営業部門の責任者であるこの人物は、自身の権限、影響力、リソースの管理力を駆使してイニシアティブを推進し、また、このイニシアティブによって生み出されたスラックを他の営業部門の要求に対して再配分することができる最適な立場にもあった。

プロセスオーナーが、生産性や製品品質の向上から価値を実現したり、自身が管理するプロセスの改善によって下流工程で生じる効率向上から価値を実現したりするためには、他のリーダー陣の支援が必要になる場合がある。たとえば、マイクロソフトのファイナンス分析担当の責任者は、ファイナンス分析改善のイニシアティブのオーナーを担っているのはもちろんだが、ファイナンス分析を効率化することで最終的に営業パートナーの売り上げ増を実現しようとすると、現場営業を監督する別のリーダーと協力する必要があった。

もうお気づきかもしれないが、プロセスオーナーや、彼らが頼りにする他のリーダーは、業務改善のイニシアティブにおいてきわめて重要だ。しかし、業務改善を成功させるためには多くの人の協力が必要となる。マイクロソフトの例では、世界各地の従業員に対して、新しい業務方法に取り組むことや、あらゆる種類のタスクで可能な限りデータを活用することが求められていた。トリニティ・ヘルスの場合、スマート病室の取り組みは、IT担当者、データ分析担当者、臨床医、そして院内のあらゆるレベルのスタッフの協力によって展開された。GUESSでは、アプリのプログラマー、グラフィックデザイナー、データチーム、店舗従業員、運営チーム、そして積極的に関与するようになったバイヤーやデザイナーの協力を得て、販売、需要管理、商品化計画の改善が進んだ。実際、この章を通して取り上げた改善例では、組織全体のあらゆる人が、データマネタイゼーションの一端を担っている。結局のところ、業務改善は誰もが向き合うべき取り組みなのだ。

まとめ

組織の規模を問わず、業務改善のイニシアティブを追求しようとする組織は、まず、改善に向けたビジョン、創造・実現しようとする価値、組織のケイパビリティ、そして業務改善のイニシアティブに携わる者を検討することからスタートする必要がある。マイクロソフトのナデラのように、リーダーはデータアセットをどのように業務改善や価値創出に活用するのかを明確にしなければならない。組織はまた、改善目標をサポートするためにはどのようなデータマネタイゼーション・ケイパビリティが必要で、それをどのように構築するのかを理解している必要もある。さらに、どのような業務改善のイニシアティブであれ、リーダーは、イニシアティブの成功に責任を持つプロセスオーナーを任命しなければならない。そしてプロセスオーナーは、関与する必要のある関係者間で責任を共有することが求められる。

この章で押さえておくべきポイントを以下に示す。

- 業務改善のイニシアティブは、意思決定者に（1）データや（2）インサイトを提供したり、または（3）アクションを起こさせたり促したりする。**あなたの組織にとって、どのような業務改善のイニシアティブ（データ・インサイト・アクション）が最も簡単だろうか。**

- なんらかのアクションが起きない限り、業務改善のイニシアティブが価値を生み出すことはない。**データやインサイトを提供する業務改善のイニシアティブについて、あなたの組織はアクションと価値創造をどの程度追跡しているだろうか。**
- 創造された価値が実現され、最終利益に反映されることがきわめて重要である。**あなたの組織は、業務改善のイニシアティブから価値を実現しているだろうか。実現どころか、利益をみすみす逃してはいないだろうか。**
- 業務改善のイニシアティブとは、データマネジメントだけでなく、5つのケイパビリティをすべて活用することである。**過去を振り返ってみて、必要なケイパビリティが得られなかったために失敗したイニシアティブに心当たりはないだろうか。そのイニシアティブには、どのようなケイパビリティ強化のプラクティスが必要であっただろうか。**
- 業務改善のイニシアティブは、確実に価値を生み出すことのできる人がオーナーとなるべきだ。**過去を振り返ってみて、然るべきオーナーを見誤ったために価値を生み出せなかった業務改善のイニシアティブに心当たりはないだろうか。そのイニシアティブは誰がオーナーとなるべきだったのだろうか。**

データマネタイゼーションの道のりを歩み始めたばかりの組織にとって、業務改善からスタートすることが最もふさわしい選択肢といえる。そして、業務改善を極めた組織が次に踏むべきステップが、次章のテーマである「ラッピング」である。

第 4 章

データによるラッピング

Wrapping with Data

独自のデータで優れた顧客体験を生み出す企業は、
代替製品による脅威を抑え、
それによって安定した利益率を生み出している。

――グレッグ・ジャンコウスキー（アリックスパートナーズ）

前章では、データを駆使して仕事のやり方を改善することで、コストを抑えながら商品の量や質を高める方法について学んだ。読者の皆さんはおそらく、第3章では、自分の組織が現在どのように動いているのかを頭の中で振り返りながら読み進めていたことだろう。この章では、組織の外に目を向けることで、顧客や住人が自社の製品・サービスをどのように認識しているかに注目し、それらを強化していく方法について見ていこう。データラッピングとは、あなたの顧客、つまりサービスを提供する相手に関わるものすべてのことである。

顧客を喜ばせるという潜在的な目的のもと、データを使用して製品の機能や体験を作り出した場合、それはラッピングを生み出したということになる。ラッピングとは、単体の情報ソリューションを生み出すのではなく、基礎となる製品・サービスの価値を高めることだ。商品には物理的なもの（トラクター）、無形のもの（銀行口座）、サービス中心のもの（タクシー乗車）、非営利のもの（税務処理）、営利目的のもの（貨物輸送）などがある。こうした商品はすべてラッピング可能だ。たとえば、トラクターの場合は運転のパフォーマンスを表示するデジタルディスプレイを装備、銀行口座の場合は口座所有者の支出詳細を分類するグラフを用意、タクシーの場合は運賃メーターを搭載、納税申告書の場合は記入欄をあらかじめ入力、貨物輸送の場合は配達予定時間を通知することがラッピングとなる。製品のコモディティ化や顧客の期待の高まりに頭を抱える組織にとって、こうした機能や体験は魅力的な可能性を提供してくれる。競争の激しい環境においては、ラッピングによって製品・サービスを市場で差別化することができる。

おそらくあなたの組織は、顧客やステークホルダーに与える価値を増やそうとプレッシャーを感じていることであろう。もしかすると、顧客の購入までのプロセスにおける顧客心理や行動の分析や、顧客の満たされていないニーズの特定および充足、あるいは協創へ取り組みを進めている最中かもしれない。もしそうであれば、今こそデータラッピングを検討し、データを活用した製品・サービスの一部変更や、商品自体のリニューアルをするときだ。

自分自身に問いかけてみよう

この章は、あなたの顧客、もしくは住人が既存の製品・サービスで直面していると思われる障壁について考えながら読み進めてほしい。データを使用して、製品をより便利に、より簡単に、より楽しくするにはどうすればよいだろうか。あなたの製品・サービスを活用して、顧客は支出を減らしたり、利益を上げたり、あるいは重要な目標を達成したりすることはできないだろうか。

参考調査

２０１８年実施の調査で、対象となった５００人以上のプロダクトオーナーのうち、85%がラッピング・イニシアティブを進めている最中であり、そのラッピングの55%がすでに市場展開されていた。[1]

ラッピングの種類

こんにちの組織には、顧客の立場に立って考える力が不可欠だ。これは、商品やサービスを売るためであろうと、慈善活動の使命を達成するためであろうと、市民のニーズに応えるためであろうと同じである。実用的でかつ人を喜ばせる製品・サービスというのは、ニーズを深く理解することで初めて実現される。それは、顧客のニーズそのものだけでなく、顧客自身がどの程度そのニーズが満たされていると認識しているかも含む。

顧客の声に耳を傾けることで、自社の製品・サービスが購入しにくい、使用が煩雑である、あるいは返品しづらいといった課題が明らかになるかもしれない。そこで登場するのがラッピングだ。ラッピングなら、カスタマージャーニー（訳注：顧客が製品・サービスに関する情報を得て購入に至るまでのプロセス）のどの時点であっても対応することが可能だ。顧客が抱える製品・サービスの問題をラッピングで解決することができれば、その製品・サービスに対して顧客が感じる価値はより一層高くなる。ほとんどのウェブサイトやアプリも、ラッピングによって中核的なサービスを強化している。たとえば、ミールキット・サービスのアプリが適切な食事の選択や栄養摂取量の管理、最適なリサイクル方法を教えてくれるシーンを思い浮かべてほしい。このような情報を充実させることが、ミールキットの購入から利用、廃棄までの体験を向上させるラッピングとなる。

ラッピングは、企業対消費者（B2C）と企業対企業（B2B）の両方の場面で、製品・サービスに付加価値を与えることができる。たとえば、第2章では、顧客を満足させ、BBVAが消費者向け銀行サービスの顧客に支出カテゴライザーを提供することで、銀行クレジットカードの利用頻度を高めた事例を紹介した。これは、機械学習アルゴリズムで顧客の取引内容を家賃や食費などの予算カテゴリーに分類し、支出活動をシンプルなグラフとして表示するラッピングだ。BBVAは、消費者向け銀行サービスを利用する顧客が財務状況を自分で管理できるツールとして、この支出カテゴライザーを宣伝した。

その後、BBVAは法人顧客向けのラッピングも生み出している。それが、BBVAのPOSサービスを購入した事業者向けの店舗アクティビティ・ダッシュボードだ。このダッシュボードで使用するラッピングのデータは、BBVAの銀行クレジットカード取引とPOS端末から収集して匿名化、集計されたものだ。このダッシュボードには、たとえば、「私の事業の総収益は、業界平均と比較してどのくらいか」といった、事業者によくある質問に対応したインサイトやアラートが表示される。

すべてのラッピングは、改善と同じ3つの基本的な種類のいずれかに分類される。すなわち、顧客にデータを提供すること（**データラッピング**）、顧客にインサイトを提供すること（**インサイトラッピング**）、そして顧客に利益をもたらすアクションをとること（**アクションラッピング**）だ。ラッピングによって、データや、インサイトに富んだ分析、アクションのきっかけを提示された顧客は、アクションを起こすようになり、目標を達成することができる。そしてアクションを起こすこと

図 4.1　ラッピングにおける 3 つのステップ

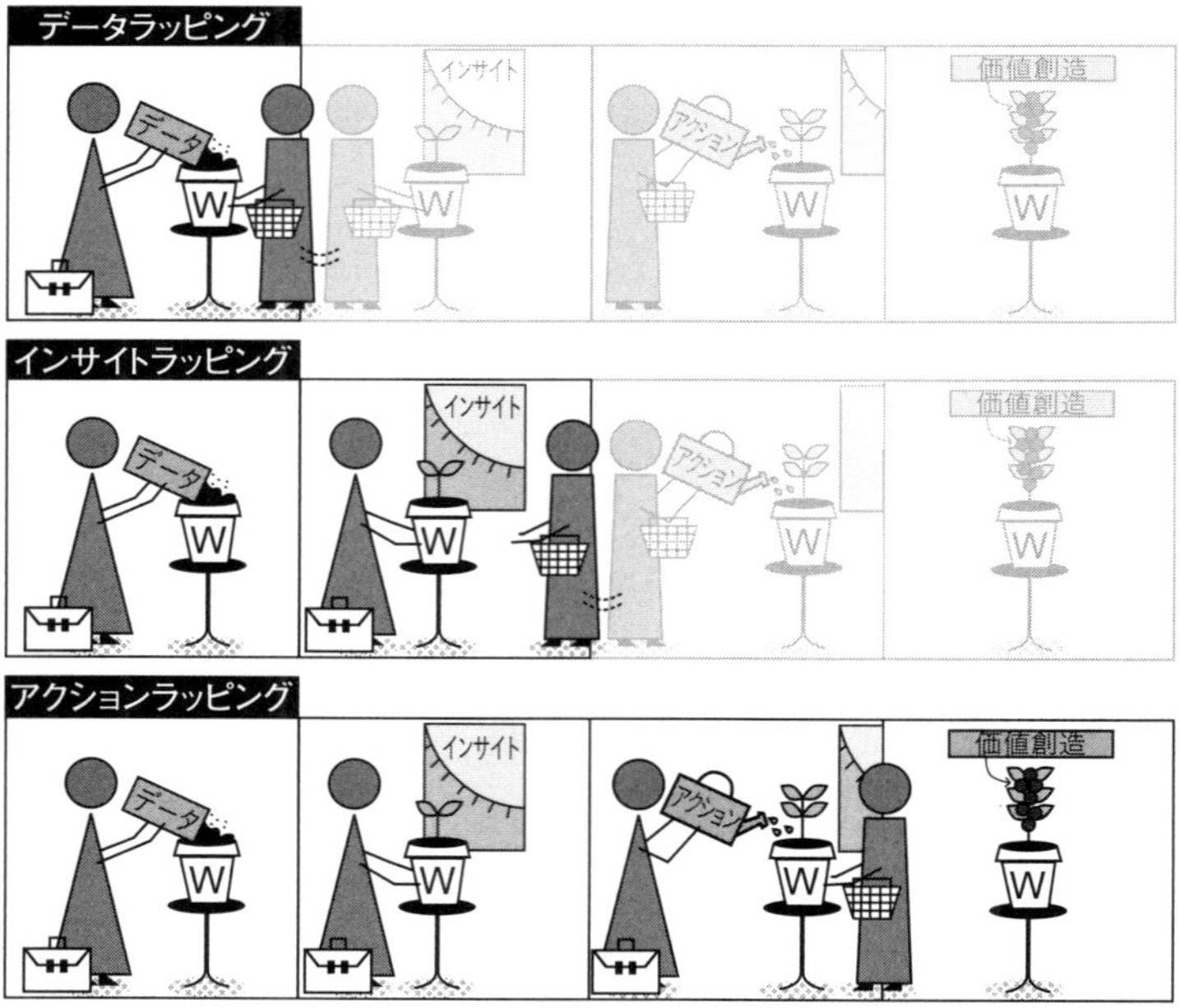

で、顧客は自らのための価値を創造するのだ。組織がラッピングから価値を実現しているかどうか、またその方法については後述する。

データ提供によるラッピング、インサイトによるラッピング、アクションによるラッピングという名称は、価値創造プロセスにおけるラッピングの範囲を表している。この3種類のラッピングの重要な違いは、顧客の価値創造プロセスに対する組織の理解度にある。図4・1に示すように、単にデータを提供するだけのラッピングの場合、インサイトの特定やアクションの実行は顧客に委ねられてしまう。インサイトとアクションが発生したのかどうかや、その発生方法、そして顧客にどの程度の価値が創造されたかについて、組織はほとんど把握することができない。インサイトによるラッピングは顧客を正しい方向に導くが、価値を生み出すアクションは顧客自ら起こさなければならない。アクションによるラッピングの場合、ラッピングがアクションを引き起こすきっかけになっているため、顧客の価値創造はほぼ実現できると言ってよい。組織にとって、インサイトによるラッピングとアクションによるラッピングは、顧客の利用状況をある程度把握するためのツールにはなりうるが、必ずしも価値創造の理解につながるというわけではないことにも留意すべきだ。

前の章を読み飛ばしていなければ、これらすべてに聞き覚えがあるだろう。この章で押さえておくべきポイントは、ラッピングは顧客の目標達成を後押しするものであって、あなたやあなたの同僚の目標を手助けするものではないということだ。

データ提供によるラッピング

データ提供によるラッピングは、さまざまな形でデータを顧客に提供する。たとえば、簡易レポート、ダッシュボード、グラフ、さらには顧客が自身のシステムに統合できるデータフィード（顧客へ更新されたデータを送信するための仕組み）さえもこれに含まれる。例を挙げると、ＳＮＳ企業は、広告に対する消費者の反応を詳細にまとめた簡易レポートを広告主に提供している。広告主は、この情報をもとに広告がどれだけ成功しているかを確認し、ＳＮＳ広告の出稿を取り下げたり、内容を変えたり、あるいは増やしたりできるというわけだ。また、地方自治体の場合、その地域における世帯状況を反映した簡易レポートを市民に提供しているところもある。市民はポータルサイトにログインし、犬の飼育許可証といった地域規則に対する自身の遵守状況や、ゴミ収集のような地域サービスに関する各自の状況を確認することができるという仕組みだ。

他のラッピングと比べると、データ提供によるラッピングは顧客のために行う作業が最も少ないため、顧客の価値創造との関連性が最も弱い。[2] つまり、データ提供によるラッピングは顧客価値を生み出す可能性が最も低いということだ。一方、導入に最も労力を要しないという点では魅力的である。

インサイトによるラッピング

インサイトによるラッピングは、主要な製品・サービスに関して、顧客の意思決定や問題解決を簡易化することができる。インサイトによるラッピングが提供するものとして、顧客がとるべき次のステップ、通常とは異なるアクティビティや異常なデータパターンに対するフラグ、ベンチマーク、アラートなどが挙げられる。

たとえば、ある飲食事業者は、パーティーの主催者向けにパーティープランナー・チャットボットを提供することで、ドリンクや軽食の過剰購入や購入不足の問題を解消した。[3] このチャットボットは、高度な分析手法を用いて過去の販売データを分析し、パーティーの種類や参加者の数をもとに、最適化された購入すべき商品リストを各主催者向けに生成するものであった。そして、チャットボットの提案に従った主催者たちは、費用を抑えたパーティーを開催することで、自分たちの価値を創造することができたのだ。知っておいてほしいのは、すべてのパーティー主催者がこの提案に従うわけではないということだ。インサイトによるラッピングであるこのチャットボットは、主催者が提案に従って購入することを前提としているが、主催者の中には、購入すべき商品リストの内容に疑問を感じたり、割引クーポンのある商品のみを購入したり、あるいはリストを気にも留めなかった人もいただろう。そのようなパーティー主催者に対しては、このチャットボットが有している本来の価値創造の能力を発揮できなかったことになる。

インサイトによるラッピングは、データ提供によるラッピングよりも顧客の価値創造に一歩近づくことができ、顧客へ価値を生み出す可能性のあるソリューションを提示することができる。しかし、顧客価値を実現するためには、顧客が理解しやすく、目標を達成するためにアクションに移せるインサイトを提供する必要がある。そのため、インサイトによるラッピングはデータ提供によるラッピングよりも高度なデータマネタイゼーション・ケイパビリティ、とりわけ高度なデータサイエンススキルや、顧客の欲求やニーズに対するより深い理解が求められる。

アクションによるラッピング

仮に前述の飲食事業者のチャットボットに、購入すべき商品リストの商品をパーティー主催者に代わって注文してくれる機能があったとしたら、それはアクションによるラッピングとなる。つまり、チャットボットがパーティー主催者の代わりにアクションを起こすのだ。もしチャットボットが、パーティー主催者の現在地情報を取得して、購入すべき商品リストの商品の在庫がある地域の店舗を見つけて注文、また、ドライブスルー受け取りを予約してくれるとしたらどうだろうか。これこそ、まさにアクションによるラッピングだ。

アクションによるラッピングには、まず顧客の状況にどのような変化が必要かを判断する分析機能を伴うことが多く、そして、ラッピングがその変化を実現していく。ＩｏＴの分野には、興味深いアクションによるラッピングの事例がいくつか存在する。たとえば、ある農機具事業者は、販売する機器に取り付けたセンサーのデータを収集し、顧客の敷地に設置された後の機器のパフォーマンス（機器の状態や温度）を監視する。そして、潜在的な機器故障を予測し、顧客に代わり部品を注文してサービス訪問を予約してくれるアクションによるラッピングも生み出した。

アクションによるラッピングは、顧客が最終的なアクションを起こさなければならないこともあるが、とても簡単に行えるようになっている。たとえば、BBVAは、顧客のニーズに合った借り換えのタイミングを通知するアプリ機能を作成。これは、サービスを熟知したファイナンシャルアドバイザーと顧客をつなぐことで、借り換えをサポートしてくれるという機能だ。この機能はあくまでもサービスの土台だが、顧客はワンクリックで最後のアクションを実行することができる。

では、アクションによるラッピングがそれほど素晴らしいものであるにもかかわらず、組織はなぜ常にそれらを作らないのだろうか。まあ、大抵の場合、作れないのだ。どのようなアクションをとるべきか、あるいは規制上の理由からどのようなアクションなら許可されているのか、確信が持てないのかもしれない。あるいは、相応のシステムやプロセスが整っていなかったり、アクションを起こすことを顧客が望んでいなかったりする場合もあるだろう。こうした理由であれば、データ提供によるラッピングやインサイトによるラッピングで対応せざるを得ない。しかし、どのようなラッピングを作ろうとも、顧客の最終的なアクション（または複数のアクション）を常に念頭に置いておくことが重要だ。顧客は、ラッピングで提供されたデータやインサイトを使って何をするのだろうか。そのアクションが顧客にどのような、そしてどれだけの価値をもたらすのだろうか。後述するが、顧客が最終的に実現できる収益額の上限は、ラッピングから生み出す価値の量によって決まる。

優れたラッピングの特徴

顧客が便利で魅力的だと感じるラッピングは、販売個数を増やし、価格を吊り上げ、マーケットの規模を拡大し、顧客維持率を改善させる可能性が高い。[4] 便利で魅力的なラッピングには、顧客のニーズをあらかじめ把握する＝**予測する（Anticipate）**、顧客に合わせた形でニーズに応える＝**適応する（Adapt）**、エビデンスにもとづく意思決定をサポートする＝**助言する（Advise）**、顧客に利益となるアクションを起こす＝**実行する（Act）**という4つの特徴がある。図4・2に示すが、この4つの特徴は「4つのA」と呼ぶ。

BBVAの支出カテゴライザーのラッピングを例に見てみよう。BBVAは2016年、支出を分類した円グラフを初めて市場に投入し、その斬新さで顧客を魅了した。しかし、その独創的な円グラフもこんにちでは4つのAの観点で高い評価を得ることはないだろう。その円グラフは、顧客がすでに使った金額を示すだけで、ただ過去を振り返るものであったため、**予測する**という点において低い評価となるからだ。一方、顧客のニーズや嗜好に応じてカスタマイズできる機能をいくつか有していたという点では、ある程度**適応性**があったといえる。片や、提示された情報に対して何をすべきかを判断できるものではなかったため、**助言する**という点においても評価は

図 4.2　便利で魅力的なラッピングの 4 つの特徴

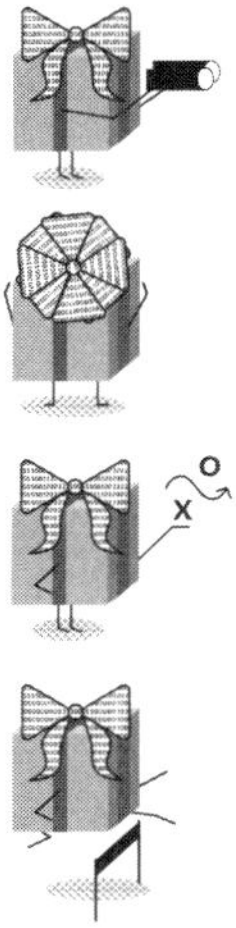

予測する（Anticipate）
顧客のニーズをあらかじめ把握するラッピング。

適応する（Adapt）
顧客に合わせた形でニーズに応えるラッピング。

助言する（Advise）
エビデンスにもとづく意思決定をサポートするラッピング。

実行する（Act）
顧客に利益となるアクションを起こすラッピング。

低い。さらに、顧客に代わってなんらかのアクションを起こすわけでもないため、**実行する**という点でも低い評価となっただろう。

　直観的に考えても、インサイトによるラッピングは助言でスコアが高くなるだろうし、アクションによるラッピングは言うまでもなく「実行する」で高スコアとなるはずだ。支出カテゴライザーは、データ提供によるラッピングの典型的な例だが、データ提供によるラッピングはその性質上、主に「適応する」機能に依存する。なぜなら、データ提供によるラッピングは顧客固有のデータを利用し、その顧客に合わせた情報を生成するからだ。

　4つのAのスコアが高いほど、（価値創造の場面における）顧客と（価値実現の場面における）組織に対してデータマネタイゼーションの成果が高まるため、組織が時間の経過とともにデータ提供によるラッピングをインサイトによるラッピングへ、さらにアクションによるラッピングへと進化させることはごく自然なことである。

ローンチから5年が経過したBBVAのファイナンシャル・マネージャー・アプリを見れば、初期の円グラフの時代からどれだけ機能が進歩したか誰でもわかるだろう。BBVAの顧客は、2カ月先の支出予測を確認することができるため、請求書や支払いに不意打ちを食らうことはない。その結果、このラッピングは**予測する**という点において高スコアとなるだろう。また、支出目標額を設定すれば、上限額に達する前にアラートを発して目標額を超えないようにサポートしてくれるため、**適応する**という点でもスコアは高くなる。さらに、顧客は近隣の人びと（おそらく自分と同じような人びと）の光熱費や食費といった平均的な支出額を把握することができ、これにより自分の支出を見直すきっかけになるはずだ。そのため、**助言する**という点においてもスコアが高くなるだろう。先に述べたとおり、このアプリは顧客に新たな借り換えのタイミングを知らせ、クリックひとつでローン担当者とつながることができるため、このラッピングは**実行する**という点でも高スコアとなる。

要するに、4つのAとは、顧客価値を生み出すラッピングの潜在能力を測定する上で役立つチェックリストなのだ。組織は4つのAにもとづいて、ラッピングの有用性や魅力の程度をスコアリングすることができる。そして、さまざまなラッピング案のスコアを比較することで、アクションを喚起し、顧客価値を創造して、組織に利益をもたらす可能性が最も高い機会を特定することができる。

ラッピングから価値を創造する

製品・サービスに対する支払い意欲が高まるのは、顧客がラッピングによって製品・サービスの価値が高まったと考えるとき、すなわち、製品・サービスの発見、入手、使用、保管、維持、または廃棄が簡単で楽しいものであると感じるときだ。つまり、ラッピングにおいては、「製品・サービスの価値提案は向上したかどうか」という観点が、注目すべき指標になるのだ。向上しているかどうかは、顧客の利用状況の追跡、A／Bテスト、対照実験、アンケート調査など、さまざまな手法を用いて測定することができる。価値提案を強化することで、組織は新規顧客を惹きつけ、あるいは既存顧客の支払い意欲を高め、顧客の支出を増やし、製品やサービスの利用期間を長くすることができるのだ。

ジョイントスフィア（接続領域）

組織がラッピングを提供するとき、それは顧客に潜在的な価値を生み出しているだけに過ぎない。なぜなら、最終的に価値を創造するのは顧客自身だからだ。組織は、この価値創造に一部でも貢献した場合に、たとえば競争が激しいなかで価格を引き上げたり、顧客との取引を維持したりすることで初めて利益を得ることができる。したがって、ラッピング・アプローチを追求する組織は、顧客の価値創造を最優先に取り組まなければならない。

データ、インサイト、アクションのいずれかを顧客に与えるようにラッピングを設計することで、事実上、組織が顧客価値を実現する方法やその程度が決まる。顧客の価値創造を重視している組織は、ラッピングの設計と開発において顧客と密に連携することを望んでいる。ラッピングの設計と開発において、顧客と共有する領域を**ジョイントスフィア**と呼ぶ（図4・3を参照）[5]。

ジョイントスフィア（図4・3の楕円が重なった部分）の大きさは、顧客の目標を達成するにあたり、組織と顧客が知識（および関連するリソース）を共有する度合いを示している。ジョイントスフィアがなければ、組織は顧客の価値提案を改善する方法について、自力で見つけ出さなければならない。また、ジョイントスフィアが非常に小さい場合、データ提供によるラッピングの提供が制限される可能性が高い。逆に、ジョイントスフィアが広ければ、アクションによるラッピングを提供する機会を得やすくなる。

ジョイントスフィアが大きいほど、顧客と組織の両方により良い結果をもたらす。つまり、顧客は価値を創造する可能性が高くなり、組織はその価値の一部を自らのために実現できる可能性が高くなるということだ。組織は顧客とデジタルなつながりを構築し信頼関係を築くことで、ジョイントスフィアを拡大していく。そして、顧客はデータを共有し、自身に代わって組織がアクションを起こすことを許可することで、ジョイントスフィアを拡大していくのだ[6]。B2Bの分野では、取引関係から顧客パートナーシップへと進化することで、ジョイントスフィアを広げることができる。

図 4.3　組織と顧客が一体となって顧客価値を生み出す

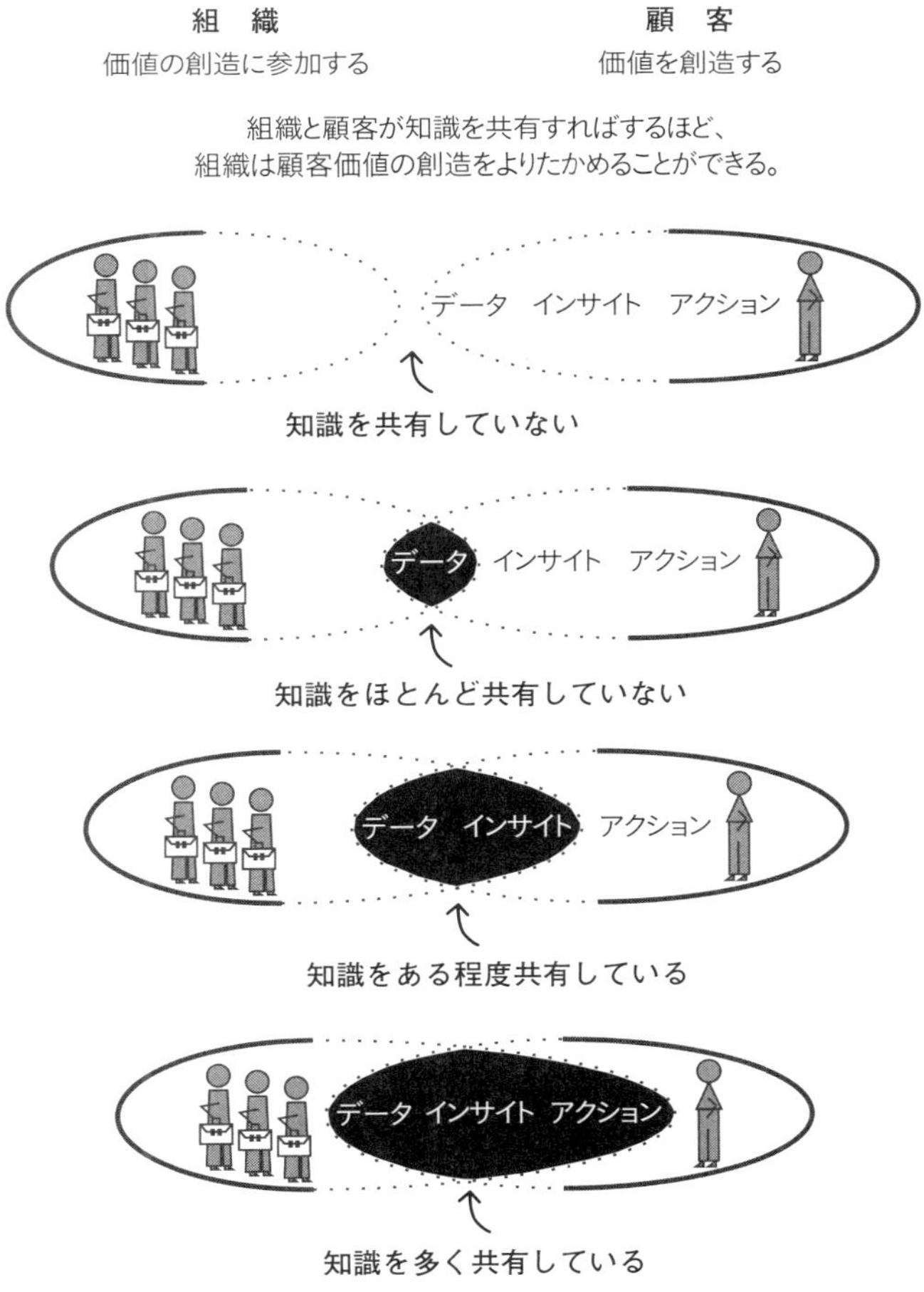

では、組織が顧客と共有するジョイントスフィアを広げるにはどうすればいいのだろうか。まず、顧客が自社の製品・サービスで達成しようとしていること、そして、その目標がどの程度達成されているのか（あるいは達成されていないのか）を把握することから始めるといいだろう。こうした情報は、直接顧客と接する従業員に尋ねたり、既存のデータを利用したデータ提供によるラッピングを実験したりすることで得ることができる。次に、ペプシコがどのようにジョイントスフィアを拡大し、大手小売企業との関係性を変えていったかを見ていくことにしよう。

《事例》ペプシコにおけるラッピングからの価値創造

ペプシコは、ペプシコーラ、レイズ、ゲータレード、トロピカーナ、クエーカーなど、世界最大級の食品・飲料ブランドを所有。２０２１年には、ペプシコの製品は２００以上の国や地域で1日10億回以上消費され、７９０億ドルの収益を上げている。[7]

20世紀後半にはインスタント食品と飲料のグローバルリーダーとしての地位を確立し、成功を収めていたが、２０１０年頃、市場の成熟化、競争の激化、主要な消費者層の高齢化により、業界の成長が鈍化し始めた。そこでペプシコは、製品の種類を増やし続けるのではなく、競争優位性を高める手段としてデータに注目した。[8] 具体的には、まずは潜在的な成長領域を特定し、特定の製品を特定の小売店でいつ、どこに配置すべきかを把握すべく、データを活用しようと考えた。

そこで、ペプシコは２０１５年に新事業部門であるデマンド・アクセラレーターを設立し、大手小売企業の顧客向けのデータドリブンなマーケティングサービスの開発に取り組んだ。デマンド・アクセラレーターは、ペプシコのIT部門によるデータマネタイゼーション・ケイパビリティ構築を助け、企業レベルの分析を支援し、小売企業との新しい形の提携をサポートした。最終的に、ペプシコは、ラッピング開発において小売企業と協働アプローチをとることで、購買客、小売企業、そしてペプシコ自身にとって三方良しの関係性を築くことができた。この成果により、ペプシコは複数の業界からトップサプライヤーとしての地位を認められ、表彰されている。

デマンド・アクセラレーターの小売企業との協働アプローチは、ペプシコのラッピングの取組みにおいて中心的な役割を果たした。ペプシコと小売企業による初期の提携の一例として、コンビニ併設のガソリンスタンド（C&G）小売チェーンとの連携がある。このC&G小売チェーンはペプシコブランドの飲料の売り上げを最大化しようと考えていた。ところが、この企業が取得しているデータはカップの販売のみであり、カップの中身は反映されていなかったため、ドリンクの売り上げに関するインサイトを持ち合わせていなかった。

そこで、デマンド・アクセラレーターはこのC&G小売チェーンと連携してこの問題の解決に取り組んだ。まず、ペプシコが把握している、同企業のソーダシロップ消費量に関するデータを収集。次に、そのデータと、このC&G小売チェーンが他の事業者から購入したソーダシロップに関するデータを統合。そして、高度な分析手法を駆使し、シロップの使用量に影響を与える特定の店舗と買い物客の属性を特定した。データラッピングの観点で言い換えれば、デマンド・アクセラレーターは、ソーダシロップの使用量に影響を与える要因（買い物客の年齢や地域など）にもとづいた分析というインサイトによるラッピングを作成し、主要製品であるソーダシロップへ付加価値を与えたということだ。このようなインサイトによるラッピングが実現したのは、小売企業がペプシコにデータを託し、またペプシコの分析手法を信頼してくれたからに他ならない。ジョイントスフィアにおける効果的な提携には、相互の信頼が不可欠なのだ。

この小売企業はこうしたインサイトにもとづき、一部の店舗でセルフドリンクバーの提供方法を変更するというアクションを起こした。このアクションによってこの企業が（自社のために）創造した価値は、提供方法の変更後のセルフドリンクバーの売り上げが増加したことからも明らかだ。そして、この変化の価値がはっきりとわかるようになると、C＆G小売チェーンはこの新たな戦術の展開範囲を広げていった。ペプシコは、デマンド・アクセラレーターのサービス料をこの企業に直接請求することはなかったが、代わりに、この企業のシロップ購入量が増加したことで、ラッピングから（ペプシコにとっての）価値を実現したのだ。

やがてデマンド・アクセラレーターは、小売企業との提携をサポートするうえで重要な役割を果たすようになった。ペプシコと小売企業との関係は、当初は取引関係であったが、デマンド・アクセラレーターの活動が大きく貢献し、協働的な顧客パートナーシップへと進化した。事実上、ペプシコは小売企業とのジョイントスフィアを拡大することに成功した。

ラッピングから価値を実現する

C&G小売りチェーンの顧客のソーダシロップ購入量を増加させることができたペプシコの事例のように、ラッピングから容易に価値を実現できることもある。その場合、実現された価値は最終利益に直接反映される。しかし一般的には、ラッピングから価値を実現するためには、ラッピングによって顧客が主要な製品・サービスからどのような価値をどれだけ生み出せるかを理解しておく必要がある。この理解にもとづき、顧客に関する知識と組み合わせることで、プロダクトオーナーは価値実現の方法を判断することができる。その方法とは、第1章で紹介したように（ラッピングの料金として）価格の引き上げや、既存顧客に対する製品の販売量を増やすこと、補完的な製品の販売量を増やすことや、新規顧客に製品を販売すること、あるいは、離反しそうな顧客をラッピングで維持する、などである。

ラッピングは社内の効率化にもつながる。たとえば、優れたラッピングの副産物として、カスタマーセンターへの問い合わせ数が減るかもしれない。あるいは、予防保全の作業をあらかじめスケジューリングしてくれるラッピングがあれば、営業時間外に緊急サービスが必要になるという事態を減らせる可能性もある。人材などのリソースを効率化することで価値を実現する場合、業務改善のイニシアティブと同様、誰かがスラックを取り除いたり、別の用途に再配分したりする必要があるが、切り詰めたコストを最終利益に反映することができる。

図 4.4　ラッピング・イニシアティブによる価値実現

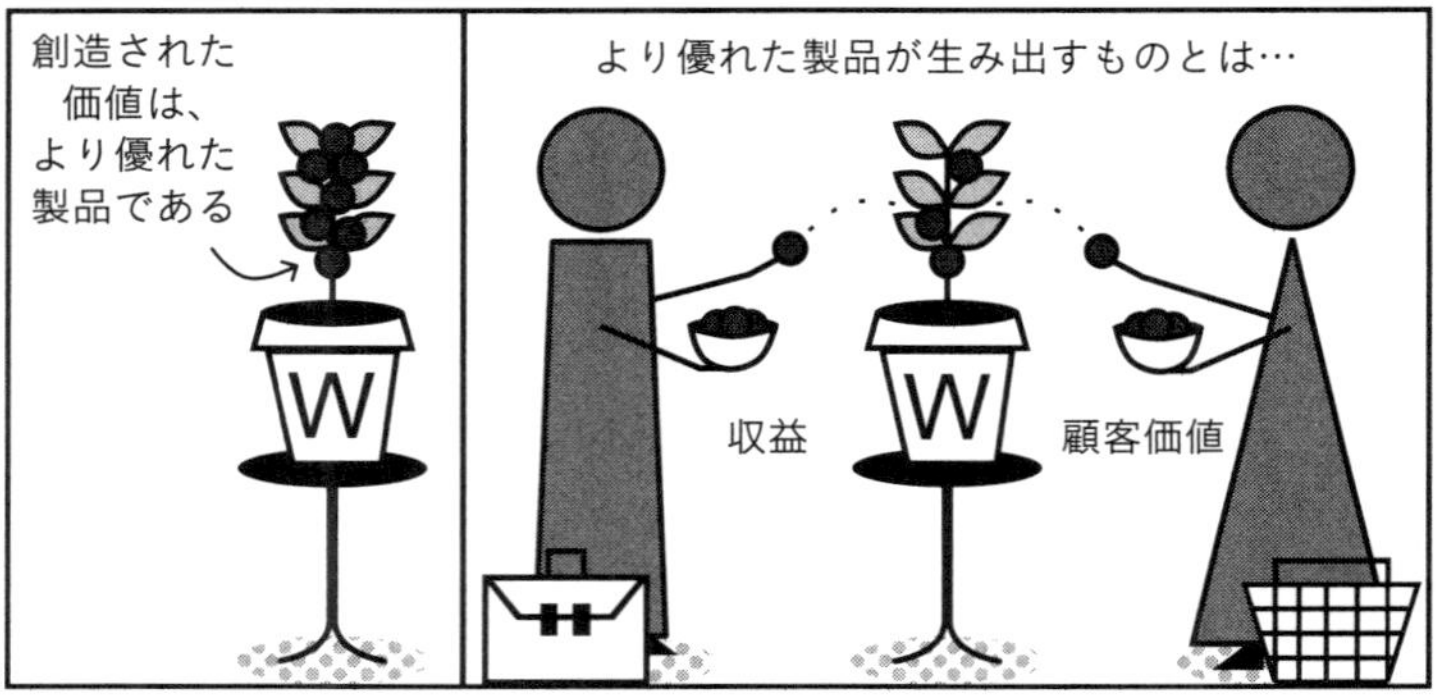

しかし、物事はそう単純ではない。なぜなら、こうした効率化されたリソースは製品・サービスのオーナーのものではなく、他の部門や部署に属しているという場合があるからだ。そのため、こうした効率性を最終利益に反映させるには、各事業部の責任者の協力が必要となる。しかしながら、幸いにも、効率化した取り組みの一部（在庫削減、保証コストの削減）は自動的に最終利益に反映されるものだ。

要約すると、図4・4に示すように、ラッピング・イニシアティブによって生み出された価値のうち、一部は組織のコスト削減や収益増加、つまり「利益」として実現され、また一部は顧客に還元されるだろう。あるいは、木になったまま収穫されない果実のごとく残される価値、すなわち、組織によって生み出されても直接収益化にはつながらない価値もあるというわけだ。また、その価値によって組織のイノベーション能力が高まったり、従業員や管理職に還元されたり、あるいは顧客との関係が良好になるという形で表れたりするかもしれない。木になる果実の量（創造された価値の量）は事実上、組織が実現できる価値の上限となる。

また、B2Bの分野では、組織がどれだけの価値を実現できるかは、顧客との交渉によって決まることもある。[9]

ラッピングで実現された価値の測定

組織は、売り上げ増や運営効率化など、ラッピングが生み出すどのような価値が最終利益に影響を与えているかを把握することで、投資対象が適切であるかどうかを確認することができる。また、非財務的価値（従業員満足度、顧客ロイヤルティ、イノベーションに費やす時間）も同様に測定すべきである。組織によっては、顧客ロイヤルティやブランド資本を価値と捉えているところもある。たとえば、グローバルなホテル運営企業のカールソン・ホスピタリティは、新しいロイヤルティプログラムに1人加入するごとに、ラディソンのブランド価値が20ドル増えると推定したことがある。[10] 理想的には、プロダクトオーナーが、ラッピング導入後も継続して追跡できる基準値を記録しておくべきだ。そうすることで、プロダクトオーナーはラッピングのインパクトを把握しやすくなる。

実際、筆者らの研究で対象となった、ある金融サービス企業のプロダクトオーナーは、ラッピングが生み出す価値の測定に長けていた。たとえば、この企業の、ある提携クレジットカードのプロダクトオーナーは、カードの顧客にとって最大の懸念事項であった詐欺について、これを削減するラッピングに重点を置いた。このクレジットカードに導入された詐欺抑止に向けたラッピングは、企業のロゴが入ったデジタル取引明細書、顧客が購入場所を決めるために利用する地理ナビゲーションサービス（これがあれば、顧客がいる位置から現実的でない場所で購入するケースを抽出できる）、そして食事代に不釣り合いなチップ額など、取引に異常が見られた場合の電子メール／メッセージによるアラートなどがある。

この金融サービス企業は全社で、新しいラッピングを導入した顧客群と、導入しなかった顧客群を対象とし、それぞれの捉え方や行動を比較する実験を行うことで、プロダクトオーナーたちが新しいラッピングに対する顧客の反応をモニタリングした。プロダクトオーナーたちは常に、こうした顧客の反応を製品の売れ行きの変化に結びつけるようにしていたため、前述の提携クレジットカードのプロダクトオーナーは、ラッピングの機能がクレジットカードの利用をどの程度増加させたか（ひいては収益につながったか）を容易に判断することができるようになった。

詐欺を防止するこのラッピングは、提携クレジットカードの顧客にとって非常に直感的で役立つものであり、結果として、カスタマーセンターへの問い合わせ数が減少した。この価値はプロダクトオーナーが意図して生み出したものではなかったが、コールセンターのプロセスオーナーは効率性が向上したことに喜び、発生したスラックを他のコールセンター業務に再配分した。

公共部門の場合、ラッピングの価値を最終利益に結びつけることは難しい。たとえば、ラッピング・イニシアティブによって、公衆衛生プログラムに登録することで命が救われると考えれば、公衆衛生のコストを削減することになるが、それは長期的に見た場合であり、短期間でコストが削減されるというわけではない。慈善団体の場合だと、ラッピング・イニシアティブにより、主要目標の達成に向けた進捗状況を公表することで、その重要な活動に対する支援者の寄付が増える可能性がある。一方、政府機関はサービスをラッピングすることで、市民の優れたサービスへの期待に応え、また納税者の不満が爆発する事態を防いでおく必要があるかもしれない。このような場合でも、測定することで、ラッピングがその役割を果たしているかどうかを把握することがきわめて重要だ。測定結果をもとに主要なステークホルダーに成功を報告することができれば、公共セクターの組織は、寄付金、予算配分、助成金などの収入を増加、維持しやすくなる。

ラッピングによるデータマネタイゼーション・ケイパビリティ

組織は、便利で魅力的なラッピング（4つのAで高スコアを獲得するラッピング）を作り出すために、データマネタイゼーション・ケイパビリティに投資する必要がある。たとえば、あるプロダクトオーナーが、ラッピングに対して、「予測する」と「適応する」の機能だけでなく、「助言する」と「実行する」の機能も望んでいるとしよう。その場合、組織には、より正確なデータ、より高速なプラットフォーム、より深い顧客理解が必要となる。組織のアクセプタブルデータユース・ケイパビリティは、アルゴリズムによるデータ利用の監視や、顧客に代わってアクションを起こす許可を含め、より洗練させる必要があるかもしれない。

データマネタイゼーションの業務改善のアプローチと同様、ラッピング・アプローチにも、第

2章で紹介した5つすべてのデータマネタイゼーション・ケイパビリティが必要となる。そして、業務改善と同様に、ラッピングにおいてもより高度なケイパビリティから、より大きなリターンが生み出される。[11]

参考調査

同業他社よりも効果的にラッピングを行っていると回答したプロダクトオーナーのラッピング・イニシアティブの投資収益率（ROI）は平均61%であったのに対し、同業他社よりもラッピングの効果が低いと回答したプロダクトオーナーのROIはわずか5%であった。[12]

ラッピングにおいて成果が最も高い組織は、成果が最も低い組織（扇形が空白）よりも優れたラッピング・ケイパビリティを有している。ただし、図4・5に示すように、必ずしもすべてにおいて高度なデータマネタイゼーション・ケイパビリティを備えているわけではない。[13] ラッピングに機械学習やキュレーテッドデータを使用しなくとも、価値あるラッピングを生み出すことは可能だ。それでも、ラッピングの種類を考えたとき、アクションラッピングは高度なケイパビリティがなければ不可能ではないにせよ実行するのは難しい。いずれにせよ、ラッピングがデータやインサイトを提供する、あるいはアクションを促すかにかかわらず、顧客志向のラッピング開発を後押しする基本的なケイパビリティは必要だ。[14]

図 4.5　ラッピングにおけるトップパフォーマーのケイパビリティ

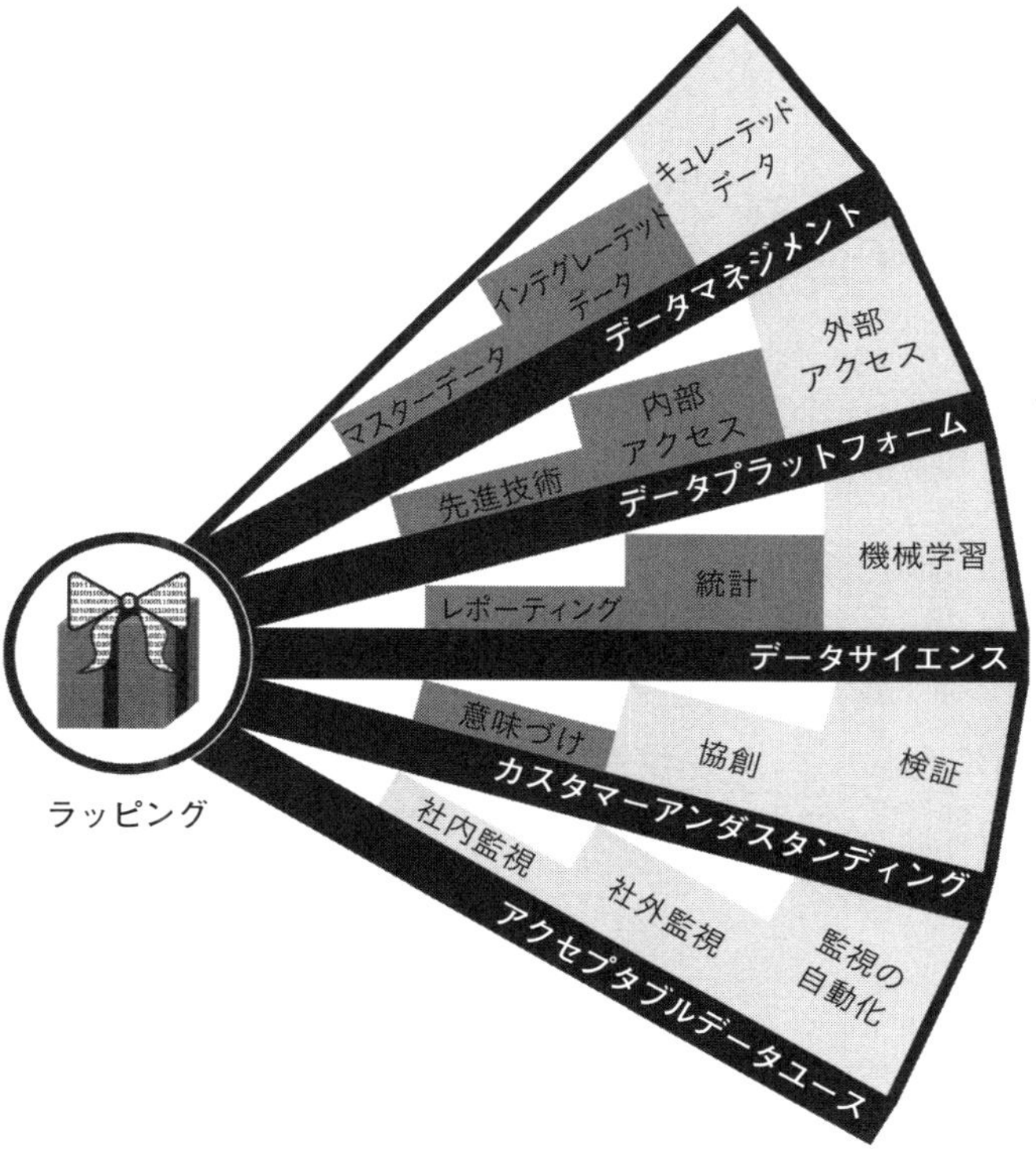

- ラッピングにおける成果が最も高い組織は、顧客の属性、感情、関係性、主要製品・サービスの使用状況、および組織との相互作用に関する豊富な顧客データアセットを活用し、それらを組み合わせることで、顧客を包括的に把握している。
- 高度な技術によって構築されたデータプラットフォームを介することで、データやツールへ内部アクセスできるようにした。それにより、組織の従業員全員が顧客情報にアクセスできるようにしている。
- データサイエンス・ケイパビリティにより、統計のスキルと理解力が高まる。これにより、顧客だけでなく、組織が顧客のニーズにどれだけ応えているかを把握しようとする従業員にもインサイトを提供することができる。
- ラッピングにおける成果が最も高い組織にとって、顧客の声に耳を傾け、仮説を構築することは、顧客の基本的なニーズだけでなく、潜在的なニーズや満たされていないニーズを明らかにするうえできわめて重要である。
- ラッピングを追求しようとするすべての組織は、従業員がコンプライアンスに則った倫理的な方法で顧客データを扱うようにするため、ある程度のアクセプタブルデータユース・ケイパビリティを整えなければならない。しかし、調査によると、組織がこのケイパビリティを構築することは難しく、成果が最も高い組織でさえ、適切で最新のプラクティスを導入しようと取り組んでいるのが現状である。

《事例》ペプシコのデータマネタイゼーション・ケイパビリティ

ペプシコの事業部門であるデマンド・アクセラレーターによるデータマネタイゼーション・プラクティスは、ペプシコがケイパビリティ構築のためにどれだけの労力を費やしたのか、また、ラッピング・イニシアティブに必要な全社レベルのケイパビリティをどのように集約していったのかを物語っている。ペプシコは2015年以前から、自社の各主要部門にローカルなデータマネタイゼーション・ケイパビリティを有していたにもかかわらず、それらは各部門で独立して存在し、重複していることも多々あった。そのせいで、異なる部門が同じ小売業者に対して、一貫性のない方法でサービスを提供してしまっていた。ペプシコ全体のデータマネタイゼーション・ケイパビリティを一元化し、行き渡らせることでこの問題を解決することを目的として、デマンド・アクセラレーターは設立された。

ペプシコのケイパビリティは、ラッピングにおける成果が最も高い組織が実践しているようなプラクティスを採用することで成長した。2012年当時から、グローバルIT部門はデータの分類法を確立し、世界各地における製品販売に対して「信頼できる唯一の真実」を手に入れていた。また、IT部門は以前からマスターデータをもとにした管理のプラクティスを採用し、製品販売データをひとつのデータウェアハウスに格納していた。こうしたプラクティスのおかげで、ペプシコは**データマネジメント・ケイパビリティ**を構築することができたのだ。2015年にデマンド・アクセラレーターが設立されると、ペプシコのグローバル・テクノロジー部門と連携し、米国の1億1000万世帯を網羅するデータアセットを構築した。このデータアセットには、ペプシコ製品の消費者だけでなく、所与の地域の消費者のほとんどが含まれていたため、潜在的な成長機会を特定するうえできわめて有益なものであった。消費者に関するデータアセットは「最も重要な購買者」データと呼ばれ、ペプシコの製品販売に関するデータアセットと統合され、同社のデータマネジメント・ケイパビリティはより一層強化された。この最も重要な購買者データは、法的、規制的、倫理的制約に完全に準拠した形で利用されるよう、慎重に匿名化し構造化されていた。その結果、ペプシコの**アクセプタブルデータユース・ケイパビリティ**はより強固なものとなった。

デマンド・アクセラレーターは、IT部門と連携してクラウドベースのプラットフォームを構築し、ペプシコ内外から、より広範かつ多様なデータを収集・管理できるよう整備された。このプラットフォームは増え続けるデータアセットを保存、管理、提供するために必要なものであり、デマンド・アクセラレーターのイニシアティブはこのデータアセットによって支えられていた。さらに、API対応のクラウドベースであるため、必要に応じて、小売パートナーもセキュアな環境でアクセスできるようになっていた。こうしたプラクティスが、ペプシコの**データプラットフォーム・ケイパビリティ**構築に寄与した。

さらに、デマンド・アクセラレーターはデータサイエンスの専門家を新たに雇い入れ、自社の分析の能力向上を図り、**データサイエンス・ケイパビリティ**を強化した。データサイエンティストたちは、組織全体のマーケティング担当者や営業担当者向けに使いやすいダッシュボードとレポートを作成した。こうしたマーケティング担当者や営業担当者と関わり、彼らから学ぶことで、デマンド・アクセラレーターは、ペプシコの小売顧客が持つニーズをより詳細に理解することができたのだ。こうしたプラクティスが、ペプシコの**カスタマーアンダスタンディング・ケイパビリティ**の強化に貢献した。

やがて、デマンド・アクセラレーターの従業員は、自社で開発した顧客別のラッピング（前述したセルフドリンクバーを最適化するインサイトによるラッピングに類似したラッピング）の一部を、他の小売業者向けにすぐに使えるアプリケーションとしてパッケージ化した。このアプリケーションは、地域の買い物客のニーズにもとづいて特定の店舗の品揃えをカスタマイズしたり、革新的なマーケティングプログラムをスムーズに立ち上げて管理したりするなど、小売業者の一般的なユースケースをサポートするものであった。ペプシコのデータマネタイゼーション・ケイパビリティが高度化するにつれ、アプリケーションの数も増加し、「pepviz」と名付けられたラッピングの製品群にまで成長した。これにより、小売業者の店舗の品揃えや製品販売の最適化を支援できるようになった。

ラッピング・イニシアティブのオーナーシップ

ラッピング・イニシアティブにおいて理想的なオーナーは、プロダクトオーナーである。この役割にある者は、組織が顧客や関係者に提供するすべての成功について、組織のリーダー陣に対して説明責任を負う。プロダクトオーナーは、製品・サービスが持つ顧客価値の強みと弱み、顧客や関係者から見た製品・サービスによる価値の実現度、そして、組織への金銭的リターンの観点から見た価値の採算性について、深い知識を有していなければならない。このため、プロダクトオーナーは、資金の出どころが従来のITポートフォリオ資金調達プロセスであろうと、マーケティング予算であろうと、ラッピング・イニシアティブに対して説明責任を負うべきである。

プロダクトオーナーは、他の製品の機能やユーザー体験を管理するのと同じように、ラッピングを管理しなければならない。また、ラッピングが製品の顧客価値にどのようなインパクトを与えるかについても理解しておく必要がある。さらに、全体的な製品管理および開発プロセスにおいて、新しいラッピングを展開する際のコスト、メリット、リスクも評価していくこと、また、他の製品関連の活動や投資とともに、ラッピングの機会に優先順位を付けていくのもプロダクトオーナーの役目だ。

ペプシコの場合、デマンド・アクセラレーターの多数のイニシアティブを担当するプロダクトオーナーは顧客担当マネージャーであった。彼らは、ラッピングから恩恵を得ている特定の小売業者、または、小売事業者の収益性に対して責任を負っていた。たとえば、前述のセルフドリンクバーのラッピングを担当するオーナーは、このC&G小売顧客に対する責任を負っている。顧客担当マネージャーは、魅力的なラッピングの構築方法、それを実現するための予算やリソースの配分方法、そして、この顧客とこのラッピングのイニシアティブを支えるうえで必要となる相互補完的な調整の特定方法を理解するのに最も適した立場にあった。顧客担当のオーナーがいなければ、デマンド・アクセラレーターは、非現実的で、誰も望まない、あるいは採算のとれないラッピングを開発してしまい、会社の膨大なリソースを無駄にしていたかもしれない。

重要なのは、プロダクトオーナーは、ラッピングに伴う最大のリスクである「価値損失リスク」を軽減するうえで最も適した立場にあるということだ。ラッピングは、顧客が納得するサービスレベルを満たさなければならない。顧客の期待を下回るラッピング・イニシアティブを展開してしまうと、製品の価値を悪化させかねない。不正確なデータを表示したり、読み込みに数分かかったりするラッピングを想像すれば言わずもがなだろう。プロダクトオーナーが求めるものは、ラッピングで顧客を喜ばせることであり、失望させることではない。

プロダクトオーナーは、データラッピング・イニシアティブにおいて重要な役割を果たすが、業務改善と同様、ラッピングを成功させるためには、あらゆる人びとを巻き込む必要がある。もうおわかりであろう。ラッピングにも多くの人の協力が欠かせないのだ。ペプシコのセルフドリンクバーのラッピングに「携わった」すべての人を思い出してほしい。すなわち、デマンド・アクセラレーターのデータサイエンティストやマーケティング担当者、このイニシアティブに使用されたデータアセットを扱うテクノロジーの担当者やデータ、システム、営業チーム、そして製品をより多く提供するうえで不可欠であったサプライチェーンや流通に携わる人びとだ。業務改善と同じく、ラッピングも間違いなく誰もが向き合うべきビジネスなのだ。

まとめ

購入時、使用中、カスタマーセンターとのやり取りの際など、カスタマージャーニー上にある各タッチポイントには、さまざまなラッピングを提供できる機会がある。そして、こうした機会においては必然的に顧客にデータやインサイト、アクションを提供することになるだろう。どの種類のラッピングが組織や組織の製品・サービスにとって理にかなっているかにかかわらず、顧客の製品・サービスに関する目標、ラッピングが顧客価値を生み出す仕組み、そして価値実現の方法について、明確なイメージを持っておく必要がある。この章で押さえておくべきポイントを以下に示す。

- ラッピングとは、組織が顧客に提供する物理的または無形の商品やサービスを強化するものである。**あなたが提供する物の中で、データや分析手法によって価値を高めることができそうなものはどれだろうか。**
- ラッピングにより、データやインサイト、アクションを顧客に提供することができる。アクションによるラッピングでは、顧客の価値創造プロセスを深く理解することが求められる。**あなたの組織の場合、顧客に関するそうした情報はどこにあるだろうか。顧客があなたの組織の製品・サービスから価値を生み出している方法や、その価値を高める方法を把握するために、**

顧客と連携する必要はあるだろうか。

- ラッピングは、「予測する（anticipate）」「適応する（adapt）」「助言する（advise）」、または顧客に代わって「実行する（act）」かで、それぞれ異なる。**製品・サービスに関してあなたの組織がすでに有しているラッピングについて考えてみよう。そうしたラッピングはどの程度「予測する」「適応する」「助言する」「実行する」ことができているだろうか。**

- ラッピングは顧客に価値を生み出し、組織はその価値の一部を実現することができる。**既存のラッピングから得られる価値をどのように実現したらよいだろうか。自社の主要な製品・サービス（ラッピングによる顧客価値の創造や実現を評価するために開発されたもの）から、顧客が実現した価値を測定するための既存の基準やアプローチはあるだろうか。**

- ラッピング・イニシアティブでは、カスタマーアンダスタンディングだけでなく、5つのすべてのケイパビリティを活用する。**振り返ってみて、必要なケイパビリティが得られなかったために失敗したラッピング・イニシアティブに心当たりはないだろうか。そのイニシアティブには、どのようなケイパビリティ強化のプラクティスが必要であっただろうか。**

- ラッピング・イニシアティブは、強化の対象となる製品・サービスのオーナーが責任を持つべきである。**製品・サービスのオーナーをラッピング・イニシアティブに巻き込むには、何が必要だろうか。**

商品やサービスをラッピングする過程で、顧客のことを熟知するようになり、その結果、組織のデータアセットのみにもとづいて、顧客（あるいは別の顧客）にまったく新しいソリューションを販売する機会を見いだすことも珍しくない。それが次の章のテーマだ。

第 5 章

情報ソリューションの販売

Selling Information Solutions

まず、顧客が抱えている悩みを理解しなければならない。
次にソリューションを提供し、変化する環境にも対応できる
拡張性と成長性を備えたものは何かを考える。

——ドン・ストーラー（ヘルスケアIQ）

ここからは、データマネタイゼーションの3つ目のアプローチである「情報ソリューションの販売」について見ていこう。本書を手に取るまで、「データマネタイゼーション」とは、単にデータセットの販売を言い換えただけのものと考えていた人もいるだろう。もうおわかりいただけたと思うが、販売にとどまらず、業務改善とラッピングも含めたものがデータマネタイゼーションである。この章では、ソリューション販売とはデータの販売だけではなく、データから得られるインサイトとそれにもとづくアクションも販売することでもあるということを学んでいく。つまり、組織は、顧客が重要な問題を解決するのに役立つ、さまざまなデータ、データから得られるインサイトとそれにもとづくアクションを含めた情報ソリューションをパッケージ化して販売することができるということである。

これまで、組織は自社が保有しているデータが、他の組織にとっては多額の対価を支払う価値があるものであると判断できれば、それを販売しようとしてきた。たとえば、医療用品流通の分野を見ると、1990年代、オーウェンズ・アンド・マイナー（OM）が数千のメーカーから数百の病院に医療用品を流通させる過程で医療用品に関する大量のコストデータを蓄積していった。そして、2004年には、OMソリューションズという事業を設立し、膨大なコストデータをデータアセットに変換することで、病院の支出を分析するソリューションとして活用できるようにした。その結果、OMソリューションズの製品・サービスを利用する病院は、より効果的に医療用品コストを管理し、経費を削減することができた。[1] 食料品小売分野に目を向けると、クローガーは、マーケティング分析ツールやアドバイザリーサービスを介して小売業者に提供される

POSデータアセットを活用する84.51。というビジネスを立ち上げた。小売業者はこのツールやサービスを活用して、購買に関するジャーニー全体でよりパーソナライズされた体験を顧客に提供し、収益を上げている。[2]

業務改善やラッピングのアプローチにまつわる課題を学べば、組織が有するデータを販売して大きな利益を得ることのほうが簡単に思えるかもしれない。念押ししておくと、それで利益は得られるだろうが、リスクの高い選択肢だ。販売というデータマネタイゼーションのアプローチには、スタンドアロンの情報ソリューションの販売も含まれるが、そこには、価値提案を強化するだけのコアとなる製品・サービスはない。ソリューション販売に取り組む組織は、顧客が対価を支払おうと思えるような、独自の魅力的な価値を提供する情報ソリューションを生み出す必要がある。つまり、既存の市場ニーズに応えるソリューションを作り出し、そのソリューションを適応させ拡大することで、変化を続ける新しい市場ニーズに対応しながら利益を上げ続けなければならないのである。しかも、利益率の高いビジネスへ参入しようと躍起になっている手強い競合他社をかわしながら、この取り組みを進めていかなければならない。

自分自身に問いかけてみよう

この章を読みながら、あなたの組織にとっての情報ソリューションを販売するという新たなチャンスについて想像してほしい。顧客がお金を払ってでも解決したい問題はあるだろうか？　情報ソリューションを販売することで、そのニーズを満たすことはできるだろうか？　そうしたソリューションに活用できるデータアセットはあるだろうか？

参考調査

アンケート調査の回答者によると、データマネタイゼーションの取り組みによる収益のうち、ソリューション販売の占める割合は平均して18％にとどまり、業務改善・ラッピング・ソリューション販売の３つのアプローチの中で、ソリューション販売のアプローチによる収益が最も少ないと回答している。[3]　言うまでもなく、情報ソリューションを販売することの難しさが表れている。

情報ソリューションの種類

データが急増するにつれ、データアセットを活用して他の企業の問題解決にチャンスを見いだす組織も増えている。たとえば、ある医療機器メーカーは、患者の健康状態を示すセンサーのデータアセットを持っており、これが臨床医の診断と治療に役立つと考えた。また、カストディアンバンク〔訳注：投資家の代理人として証券を管理・保管する銀行〕は、未公開株式投資ファンドに関する実際のキャッシュフロー・データアセットを保有しており、これが投資家によるプライベート資本市場の評価・分析に役立つと考えた。第2章では、ＢＢＶＡが非識別化された銀行クレジットカードのデータアセットを構築し、子会社であるＢＢＶＡ Ｄ＆Ａを通じてそのデータアセットを提供した事例を紹介した。ＢＢＶＡは長年の経験から、そのアセットを利用することで、都市計画立案者が行政の意思決定による経済的影響を把握したり、災害復興管理者が救援活動の優先順位を決めたり、あるいは事業者がより効率的にターゲットとなる顧客を絞って集客したりすることに役立つと考えた。これらの事例のすべてにおいて、各組織はデータアセットを利用して、生データ、加工データ、レポート、分析、分析ベースのコンサルティングサービスのいずれかをソリューション販売できると想定していた。

ソリューション販売は、ドメイン知識に長け、顧客エンゲージメントが高い組織に適しているように思えるかもしれない。[4] しかし、ビジネスモデルがすでに確立されている組織では、既存事業の慣行や価値観を販売事業にも適用させようとすることが多々ある。そうなると、高い間接費や不必要な規制上の制約、官僚的なプロセス、厳格なデータ使用条件、旧来的な人材管理の慣行が必然的に発生し、情報提供の実行可能性や収益性を損なう可能性がある。そのため、組織は、情報ビジネスが干渉されることなく独自のビジネスモデルを追求できるようにする必要がある。注目すべきは、ＯＭとクローガーがそれぞれ独立した事業部門を設立し、コスト管理事業とマーケティング・インサイト事業を構築して発展させた事例だ。両社とも、ソリューション販売は流通事業・小売事業とは異なるものであることを認識していたため、情報ソリューションだけに特

図 5.1　情報ソリューションの適用範囲の違い

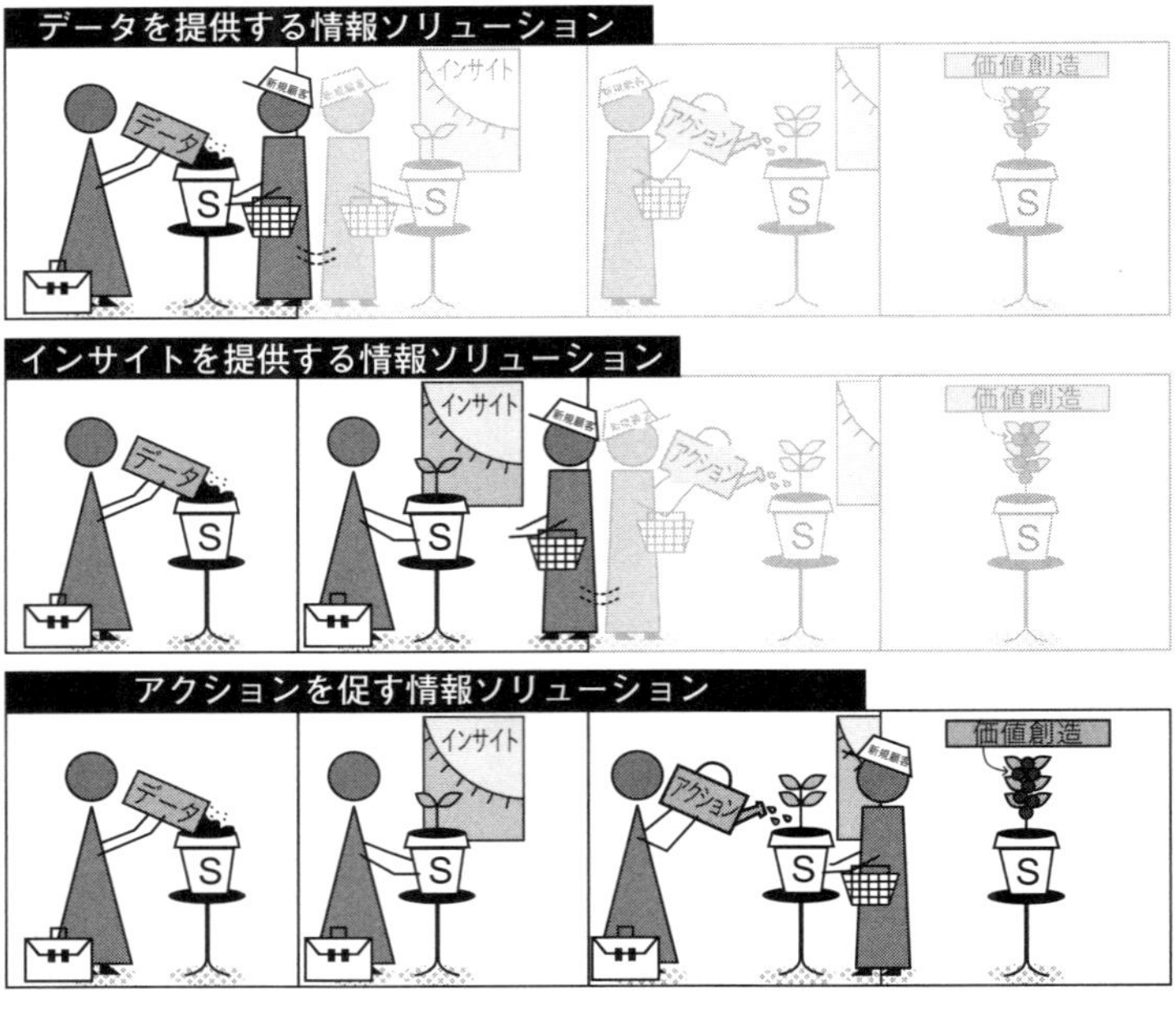

化した経営的な意識とリソースを割り当てられるように、部門を分離した。

すべての情報ソリューションは、業務改善やラッピングと同様、3つの基本的な種類、すなわち、データの提供（データのソリューション販売）、インサイトの提供（インサイトのソリューション販売）、アクションの提供（アクションのソリューション販売）のいずれかに分類される。[5] ラッピングと同じく、情報ソリューションも、通常は顧客によって価値創造プロセスが完了されない限り、理論上の価値しか生み出さない。図5・1に示すように、売り手は、顧客に対する影響力がほとんどないことに加え、顧客に関する情報もほとんど持ち合わせていないであろうことから、アクションや価値の創造からかけ離れてしまう可能性がある。ソリューション販売に取り組む組織と顧客との間に距離があることで、組織は、ソリューションの価格を適切に設定したり、時間の経過とともにソリューションを進化させて形成する方法を理解したりすることが難しいかもしれない。

データを提供する情報ソリューション

「オープンデータ」を提供するウェブサイトや公共セクターの取り組みによって、あらゆる種類のデータセットが無償で入手できるようになってきているが、データの販売は依然として巨大な産業だ。世界のデータブローカー（ユーザーのインターネット情報を収集・販売する企業を含む）の市場価値は、2019年には2320億ドルと評価されている。[6] 保険業界とエネルギー業界で事業を展開するベリスク（Verisk）は2022年、データストアに19ペタバイト（訳注：1ペタは1ギガの

１００万倍）の情報を保有し、15億件以上の保険金請求を含む保険金詐欺データベース、１００カ国以上の自然災害を網羅するモデルを持っていた。[7] より広義には、この業界には、複数のデータソースを組み合わせたり、希少なソースからデータを取り込んだり、プラットフォームビジネスやエコシステム全体にもとづいてデータを生成したり、同業組織の集まり（大抵の場合は競合他社）からもたらされたデータを収集したりすることで、独自のデータアセットを開発することに特化した組織も含まれる。[8]

データのソリューション販売を重視する組織は、顧客が自身のデータ環境に簡単に組み込むことができるデータアセットの構築に取り組んでいる。顧客が購入するデータアセットは通常、自社のデータアセットの不足を補うものであり、これにより、他の方法ではできない分析をしたり、アクションを起こしたりすることができる。データアセットへのアクセスや利用が安価で容易であればあるほど、そのアセットは顧客にとって魅力的なものとなるため、購入する顧客の数は多くなる。このため、生データ（最小限の処理のみ施されたデータ）より、クレンジングや標準化、検証、強化され、分析用に調整されたデータのほうが高値で取引されることが多い。

テキサス州の株式非公開企業トリップバム（ＴＲＩＰＢＡＭ）は、２０１２年に宿泊者がホテル代を節約できるサービスを提供することを目的に設立された。[9] 時が経つにつれ、法人旅行市場に軸足を移し、組織の出張部門による旅費と契約コンプライアンスをサポートするようになった。２０２０年には、「フォーチュン１００」に選出された企業の約半数の出張ニーズに対応していた。同社は3種類のソリューションであるデータ、インサイト、アクションをすべて提供している。まず、データの製品・サービスについて見てみよう。

トリップバムは、事前に折り合いがついた客室料金、アメニティの調整、企業プログラムの遵守など、トラベルバイヤー（法人専門旅行代理店）にとって重要な情報を掲載したレポートのポートフォリオ（**データのソリューション販売**）を開発。大口顧客はトリップバムに月額利用料を支払うことで、レポートやその他のサービスにアクセスできるという仕組みだ。新型コロナウイルス感染症の感染拡大に際しては、自社が保有するホテル料金の情報をもとに、コロナ禍に特化した斬新なレポートを作成した。たとえば、ホテルが営業中か閉鎖中かを知ることができる閉鎖状況レポートを毎週発行（これもデータのソリューション販売のひとつ）。閉鎖状況レポートを無料で公開することで（こうした情報は、業界や政策立案者にとって大きな関心事項であった）、トリップバムは自社のデータアセットから引き出される価値を示した。

インサイトを提供する情報ソリューション

消費者信用スコアという、個人が債務不履行に陥る可能性を示すインサイトのソリューション販売をご存じだろう。信用スコアを提供する企業は、非常に高度な独自のバックエンド計算ロジックを開発している。このスコアは、消費者だけでなく、ローンやリース、クレジットカード、住宅ローンを提供する組織にも魅力的だ。雇用主もこのスコアを利用している。

インサイトを提供する情報ソリューションは分析を施しているため、顧客がより良い意思決定を行うことができる。スコア、ベンチマーク、アラート、および可視化は、顧客がそれぞれの状況に合わせた方法でデータを閲覧して理解することができるため、問題の予防や解決に役立つ。しかし、顧客がそのインサイトに価値を見いだすためには、インサイトを活用してなんらかのアクションを起こさなければならない。そこで組織は、顧客のワークフローに自然に適合し、関連性が高く理解しやすいインサイトを提供することで、そのインサイトという製品・サービスの潜在的価値を最大化する。

トリップバムは2012年に初めてホテル料金比較業界に参入した際、ホテル業界における「宿泊料金モニタリング」の草分け的企業として、特定のエリア内のホテル群を対象に、料金変動、最安値料金、残り1室料金という3つの指標のモニタリングを行った。これらの指標は、同社が提供する複数のインサイトのソリューション販売の基礎となった。こうしたソリューションのひとつに、より安いホテル料金を見つけ、予約の変更を提案するというものがあった。これは、宿泊者がホテルの部屋を予約し直せば、ホテル代が安くなるというインサイトである。やがて、法人向けのトラベルバイヤーを対象にサービスを提供するようになると、同社はバイヤーに、宿泊料金に関するホテル側の契約違反を伝える事例を紹介するインサイトをソリューション販売した。しかしそれでも、トラベルバイヤーは依然としてホテルと連絡をとり、払い戻しの交渉を行う必要があった。どちらの場合も、インサイトによる価値創造の可能性はきわめて明確であったが、顧客は必ずしもそれに従って行動し、費用を節約していたわけではなかった。

アクションを促す情報ソリューション

理想的には、売り手がタスクを実行するか、あるいは顧客に代わって何かを行うことで、アクションを引き起こす情報ソリューションを提供することが望ましい。たとえば、タスク自動化、プロセス自動化、プロセスのアウトソーシングは、売り手が顧客に代わってアクションを起こす手段だ。このようなソリューションにおいては、組織は顧客価値創造に最も深く関与することになる。中には、インサイトにもとづいたアクションを起こすうえで、情報ソリューションの使い勝手を良くしたり、あるいは非常に有益であると感じさせたりすることで、顧客にそのアクションを促すだけのソリューションもある。また、コンサルティングや現場サポートも、組織が蓄積してきた専門知識を活用して顧客にアクションを促す製品・サービスだ。コンサルティングと現場サポートの魅力のどちらも、その顧客価値創造の状況を目の当たりにできることだろう。

時間の経過とともにトリップバムは、可能な限り自社のソリューションでアクションを自動化する方法を学んでいった。たとえば、個人旅行者の場合、宿泊先の好みや条件に合致するお得なプランが見つかると、自動的にホテルの予約を取り直す。トラベルバイヤーの場合、ホテルによる契約違反が確認された場合、当該ホテルに自動メールを送信し、個別の契約義務に従わない場合には、旅行プログラムからホテルを除外すると警告する。顧客のアクションのハードルを下げることで、同社の情報ソリューションは確実に顧客に価値を創出し、また、こうしたソリューションを顧客の習慣やプロセスに組み込むことで、「スティッキネス（粘着性）」を生み出すことに成功した。トラベルバイヤーたちは、トリップバムのレポートやサービスを自社の標準的な業務手順の一部として捉えるようになり、競合他社の魅力は薄れていった。

高度なデータマネタイゼーション・ケイパビリティを持つ組織であれば、自動化を実現することができる。自動化によって顧客はアクションを起こす手間が省け、結果として、顧客はソリューションから価値を得ることができる。ただし、自動化されたアクションを顧客に受け入れてもらうには、事業者の意図と能力を顧客から深く信頼してもらわなければならない。したがって、売り手は、自動化されたアクションの明確なルールを伝える必要があり、説明責任に応え、監視もできる透明性を持ったアクションを確立しなければならない。

トリップバムは法人顧客の宿泊者にとって最もお得な宿泊先を確保するプロセスを自動化したが、この成果は偉業ともいえる。なぜなら、このサービスは既存の予約をキャンセルし、料金が低い同等クラスの別の客室を確保しなければならないのと同時に、企業との契約を遵守しながら、宿泊者の好みも満たし、ホテルのキャンセルポリシーも遵守する必要があったからだ。このサービスは、予約変更のプロセス全般に関する経験と知識を積み重ね、宿泊者やトラベルバイヤーとの信頼関係を構築し、迅速で安全かつ信頼性の高い予約変更取引を支えるテクノロジーへの投資に費やした長い年月から生まれたものだった。

《事例》ヘルスケアＩＱにおける情報ソリューションの販売

トリップバムが提供するデータ、インサイト、アクションの幅の広さ、そして時間をかけてアクションのソリューション販売の提供へとシフトしていく姿は、ソリューション販売に取り組む組織の典型的な例だ。同様の道を辿ったもうひとつのソリューション販売組織を紹介しよう。今回はヘルスケアの分野だ。

ヘルスケアＩＱ（Healthcare IQ）は、フロリダに拠点を置く非上場の医療費管理企業である。この会社は[10]、病院が患者への請求データを管理するのを支援するために設立された。同社の事業は患者への医療処置とこれに伴う医療用品に関するデータを収集し、整理して標準化できるよう病院を支援することから始まった。しかし、患者への請求データは多くの異なるシステムで管理されており、大抵の場合、データの管理形式も共通化していなかったため、この事業は困難を極めた。ある病院では、1本の注射器が20通りの方法で記録されていたため、まるで20種類の異なる製品が存在しているように見えるケースもあった。しかし同社ではそうした記録方法をすべて把握していたことから、それらを、ひとつの製品として表示されるように整理することができた。時間の経過とともに、（独自の製品マスターカタログを使用して）こうしたデータの異常を修正する能力を高めていった。また、同社は、病院の支出データも豊富に蓄積していたため、病院の支出管理に関する問題にも精通していた。

2000年頃から、米国連邦政府は各病院に対して費用を管理するよう圧力をかけ始めた。へルスケアＩＱのリーダー陣は、その時点ですでに、新興の医療費管理業界で競争するために必要なデータマネタイゼーション・ケイパビリティを構築し終えていることを確信していた。さらにリーダー陣は、同社が過去10年にわたって丹念に収集・キュレートしてきたデータアセット（特に病院の支出データと製品データカタログ）を活用すれば、病院のコスト削減に役立つ情報ソリューションを構築できると考えた。

ヘルスケアＩＱの製品・サービスのポートフォリオは、当初はデータのソリューション販売に軸足を置いていたが、時間の経過とともに、アクションを促すソリューションへとシフトしていった。

- **データソリューション販売**：ヘルスケアーＱは設立から10年間、病院による患者への請求データのクリーニングと標準化をサポートしていた。その後、時間をかけて、製品カタログを充実させるためのツールやプロセスを開発する臨床医チームを設置。どの製品がどの製品と問題なく交換可能かがわかる項目など、病院にとって有用な新しい項目を製品カタログに追加していった。
- **インサイトソリューション販売**：ヘルスケアーＱの製品・サービスは進化を遂げ、ウェブベースの報告インターフェイスが加わったことにより、病院が他の病院や医療機関の支出と自らの支出を比較して評価できるようになった。やがて、インターフェイスに可視化機能、アラート機能、例外報告機能も搭載され、顧客がレポートから把握すべきものが的確に強調されるように工夫した。２０１１年には「Colours IQ」を発表した。これは、Google マップのような体験を提供する独自ツールであり、数十万に及ぶ事前定義されたピボットテーブルを用いてデータを可視化することができる。Colours IQは、支出レベルが想定の範囲を上回ったり下回ったりした際に色などの視覚的特徴を用いて表示するため、ユーザーは節約できそうな機会を特定し、評価しやすくなった。

●**アクションを促すソリューションの販売**：2014年には現場に密着したコンサルティングサービスが始まり、顧客は報告ツールのインサイトにもとづいて適切なアクションをとることができるようになった。病院のチームに配置されたコンサルタントが、節約の機会を特定して詳細を確認し、アクションを支援した。コンサルティングサービスの導入について病院のリーダー陣に納得してもらうため、同社は、病院の経費節約に貢献した度合いに応じて収益を得る、シェアードセービングモデルを提案した。

ソリューション販売から価値を創造する

ラッピングと同様、ソリューション販売も、売り手が提供するデータ、インサイト、アクションの情報ソリューションにもとづいて顧客が行動して初めて、価値を生み出すことができる。ただし、これはソリューション販売に取り組む組織が受動的にその時を待っているという意味ではなく、むしろ真逆である。経験豊富な売り手は、情報ソリューションがどのように利用されるかを含め、顧客価値創造プロセスがどのように展開されるべきかを知っている。こうした売り手は、顧客が時にはミスをすることも考慮している。売り手は常に顧客の行動、感情、ニーズを分析し、データやインサイトへのアクセス、ツールの使用、アクションの詳細を積極的に監視する。積極的に監視していれば、顧客が行動をとらなかった場合に、売り手は教育、製品設計、顧客サービス、インセンティブなどを用いて、その問題にすみやかに対処できる。ラッピングに取り組む組織と同様、ソリューション販売に取り組む組織も、データ・インサイト・アクションの価値創造プロセスの後半でソリューションを提供することが多い。

大抵の場合、ソリューション販売には新たな市場機会を獲得することも含まれるため、新規顧客もその中に含まれている。それは、この新規顧客の価値創造プロセスにおいて、望まれる顧客体験を売り手が理解できるようになるには、ある程度の時間がかかるということであるが、この場合も、共同開発により価値創造を達成することができる。ラッピングと同様、情報ソリューションも、顧客との協力関係にもとづく開発アプローチが役に立つ。そうした関係によって、顧客がどのような価値をどのように生み出しているのかを知ることができるからだ。

トリップバムの場合、同社のリーダー陣は、顧客が魅力的だと感じるＲＯＩの提供を重視していた。これをモニターするため、各顧客が節約した額と、その顧客が同社に支払ったサービス料を比較して顧客ごとのＲＯＩを算出した。当然のことながら、顧客離れはほとんど見られなかった。

ソリューション販売から価値を実現する

情報ソリューションの価格は、ラッピングと同様に、通常、顧客にどれだけの価値をもたらすかを慎重に分析したうえで決定される。なぜなら顧客にとっての潜在的な価値を超える価格をつけることは、少なくとも長期的には不可能だからだ。たとえば、ヘルスケアＩＱは、財政規模が1億ドルの病院なら少なくとも200万～300万ドルのコスト削減ができると考えていた。また、トリップバムは、顧客の総旅費（1000万米ドルに達する場合もあった）に対して、全体で2～3％の節約を実現しようとした。潜在的な顧客価値を把握している組織は、個別の情報ソリューションに見合った価格を設定し、そのソリューションを購入する顧客にとって効果を上げることができる価格戦略を選択することができる。

データのソリューション販売は一般的なサービスとして扱われることが多く、価格もそれ相応になることが多い。データのソリューション販売の顧客が少ない場合、データの価格を決める方法のひとつにオークションがある。たとえば、市場動向をより正確に予測したい投資銀行なら、希少なデータアセットの独占的使用権を高値で落札するかもしれない。オークションでデータを購入する人は、そのデータが自身にとってどれほどの価値があるのか正しく理解しているだろう。投資銀行の場合、その価値は数百万ドルになることもある。

インサイトを提供したり、アクションを引き起こしたりする情報ソリューションの価格設定は

図 5.2　ソリューション販売イニシアティブによる価値実現

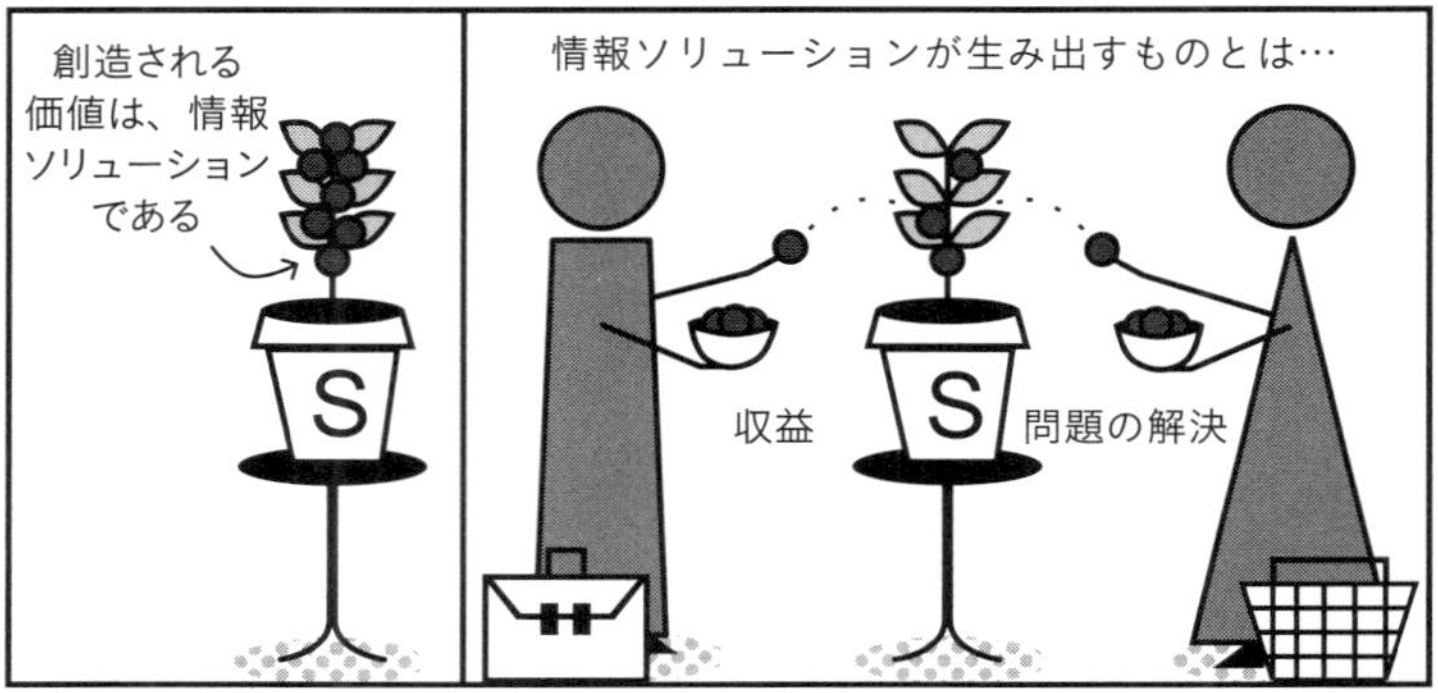

難しい。それでも、いくつかの顧客との検証や、使用状況のモニタリング、コンサルティングサービスの提供により、顧客体験を内側から探ることができる。当初は、ソリューション販売に取り組む組織が、情報ソリューションを開発するコストとリスクを引き受け、その見返りとして、顧客のために実現した価値の何割かを得るという、価値共有契約を結ぶ場合もあるだろう。このようなケースでは、売り手は、価値創造、つまり分かち合う果実の木を手に入れるべく、アクションを起こさせたり促したりする製品・サービスを開発することが多い。トリップバムの場合、予約管理が必要な客室数を正しく把握できず、同社の月額固定料金のサブスクリプションサービスに過剰な金額を支払いたくない小規模の顧客を対象に、価値共有契約を提供した。この利益共有モデルは、同社が小規模の顧客に代わって予約を変更した場合、実現した節約額の25パーセントを受け取るというものであった。

図5・2に示すように、ラッピングと同様、情報ソリューションは価値を生み出し、その一部はお金という形

で組織に還元され、問題の解決という形で顧客に還元される。そして、案の定、一部の価値はまだ木に残っている状態、つまり、創造された価値の一部は組織によってまだお金に変換されていない状態となる。情報ソリューションの場合、その残った価値はブランド資本や良好な顧客関係、あるいはイノベーション能力といった形で表れるかもしれない。また、先にも述べたが、実現可能な価値の量は、創造した価値の量を超えることはない。つまり、木に実っているだけの果物しか摘むことはできないのだ。

情報ソリューションの価格設定においてもうひとつ考慮すべき点は、その情報ソリューションが競争市場においてどのような位置づけにあるかということだ。顧客が進んで支払う金額は、そのソリューションが約束する潜在的な価値の大きさ（価値創造プロセスが実現すると仮定した価値の大きさ）と、代替品の価格の両方に左右される（そのソリューションが競争上差別化できているものであれば、代替品は問題にならないが、顧客が期待する価値創造の大きさは重要だ）。情報ソリューションは、あらゆる種類の製品・サービスと同様、それ自体が希少であり、模倣するのが難しく、代替品の脅威に耐えることができれば、競争上差別化を図ることができる。[11] たとえば、ヘルスケアＩＱの製品・サービスが初めて市場に登場したとき、それは他に類を見ないものであり、明らかに希少性があった。

競争上差別化できているソリューションなら、模倣されにくい。なぜなら、仕組みが複雑であったり、情報が非公開であったり、あるいは特許で保護されており模倣できないことがほとんどだからだ。たとえば、ヘルスケアＩＱは、テクノロジー系のパートナー企業と連携して、独自の可視化製品・サービスを開発し、病院の顧客から喜ばれた。わかりやすく使いやすいものであった一方で、リバースエンジニアリングやゼロからの再現は容易にできるものではなかった。ヘルスケアＩＱのＣＥＯは、フラクタルマップと呼ばれる基盤技術に非常に強い確信を持っていたため、フラクタルマップ企業を買収し、その技術に関連する50件以上の特許をヘルスケアＩＱが取得した。その目的は、競合他社が同じような技術企業と提携して同様のソリューションを開発するのを阻止することであった。

　競争上差別化できているソリューションなら、代替品の脅威に耐えることができる。また、顧客が同等の代替品を見つけるのも難しい。こうした機会を実現するには、顧客が他では手に入れられない特徴やメリットを生み出せばよい。これこそ、売り手がラッピングにも力を入れるべき大きな理由なのだ。売り手はラッピングを用いて、ソリューションの顧客への価値提案を繰り返し打ち出している。

　情報ソリューションにとって最大の脅威は、より安価な代替品を提供する模倣業者だ。こうしたリスクがあるため、組織は、独自の魅力的な情報ソリューションを提供する必要があるだけでなく、そのソリューションの独自性と魅力を長期にわたって維持しなければならない。そうしなければ、収入源が絶たれてしまうのだ。数年前、当時コムスコア（Comscore）のＣＥＯであったマジッド・アブラハムは、情報ソリューションの販売について、ある講演をした際、「情報商材は発売と同時に時代遅れになる」と熱く語った。[12] それは、情報ソリューション市場は冷酷なまでに競争が激しいからだ。競争圧力により、情報ビジネスは、自社の情報ソリューションを継続的に革ている。

新・改善することで、競合他社とは一線を画したソリューションを維持することを余儀なくされ

では、長期にわたって競争優位性を維持するソリューションを生み出すにはどうすればよいのだろうか。情報ビジネスは、次のような価値創出の手段を活用することで、希少性が高く、複製が困難で、代替が難しい製品・サービスを生み出している。[13]

- 唯一無二のデータアセットを創出する、調達、結合、拡張された独自性のあるデータ。
- データを処理し、競合他社が容易にはできないこと、あるいは手軽にできないことを実現する、費用対効果の高い独自のプラットフォーム。独自のプラットフォームは、リバースエンジニアリングが難しいことは周知の事実である。
- 高度なデータサイエンスと、データによる問題解決に意欲的なデータサイエンティスト。あるアルゴリズムが複製可能であったり、代替可能であったりすることはあっても、高度な能力を持つデータサイエンティストが発案した複雑なアルゴリズムの組み合わせとなれば、そうした問題の可能性ははるかに低くなる。
- ドメイン知識を高めるためのドメイン専門家。売り手は、ドメイン専門家にカンファレンスで講演してもらい、ソリューションの標準化を目指す委員会の委員を務め、業界の白書や学術論文を発表してもらうことによって、ドメイン知識を高めることができる。
- 売り手が顧客の問題を認識し、深く理解するための顧客共感。これは、顧客価値を創造する能

力を監視・測定する方法を見つけ出す際にも役立つ。

こうした価値創出の手段は、データマネタイゼーション・ケイパビリティにもとづいていることに注意してほしい。これが、ソリューション販売イニシアティブに取り組む組織にとって高度なケイパビリティが必要であるもうひとつの理由だ。

ソリューション販売に関するケイパビリティの留意点

ヘルスケアIQはソリューション販売に関するビジネスモデルを開発して成功を収めたが、ソリューション販売は、業務改善やラッピングよりもさらに本質的にリスクが高い。ソリューション販売に取り組む組織は、新たな市場を開拓し成長させること、新たなビジネスモデルを確立すること、データプライバシー関連の法律に対応すること、そして競争上の脅威を常に回避することの必要性に迫られている。こうした課題を克服するにあたり、情報ソリューションを販売する組織は、図5・3に示すように、5つすべての分野において全社レベルのデータマネタイゼーション・ケイパビリティに大きく依存することになる。[14]

情報ソリューションの販売におけるトップパフォーマーは、次のようなデータマネタイゼーション・ケイパビリティを有していることがわかっている。

図 5.3　ソリューション販売におけるトップパフォーマーのケイパビリティ

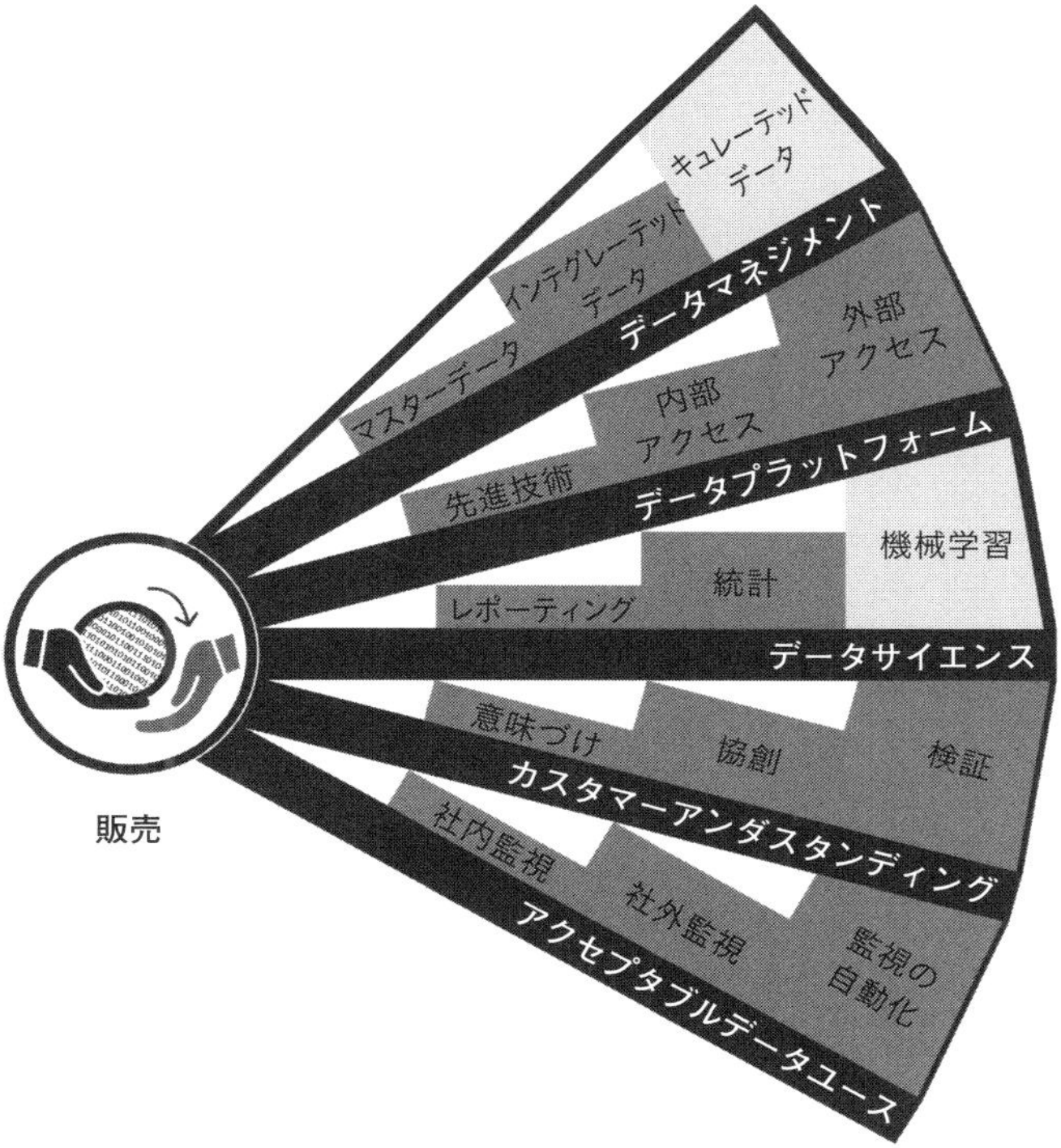

- 独自の高品質な（顧客のデータなどと）簡単に組み合わせ可能なデータアセット。
- 社内外のユーザーに安全、高速、信頼性の高いアクセスを提供する先進技術を用いたデータプラットフォーム。
- 統計を駆使して膨大なデータから高度なインサイトを引き出す能力。
- ソリューションで実験して顧客のニーズとウォンツを明らかにすることにより、顧客価値を創造する可能性の高い魅力的な製品・サービスを常に提供し続けて市場ニーズに応えることのできる能力。
- 機密性の高い貴重な情報を大規模に保護・監視する、自動化されたデータ使用管理規定。

最後のポイントには、特に注意を払わなければならない。現代の生活は高度に数値化され、つながっている。そのため、情報ソリューションの開発に使用されるデータアセットには、機密性の高いデータが含まれている可能性がある。そうした機密データをもとにすれば、顧客、市民、従業員、学生、活動家などの個人の行動を把握することが可能だ。本書の執筆時点では、多くの組織がデータアセットの調達、操作、使用、保護に関連する地域的、国家的、国際的な安全対策が十分ではなかった。高度なアクセプタブルデータユース・ケイパビリティを持つことは、倫理的な課題に対処するうえできわめて重要だ。[15] 組織は、データアセットの利用が規制に準拠していることはもちろん、ステークホルダーの価値観とも一致していることを確認する能力を備えていなければならない。実際、企業が倫理面を考慮する場合は、現行の規制が定める以上に厳格な姿勢でデータの取り扱いを行いたいと考えるかもしれない。残念ではあるが、この複雑なテーマをより深く掘り下げることは本書の範囲外だ。

先に述べたように、ケイパビリティを高めることはデータマネタイゼーションの成果向上につながる。しかし、ソリューション販売イニシアティブの場合、高度なケイパビリティは任意ではなく、むしろ必要条件だ。

《事例》ヘルスケアーＱにおける データマネタイゼーション・ケイパビリティ

情報ビジネスの内側をじっくり観察すると、データマネタイゼーション・プラクティスの洗練さと革新性に驚かされることが多い。そして、大抵の場合、こうしたプラクティスへの取り組みは不可欠なものとなっている。ソリューション販売に取り組む組織によっては、膨大なデータを処理するのに十分な性能を持つ商用化された技術を見つけるのに苦労し、結局、自らハードウェアとソフトウェアを構築することになるかもしれない。あるいは、ソリューションを新しい市場に投入する前に信頼性を確立する必要があるため、その分野で最も評価の高いデータサイエンティストを雇うことになる場合もある。あるいは、機密性の高いデータアセットの安全性について投資家を安心させるため、規制要件よりもはるかに厳しいデータ監視方法を確立しなければならない組織もあるだろう。売り手が革新的で洗練されたプラクティスに取り組む必要があったか、そうすることが賢明だと考えたかにかかわらず、ソリューション販売に取り組む組織においては、高度なデータマネタイゼーション・ケイパビリティが競争を左右すると言ってよい。

ヘルスケアＩＱのケースがまさにそうだ。同社は時間の経過とともに、必要に迫られ、また自らの判断で、データアセットを管理、配布、監視し、顧客に効果的にサービスを提供するため、徐々に高度な方法を採用するようになった。そしてリーダー陣は、技術者、システムインテグレーター、コンテンツスペシャリスト、営業アカウントマネージャー、顧客サービスプロバイダーを頼りに、有益なプラクティスを提案してもらい、あるいはプラクティスのニーズを特定してもらい、業務に組み込むことができた。

ヘルスケアＩＱは、顧客である病院の取引システムから取り込んだデータを標準化、照合、検証する方法を開発し、**データマネジメント・ケイパビリティ**を確立した。当初、データに問題がある場合手作業で修正していたが、その後、チームは徐々に問題の根本原因を特定しながら、ビジネスルールを確立し、カスタムワークフロー・ソフトウェアを用いて修正作業を自動化していった。これにより、時間の経過とともに、よりクリーンなデータアセットが形成されていった。また同社は、データを充実させるためのツールやプロセスも開発した。これらの取り組みは、製品を正しいメーカーにマッピングすることから、どの製品がどの製品と交換可能かを確認してタグ付けし、製品を分類することまで多岐にわたり、これらの取り組みにより、同社が擁する顧客である病院の分析担当者は質の高いレポートを作成できるようになった。

ヘルスケアＩＱの**データプラットフォーム・ケイパビリティ**は独自に構築されたデータウェアハウスを中核としており、これを管理していたのが、データアーキテクチャ、仮想化、データベース開発、インフラストラクチャ、オープンソース、ソフトウェアエンジニアリングのスキルを持つ技術者たちだ。こうした技術者たちは、社内データの処理や配布のニーズだけでなく、病院のニーズに応える方法も学習していった。後者については、病院のＩＴ担当者が病院データを迅速かつ効率的に送信できるようにするための方法を構築した。その開発例として、データファイルがヘルスケアＩＱのローディング仕様を満たしているかどうかを病院側でチェックできる、シンプルなインターフェイスがある。これにより、不正確なデータフィールド、誤ってラベル付けされたデータフィールド、欠落したデータフィールドに伴って起こり得る問題を回避できるようになった。

ヘルスケアＩＱは複数の病院の顧客からデータを取り込んでいたため、(許可を得たうえで) この集約されたデータにもとづいてデータアセットの開発に着手した。データ分析担当者たちは、このデータアセットをもとにベンチマークや指標を計算し、病院のコスト管理に関する問題を解決するためのレポートを作成した。前述したように、同社は２０１１年、数十万に及ぶ事前定義されたピボットテーブルを用いてデータを可視化する高度な分析である「Colours IQ」を発表している。同社のＣＥＯは、このツールが会社の**データサイエンス・ケイパビリティ**に著しく貢献していると評価。さらに数年後、ヘルスケアＩＱはＡＩの専門家を迎え入れ、機械学習から利益を得る方法について探ることになった。

同社の**カスタマーアンダスタンディング・ケイパビリティ**を構築するうえで大きく貢献したのが、営業チームとサービスチームだ。チームメンバーたちは、週1回の電話やカジュアルな会話、電子メールなどで顧客と意思疎通を図り、コンサルティング契約では顧客と共同で斬新な製品・サービスを開発し、四半期ごとのビジネスレビュー、オンサイトトレーニング、定期的なサポートで顧客のニーズを把握していった。たとえば、サポート対応中に、特定の属性をレポートに追加するよう顧客に依頼されることもあった。チームメンバーたちはサポートの経験を活かして、既存製品に機能を追加する方法や、新しい製品・サービスを開発する方法、あるいは顧客のプロセスを自動化する方法を見つけ、それらを追跡するシステムにアイデアを掲示した。経営陣が、提出されたアイデアの優先度について週に1回スタッフミーティングで議論し、最終的に優先度の高いアイデアが製品開発へと進められた。また、顧客に対するインサイトを深めるため、同社は可能な限り、顧客やパートナーの組織で勤務経験のある人材を採用した。

そして最終的に、**アクセプタブルデータユース・ケイパビリティ**を構築することで、同社のデータ保護に対する病院側の安心感を獲得するに至った。ヘルスケアＩＱはまず、ＨＩＰＡＡ法（Health Insurance Portability and Accountability Act；医療保険の相互運用性と説明責任に関する法律）に準拠したプロセス、方針、手順を確立した。その後、リーダー陣は、同社がセキュリティのベストプラクティスに適合していることを裏付けるＨＩＴＲＵＳＴ認証の取得を目指して奔走した。また、その取り組みについて外部による検証を行うべく、顧客やパートナーといったステークホルダーにその審査を依頼した。

高度なデータマネタイゼーション・ケイパビリティにより、同社は、医療費市場の激動するダイナミクスに対応できる体制を整えた。そうした中、米国政府の新たな規制によって、それまでコストの把握に力を入れてきた病院は、コストと臨床結果を関連づけて確認することが求められるようになった。これにより、ソフトウェア事業者、コンサルタント、販売業者、業界団体、スタートアップといった新たな競合が、病院顧客向け支出分析ソリューションを提供し始め、病院が才ある人材を育成し、システムが近代化されることによって、顧客が分析ソリューションに期待する内容も高度になっていった。こうした手強い競争要因をよそに、ヘルスケアＩＱはその状況に適応するケイパビリティを活かして、競争力を維持することができた。

ソリューション販売イニシアティブのオーナーシップ

ラッピング・イニシアティブと同様、ソリューション販売イニシアティブもプロダクトオーナーが主導しなければならない。ただし、ソリューション販売の場合、製品とは情報ソリューションを指す（本書では、ラッピングオーナーとソリューション販売オーナーを区別するため、**情報ソリューションオーナー**という用語を使用する）。情報ソリューションオーナーは、独自の価値提案を持つ情報製品を管理する者であり、プロダクトオーナーとは、ラッピングを用いて主要製品の価値提案を強化する者をいう。

情報ソリューションオーナーは、ソリューション販売に関連する収益性全般に対して責任を負う。この種の役割には専門知識が必要なことから、情報ソリューションオーナーには、情報ビジネス企業、テクノロジー企業、成功したデジタルネイティブ企業出身の経験豊富な専門家が起用されることが多い。このような人材は、顧客中心の考え方をしっかり持ち、情報製品・サービスの企画、開発、提供に関する経験も有していることから、こうした要素を情報ソリューションオーナーという役割に活かすことができる。これらの情報ソリューションオーナーたちが、情報ソリューションに関連するコストやリスク、利益を管理していく。

情報ソリューションオーナーとは、言うなれば情報ソリューション部門のミニCEOのような存在であり、ソリューションの設計、コンプライアンス、営業、マーケティング、ITサービスなど、ソリューションの生産、販売、維持に必要な各種アクティビティを調整する立場となる。CEOと同じように、情報ソリューションオーナーも、企業全体の専門知識や従業員の積極的な参加に頼ることになる。情報ビジネスや情報ソリューション専門部署では、ほぼすべての従業員が情報ソリューションのなんらかの側面に関わっている。設計、コンプライアンス、営業、マーケティング、アフターサービス、そして言わずもがなだが、ITサービスだ。したがって、ソリューション販売に取り組む組織が、病院の医療経費やホテルの宿泊費など、顧客の課題領域を深く理解し、データを駆使して顧客の問題解決を支えたいと強く願っているあらゆる領域・階層の人々を雇用することは当然であろう。つまり、ソリューション販売もまた、誰もが向き合うべき取り組みなのだ。

まとめ

理論上、データを保有するすべての組織が、そのデータを利用してデータアセットを生み出し、情報ソリューションの創出につなげることができる。もしソリューション販売アプローチを取り入れたいのであれば、どこかの誰かが解決を望み、そのためにあなたの組織に対価を支払うような重要な問題から始めることだ。この章で押さえておくべきポイントは以下のとおりである。

- 膨大なデータをどのように販売するかではなく、データアセットを使ってどのような顧客の問題を解決できるかを考えよう。**顧客が解決に苦労している重要な問題について、あなたの組織の中で最も詳しい人は誰だろうか？**
- あなたの組織で解決可能な顧客の問題を特定し、顧客が具体的な行動を起こそうとしさえすれば、顧客が実際にその行動を起こし、価値を実感できるように働きかけなくてはならない。**これに関して、あなたの組織の誰かと緊密に協力してくれそうな顧客はいるだろうか？**
- 最も重要なことは、あなたの組織の情報ソリューションが競争上差別化されていることだ。**情報ソリューションの希少性や模倣困難性を高める、あるいはその情報ソリューションなしには成り立たないものとなるような、あなたの組織が有する独自性のあるアセットは何だろうか？**
- ソリューション販売に長けている組織は、高いレベルのデータマネタイゼーション・ケイパビリティを有している。**こうしたケイパビリティを蓄積するにあたり、あなたの組織はどのような状況にあるだろうか？　最初に取り組むべきケイパビリティはどれだろうか？　こうしたケイパビリティを構築するうえで、最善の方法は何だろうか？**

- 情報ソリューションを提供するには、それを支えるビジネスモデルを確立しなければならない。**あなたの組織で、新市場開拓戦略や製品戦略など、情報ビジネスに必要な専門知識を有している部門はどこだろうか？**

これで、あなたの組織に収益をもたらすデータマネタイゼーション・イニシアティブ（業務改善、ラッピング、ソリューション販売）の範囲と、それらを成功させるために必要な要素について理解を深めることができただろう。次の章では、データマネタイゼーションにとって理想的な組織環境、すなわちデータデモクラシーについて見ていく。

第 6 章

データデモクラシーの創出

Creating a Data Democracy

データへのアクセスが増えれば増えるほど、
好奇心とイノベーションが突き動かされる。

――――――――ロブ・サミュエル（CVSヘルス）

BBVA、マイクロソフト、ペプシコ、ヘルスケアIQ、そしてここまで紹介してきたすべての組織において、あらゆる従業員がデータマネタイゼーションに積極的に取り組んでいる。彼らは現状に疑問を持ち、アイデアを共有し、新しい方法を取り入れ、習慣を変え、組織の目標に貢献することで、報酬を得ている。彼らは、データが価値の高く不可欠なものであり、組織の成功に貢献していると信じている。こうした、データから収益を生み出しやすい環境にある組織は、**データデモクラシー**と呼ばれる。

平均的な従業員に、データマネタイゼーションの取り組みに関与する心構えと意欲を持たせるには、かなりの労力が必要だ。その理由のひとつは、データとドメイン知識の対立という古くからの問題がある。ドメイン専門家（会計士、マーケター、看護師、公務員、工場労働者、販売員など、組織の一部門に精通している人びと）と、データ分野の専門家（分析担当者、データサイエンティスト、ダッシュボード作成者、データベース管理者）はそれぞれ、業務改善、ラッピング、ソリューション販売の各イニシアティブに大きく貢献できる能力を持っている。たとえば、製品の不具合を修正するには、問題を特定する製品管理者と、コードを書くソフトウェア開発者が必要だ。ただし、コーディングを始める前に、ソフトウェア開発者は問題を理解し、製品管理者はデータアセットとデータマネタイゼーション・ケイパビリティの可能性を認識しておかなければならない。しかし、共通の問題意識を持ち、同じ言語で意思疎通を図り、こうした**データマネタイゼーションリソース**の最適な利用について合意に達することは難しい。これは、縄張り争いやスキル不足、組織内政治が障害となるからだ。それでも、データデモクラシーのリーダー陣は、こうした障害を積極的に乗り越え、成功に向けて組織設計している。

データマネタイゼーションリソースとは、データアセットやデータマネタイゼーション・ケイパビリティなど、データマネタイゼーション・イニシアティブを加速させるためのリソース一式をいう。データマネタイゼーション・ケイパビリティは、専門家が持っている場合もあれば、ツール、業務プロセス、ポリシー、フォーム、ソフトウェアなどに転換された形態をとっている場合もある。

言うなれば、組織が自然にデータデモクラシーになるということはない。データ分野の専門家とドメイン専門家は、互いに学び合う意欲を持たなければならない。組織のニーズを深く理解していなければ、データ分野の専門家は、最も有用なデータマネタイゼーション・ケイパビリティや最も再利用可能なデータアセットの開発に苦労することになるだろう。知識を共有すること、つまりドメイン専門家の間でデータの知識を高め、データ分野の専門家の間でドメインの知識を高めることが、価値あるイノベーションを生み出して普及させる鍵であり、イノベーションを拡大し、再利用する鍵でもあるのだ。イノベーションとその普及は、データデモクラシーにおいて達成することができる。本章では、円滑で持続可能なデータデモクラシーを支える具体的な組織設計の要素、すなわちデータ人材とドメイン人材のコネクションとデータデモクラシー・インセンティブについて説明していく。[1]

データデモクラシーとは、組織の再利用可能なデータアセットとデータマネタイゼーション・ケイパビリティ（すなわち、データマネタイゼーションリソース）について、従業員が広く認識、アクセス、利用できている組織をいう。[2]

自分自身に問いかけてみよう

データマネタイゼーションリソースを利用するにあたり、ドメイン専門家とデータ分野の専門家が協力し合えない要因は何だろうか。

データ人材とドメイン人材のコネクション

ある組織の「データ」に関する専門知識を持つ人材を赤、「ドメイン」に関する専門知識を持つ人材を青に塗ったとしよう。赤と青の人材が定期的に意思疎通を図り、互いの知識を分かち合い、学び合うことで、それぞれの知識が混ざり合い、赤や青が少なくなり、紫が多くなる。そして彼らは、特定の組織における特定の状況において、データを互いに共有しながら把握するようになる。つまり、データデモクラシーでは紫色の人材が活躍するようになるのだ。[3]

組織設計とは、一般的に組織内のワークフロー、権限関係、社会的結びつきを構築する方法と捉えられている。データデモクラシーの場合、ワークフロー、権限関係、社会的結びつきが、赤と青の人材が混ざり合って機能する構造設計となっている。この融合は、**データ人材とドメイン人材のコネクション**、つまりデータ分野の専門家とドメイン専門家を結びつける組織構造によって発生し、知識のやり取りと学習が進むのだ。

データ人材とドメイン人材のコネクションとは、データ分野の専門家とドメイン専門家の知識のやり取りを促す構造をいう。

本書の著者チームの長年の共同研究者であるイダ・A・ソメ博士は、データドリブンな組織のイニシアティブにおいて、データ分析グループとビジネスドメイングループの関係をどのように構築し、知識の統合を促進できるかについて研究していた。その中で同氏は、共通する5つのデータ人材とドメイン人材のコネクションを特定した。それは、すなわち専任エキスパート、専門分野横断チーム、シェアードサービス、ソーシャルネットワーク、アドバイザリーサービスである（図6・1を参照）。これら5つのコネクションは、知識を共有するためのそれぞれ異なる手法ではあるが、イノベーションと組織全体へのイノベーションの普及の両方にとって不可欠な紫色の人材を生み出すものだ。5つのコネクションは、それぞれが異なる働きをしながら協力し合うことで効果を発揮する。これらは、あなたの組織設計ツールキット、つまりデータデモクラシー

図 6.1　知識のやり取りと学習を促す 5 つのデータ人材とドメイン人材のコネクション

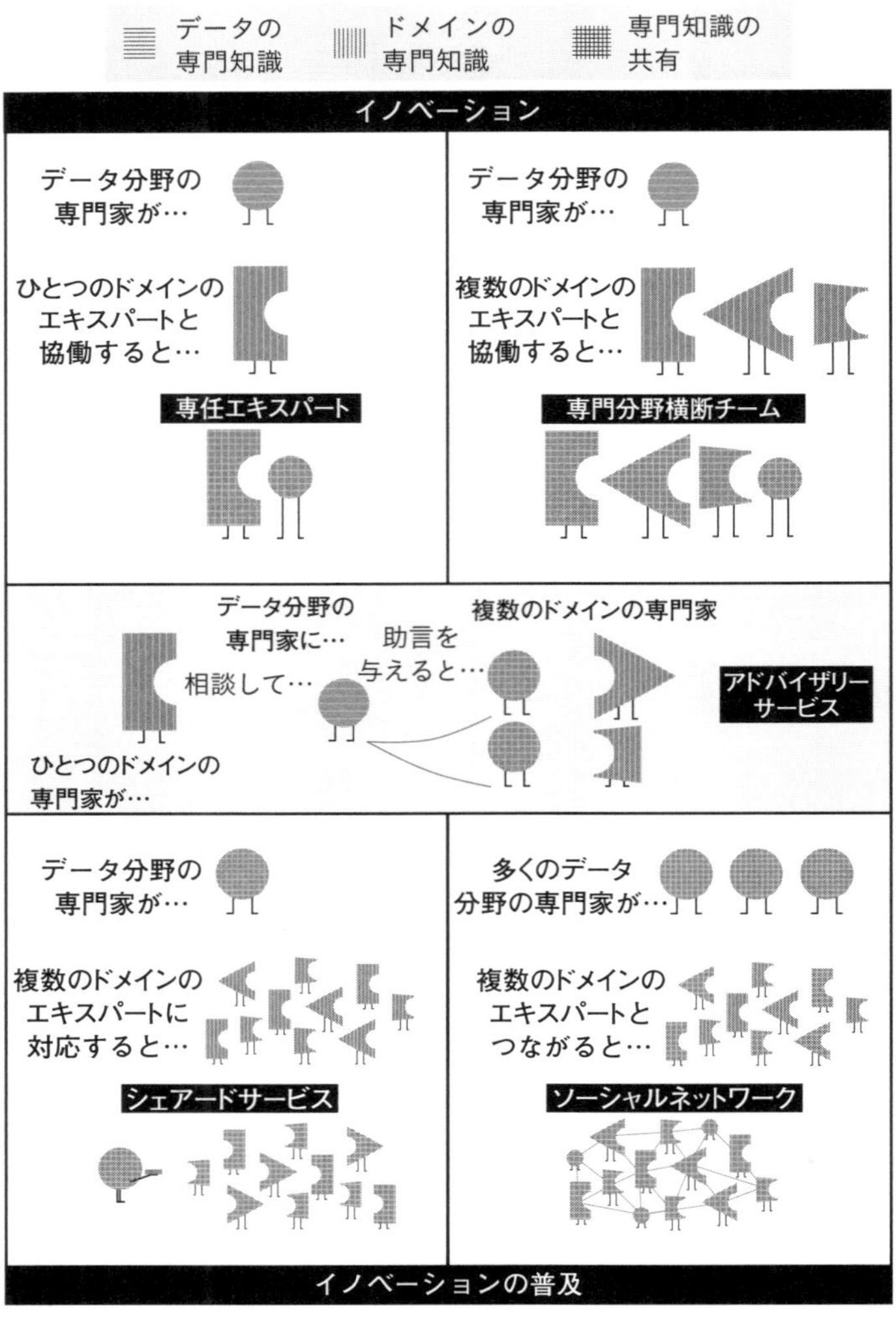

特別版ツールキットの道具であると考えよう。組織は、この5つのコネクション構造のいずれか、あるいはすべてを使用することができるが、必要な範囲でデータデモクラシーを実現するために十分な体制を整えることが理想的だ。

これらのコネクションにより、双方向の連携、対話、学習が進むことになる。コネクションは、研修を受講することで得られた知識をもとに構築され、その知識を統合するうえで役に立つ。たとえば、ドメイン専門家が統計学のコースを受講した場合、データ分野の専門家のサポートを受けて、その新しいスキルを特定の問題に適用することができる。また、データ分野の専門家がマーケティングのコースを受講した場合、マーケティングのドメイン専門家がサポートすることで、そこでの学びを特定の組織に適用することができる。このコネクションにより、ドメイン専門家は、業務改善、ラッピング、ソリューション販売の各イニシアティブに取り組む際、データアセットとデータマネタイゼーション・ケイパビリティを認識、アクセス、利用しやすくなる。一方、データ分野の専門家は、組織が享受できるデータマネタイゼーションリソースの価値を高める方法を理解しやすくなる。つまり、知識の移転や共有が活性化すればするほど、組織は優れたデータマネタイゼーションリソースを着実に開発し、活用できるようになる。データデモクラシーが遅々として進まず、データマネタイゼーションのアセットやケイパビリティがサイロ化したままになっている場合、新たにコネクション構造をいくつか導入することが役に立つかもしれない。それらを順番に見ていく。

イノベーション・コネクション

専任エキスパートと専門分野横断チームという2つのコネクションによって、データ人材とドメイン人材がつながり、イノベーションが促進される（図6・1の上部参照）。イノベーション・コネクションによって、データ人材とドメイン人材が知識を交換することで、新しく業務改善されたタスクやプロセス、強化された新しい製品やソリューションが生まれる。

たとえば、データ分野の専門家をマーケティング部門にフルタイムで配置すると、マーケティング部門の従業員は、日常業務で既存のデータアセットを活用する新しい方法を見つけやすくなる。その結果、大規模な新しいイニシアティブを構想し、実行する組織能力が強化されていく。データ分野の専門家なら、「次善の提案」（その時点で特定の顧客に最適なもの）を特定するアルゴリズムの使い方を知っているかもしれず、データ分野の専門家のサポートがあれば、マーケティング担当者はこのアルゴリズムを使用して、さまざまな顧客セグメント向けの製品・サービスを対象としたテストがしやすくなるだろう。結果として、コネクションの両側で新たな知見が生まれる。つまり、データ分野の専門家はマーケティングの状況について知識を深めることができ、マーケティング担当者も次善の提案のアルゴリズムについて詳しくなることができるのだ。こうして、どちらの側も紫の色味がより一層増えていく。双方の理解が深まれば、マーケティング部門（専任データ分野の専門家を含む）が、ＡＩによる次善の提案の有効性についてテストを始めるようになるかもしれない。テストの結果によっては、次善の提案の選択プロセスがより迅速かつ正確になる新たな業務改善イニシアティブが生まれる可能性もあり、そうなれば、コスト削減と売り上げ向上が期待できる。これが、専任エキスパートによるイノベーションの育て方だ。

たとえば、顧客離れの問題を解決するためのイニシアティブに取り組むにあたって専門分野横断チームを編成するとき、その組織は、データとドメインの双方の視点（おそらく、さまざまなドメインの視点）を活かしてソリューションを創出しようとする。ここで想像してほしい。ある組織では、昔ながらのマーケティング担当者たちが時代遅れのツールを使って顧客離れに対応している。そこで、専門分野横断チームが結成され、顧客離れに対応するための機械学習アプローチを提案するよう一任されれば、データサイエンティストたちは、社内外のデータにもとづいて顧客離れを予測する最新の方法を共有してくれるだろう。また、営業担当者たちは、現在どのように顧客満足度を維持しているかを説明し、マーケティング担当者たちは、いつの時代にも通用する顧客維持の原則を教えてくれるだろう。新しい知識を共有し合うことで、チームメンバーたちは顧客離れに対応するためのアイデアを練り上げ、業務改善イニシアティブの提案につなげていく。注目すべきは、専門分野横断チームが顧客離れの問題を解決する有意義なデータマネタイゼーション・イニシアティブを構築したことに加え、チームメンバー一人ひとりの色味がより紫に近づくことだ。こうした紫の人材は、顧客離れや機械学習に関連するデータにアクセスして状況を理解し、そのデータを活用して新たなイノベーションを生み出す能力も高い。

イノベーション・コネクションの拡散

もし組織が専任データ分野の専門家や専門分野横断チームのみに依存すると、時間の経過とともに、イノベーションが次々と部門レベルでサイロ化してしまうだろう。これが、イノベーションの拡散を促すコネクション、すなわちシェアードサービスとソーシャルネットワークが不可欠である理由だ（図6・1の下部参照）。こうしたコネクションがあれば、どのような種類や規模のイノベーションでも、組織の他の部分に拡散させやすくなる。データアセットやケイパビリティを活用したイノベーションは、再発明されたときではなく、再利用されたときに拡散が進む。似たような組織的状況においてプロセスの業務改善策を再利用することは、業務改善イニシアティブから創造・実現される価値を高める方法のひとつだ。たとえば、他のプロダクトマネージャーたちがラッピングの存在に気づけば、それを関連製品のラインでも再利用することができる。時には、あるイノベーション（たとえば、書面による処理をなくす新しいプラットフォーム）が明らかな業務改善策であり、簡単に現状を打破することができる場合には、拡散が自然と進むこともある。しかし一般的には、優れた新しい、あるいは改良されたツールやプロセス、製品であっても、拡散にはまったくコストがかからないことはほとんどないため（たとえば、新しいプラットフォームを使うにはトレーニングが必要）、製品の拡散を進めるにはなんらかの力添えが必要だ。

たとえば、レポート関連の標準的なソフトウェアやテンプレートを提供するシェアードサービス部門を設置すれば、ドメイン人材はそうしたツールを応用したり、そのまま導入したり、カスタマイズしたりしやすくなる。シェアードサービスは、イノベーションを広範囲に普及させるのに適しており、ひとつのソースから多数のユーザーに拡散することができる。たとえば、組織の製品ライン部門が、他部門の人びとも欲しがるような魅力的な売上ダッシュボードを作成したとしよう。そこで、シェアードサービスグループ（ひとつのソース）があれば、魅力的なダッシュボードを切望している他の部門（多数のユーザー）にも広めることができるのだ。さらに、シェアードサービスグループなら、推奨データソースを備えた共通のダッシュボード指標、理想的なカラー、ビジュアルなどのユーザーインターフェース・テクニック、ダッシュボードのトレーニングに必要な自習オプションといった機能が使えるようになる。

一方、ソーシャルネットワークは、多数のソースから多数のユーザーにイノベーションを拡散することができる。これにより、共通の関心を持ちながらも異なる知識を有する赤と青の従業員をつなぎ合わせることができる。ソーシャルネットワークを活用すれば、データ人材とドメイン人材が互いに質問し合って、答えを得ることが可能だ。ソーシャルネットワークには、スラック（Slack）コミュニティのようなバーチャルなものもあれば、データサイエンス関連のカンファレンスやイベントといったリアルで実施するものもある。

アドバイザリーサービス・コネクション

データドメイン・コネクションのひとつに、イノベーションと拡散の両方を促進するアドバイザリーサービスと呼ばれるものがある（図6・1の中央部を参照）。アドバイザリーサービスは強力なコネクションであり、コンサルティングモデルのような機能を果たす。コンサルタントは自身が担当する既存のプロジェクトから学ぶことで、その教訓と実践を将来のプロジェクトに活かすことができる。誰でも学びはするが、コンサルタントの学習量は別格だ。紫の人材が増えれば、データデモクラシーも成長する。

多くの組織にアドバイザリーサービスが存在する。これは、組織全体の従業員と協力して特定の問題を解決するセンター・オブ・エクセレンスであることが多い。アドバイザリーサービスは、データトランスフォーメーション担当部署において会社全体のハブの役割の一環を担うこともあれば、チーフデータオフィスで行われることもある。センター・オブ・エクセレンスは、より小規模で部門レベルの場合もあり、研究開発部門やトップダウン式ビジネスといった、特定の組織分野のために活動する場合もある。アドバイザリーサービスの担当者は、所属部門にかかわらず、自身の部門との間で知識を伝達し、組織のニーズを把握しながら、データマネタイゼーションリソースに関する新しい知識を組織全体に広める役割を果たす。いわば富を分散させているのだ。

組織によっては、このような構造（大抵の場合は、全社レベルのセンター・オブ・エクセレンス）をひとつ作って、それ以外は何もしないということがある。そうなると、イノベーションとその拡散は達成できるものの、十分な効果は得られない。大規模な組織の場合、アドバイザリーサービス・コネクションがひとつだけだと、すぐにボトルネックとなり、データデモクラシーの成長を鈍化させることになってしまうだろう。

《事例》マイクロソフトにおけるコネクション構造

第3章では、マイクロソフトがビジネスモデルを製品ベースからクラウドサービスへと移行していた時期に、同社が進めていた業務改善イニシアティブをいくつか紹介した。[4]その中で、財務部門の取り組みにより、財務分析の結果が営業担当者に届くまでの時間が短縮された事例を覚えているだろうか。また、エンタープライズ営業部門が営業担当者の事務作業を軽減し、顧客対応に使う時間を増やした事例も思い出してほしい。

この時期にマイクロソフトが採用した業務改善イニシアティブの総数とイノベーションの量は驚異的なものであった。活動が盛んであった理由のひとつは、同社が組織設計をよく考えて活用していたためだ。[5]同社は、5つすべてのコネクション構造を利用することで、業務改善イニシアティブを促進し、全社レベルのデータアセットとデータマネタイゼーション・ケイパビリティを活用する能力を高め、ビジネスモデルの変革を推進した。さらに、こうしたコネクション構造によって、イニシアティブチームの各ニーズに沿ったデータマネタイゼーションリソースを、それぞれのチームに振り分けることができた。

マイクロソフトは、専任エキスパートと専門分野横断チームを活用して、新しい作業プロセスや新しいデータケイパビリティの構築を支援した。たとえば、エンタープライズ営業部門の専任データ分野の専門家たちの尽力により、マイクロソフト・セールス・エクスペリエンス・プラットフォームが構築され、営業チームが求める新しいエンタープライズ販売プロセスの開発に役立った。人事部やマーケティング部のような他の部署にも同様の専任チームがあり、こちらも革新的な成果を上げている。

時には、マイクロソフトのさまざまな部署の人びとが集まって専門分野横断チームを結成し、目標達成を目指した。たとえば、データサイエンスグループと施設管理部門が、法務部や人事部のサポートを得て、社内のエネルギー消費を最適化するために連携した。解決しようとしていた問題が、「スマート」ビルディング冷暖房ソリューションの設計であったため、このチームは専門分野横断型でなければならなかった。

CEOのナデラ自身も、一種の専門分野横断チームを活用し、マイクロソフトの主要事業の業績予測の先行指標となるメトリクス（訳注：活動・成果などをわかりやすく定量化した数値指標）を追跡するダッシュボードを開発した。新しいデータソースを見つけ、それをもとにメトリクスを作成するため、ナデラはダッシュボードを構築する社内ハッカソンを開催した。マイクロソフト全体の事業部門が連携して上級管理職向けのダッシュボードを構築し、この取り組みにより、重要データを保持するシステムと、結果に対して責任を負うビジネスオーナーの両方を特定することができた。この結果、マイクロソフトによるクラウドサービス・ビジネスモデルへの移行について、その成功を測定する新しいアプローチが誕生した。

ある部門でイノベーションが生まれると、マイクロソフトはシェアードサービスを活用して、他の部門にも利益をもたらすイノベーションを広めていった。たとえば、リーダー陣は、データに特化したシェアードサービスグループに投資した。その中には、全社向けにテンプレートや標準的な報告方法、ダッシュボードを提供するビジネスインテリジェンスのグループがある。これ以外のシェアードサービスグループも、標準的なソリューション販売地域（データ管理のサービスグループが所有）、建物の占有状況に関するＡＩモデル（データサイエンスのサービスグループが所有）、最新の一般データ保護規則（ＧＤＰＲ）要件に準拠するための新しいポリシー（データガバナンスのサービスグループが所有）などのイノベーションを拡散させている。

ビジネスインテリジェンスサービスグループの場合、マイクロソフト独自のソーシャルネットワーク・プラットフォームを活用してソーシャルネットワーク・コミュニティを立ち上げ、共通の興味や関心を持つユーザー同士が互いに関わり合うことで、課題を洗い出し、アイデアを共有できるようにした。このようなコミュニティでは、斬新なデータの報告手法やインサイトの提供手法について議論が交わされたが、こうしたイノベーションはそれ以前までは、そのイノベーションが生まれた事業部門のみでローカルに使用されていたものだった。

また、マイクロソフトは、アドバイザリー構造によるイノベーションと普及の効果からも利益を得ることができた。たとえば、ＣＩＯはダッシュボードチームを立ち上げ、役員たちと相談しながらダッシュボードの構築を支援した。ダッシュボードチームは役員たちと個別に話し合い、彼らのニーズや好みに合わせてカスタマイズしたダッシュボードを作成した結果、広く拡散して利用されるようになった。これにより、ダッシュボードチームのアドバイザーたちは、上級管理職向けのダッシュボードに対するニーズをより深く理解するようになり、その結果、そうしたニーズに応えるための新しい方法を絶えず学習し、より優れた役立つサポートを提供するようになった。

データデモクラシー・インセンティブ

データデモクラシーの目標を達成するにあたり、リーダーは賢い組織設計を行うだけでなく、それ以上の取り組みを行わなければならない。また、従業員がそれぞれのデータやドメインのカウンターパートと意思疎通を図り、特に再利用可能なデータアセットやデータマネタイゼーション・ケイパビリティの可用性について、互いに学び合うように働きかけることもリーダーの役割だ。従業員の中には、他人と意思疎通を図る時間や意欲がほとんどなく、ましてや業務改善、ラッピング、ソリューション販売のイニシアティブどころではないという人もいるだろう。スマートな組織設計を実現するには、従業員同士がつながってイノベーションを起こし、そのイノベーションを広めたくなるようなインセンティブを与えなければならない。これを怠ると、新しいプロセスや製品・サービスが登場しても（もしあったとしても）、それが組織全体の新たな標準になることはないだろう。

新しい知識を追求し、利用できるコネクションから学ぶよう従業員の背中を押すには、データデモクラシーの実現に向けて組織を動かしたくなるようなインセンティブを用意することを検討すべきだ。図6・2に示すように、権限、社会規範、価値提案という3種類のインセンティブは、従業員のモチベーションを高めて紫に近づけ、データマネタイゼーションリソースを十分に活用させることができる。

権限

リーダーは、自身の公式あるいは非公式な権限に内在する権力を利用して、従業員に分析ツールを導入して使用してもらったり、トレーニングに参加してもらったり、あるいは自分の経験をフォーラム上で共有してもらったりするよう促すことができる（図6・2の上部参照）。リーダーは、行動変容を要求するときには公式の権限を使い、従業員に行動変化を期待していることを明確に知ってもらうときには非公式の権限を用いる。そして、こうした期待を伝えるには、業績評価とデータ活用を関連づけ、データを活用した従業員の成功を評価して報酬を与える。

たとえば、マイクロソフトのナデラはダッシュボード構築ハッカソンで生まれたダッシュボードを率先的にいち早く採用することによって、自身の期待をはっきりと示している。ナデラがそれを積極的に使用して意思決定を下すようになったため、社内のリーダー陣もすぐにそれに続いた。マイクロソフトのビジネスインテリジェンス・プラットフォームが広く利用できるようになると、事業部門のリーダー陣は、自分の部下によるダッシュボードの使用に対する責任を持つようになった。導入率が100％に達しなかった場合、リーダー陣は従業員の上司に連絡し、業務改善策を求めた。また、マイクロソフトの経営陣は、新しい業績評価基準を設けることで、コネ

図 6.2　3 種類のデータデモクラシー・インセンティブ

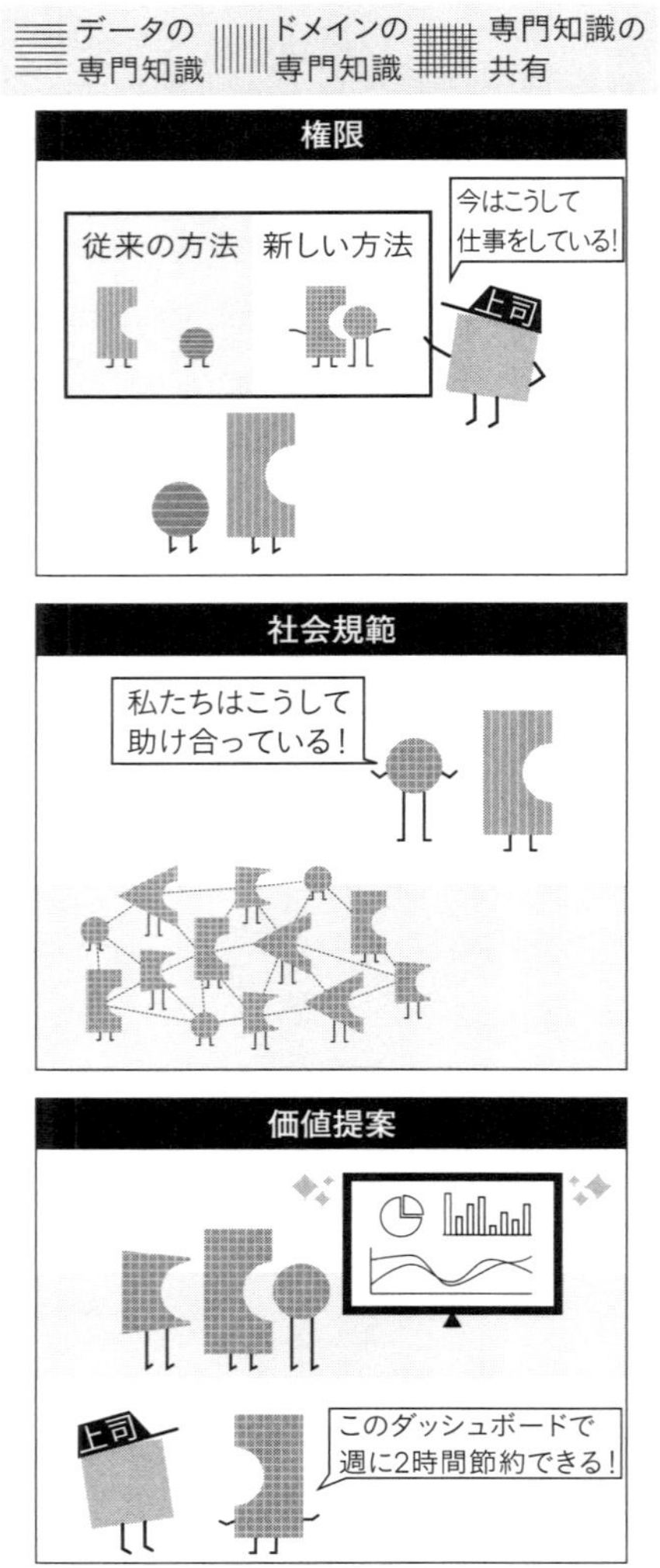

クション構造の利用も後押しした。具体的には、従業員のインセンティブを調整することで、「ワークグループ間コラボレーション」が報酬を含めた個人評価指標のひとつとして盛り込まれた。

社会規範

従業員は、周りが皆同じことをしている場合や、不安なことがあっても仲間が手伝って解決してくれる状況にあれば、新しいダッシュボードを使ったり、アナリティクスベースのアラートにもとづいて顧客に電話をかけたり、企業データカタログを検索して新しいデータソースを探したりする可能性が高くなる（図6・2の中央参照）。社会規範の意欲を高めることで好循環の効果が生まれる。つまり、従業員が同僚を助けたり手伝ったりすることで、周りの従業員もそれに倣うようになる可能性が高まる。たとえば、マイクロソフトの社内ソーシャルネットワークであるYammerは、ダッシュボードツールの使用について従業員同士が互いに助け合う場として活用された。Yammer上でのツールに関するやり取りを通して、従業員たちはツールを導入するようになり、さらには、特定のニーズに合わせてツールを適応させることに苦戦していた他の従業員をサポートするようにもなった。

マイクロソフトは、データにもとづく意思決定手段の導入を明確に示すことでも、部分的に社会規範を活用した。たとえば、ナデラ主催のハッカソンで構築されたダッシュボードにはデータにもとづくスコアカードが含まれていたが、このデータは一部を除く多数の事業部門から提供されたものだ。スコアカードが導入されると、もともとデータを提供していなかった事業部門も、ナデラのダッシュボードで自分たちの存在感を示したいと考え、慌ててデータを提供するようになった。

価値提案

新しいデータマネタイゼーション・イニシアティブの推進を担当するリーダーは得てして、同僚を説得して、人材や資金を提供してもらうよう奔走するものだ。価値提案、つまり、データマネタイゼーションの成果がそのイニシアティブに携わる人びとにとって意味するものが明確であれば、従業員は業務改善、ラッピング、ソリューション販売の新たなイニシアティブに関与したいと思うだろう（図6・2の下部参照）。リーダーが、多くのステークホルダーにとって価値ある成果をもたらした成功事例を伝えることで、価値提案は明確になる。明確な価値提案は、専門分野横断チームが必要とされるイニシアティブに特に適している。それぞれの専門分野（またはドメイン）で異なる成果が求められているかもしれないからだ。

マイクロソフトは、自社の変革が持つ価値提案をはっきりと打ち出したため、積極的に価値提案を明確に打ち出す活動に取り組んだ。ナデラは、社外のステークホルダーや社内の人びとに向けて、マイクロソフトの変革におけるデータの役割とその価値について何度も説明している。また、リーダー陣も、自分の部下に当てはまる価値提案を明確に伝えた。たとえば、エンタープライズ営業部門のリーダー陣は、同社のセールス・エクスペリエンス・プラットフォームによって外回り営業担当者の業務が簡素化され、業績が向上したことに触れている。従業員もこのシステムを使用して、顧客とのやり取りに関するデータを効率よく記録できるようになるにつれ、顧客に関する予測やアラートの精度が向上し、より役立つものになっていると感じるようになった。結果として、売り上げも向上し、変革に関連する価値提案が明確に打ち出されたことがきっかけで、行動変容が促された。

データでイノベーションを起こそうとする組織の願望を支えるには、従業員を納得させ、意欲的になってもらわなければならない。権限、社会規範、価値提案といったインセンティブがあれば、従業員が社内のデータ人材やドメイン人材とつながり、専門知識やデータマネタイゼーションリソースを共有する可能性が高くなるはずだ。

まとめ

組織がデータデモクラシーを実現するには、ドメイン専門家がデータアセットやケイパビリティを意識し、アクセスし、利用できるようにする必要がある。そして、データ分野の専門家が最適なデータアセットやケイパビリティの構築方法を学ぶ際の障壁を取り除くことが必要だ。このような変革により、組織のデータアセット活用能力が大幅に向上する。データ人材とドメイン人材を結びつけるリーダーこそが、知識の共有を実現して学習を促し、あらゆるイノベーションを生み出すことができるのだ。部門レベルの取り組みと全社的な取り組みをつなぐコネクションは、部門ごとのイノベーションを組織全体で周知・拡散することができる。コネクションを実現するにあたり、リーダーは「飴と鞭」を使い分けてもいいだろう。たとえば、従業員によるデータの活用を称える表彰制度（飴）を設け、一方で、従業員の業績を評価する際にデータの活用に対して説明責任（鞭）を課すといったことだ。この章で押さえておくべきポイントを以下に示す。

- データデモクラシーでは、組織の誰もがデータマネタイゼーション・イニシアティブに関与できる。**業務改善イニシアティブ、ラッピング・イニシアティブ、ソリューション販売イニシアティブに関与する意欲と能力のある従業員は、どの部署に所属しているだろうか？**
- 組織は5つのデータドメイン・コネクションを活用して、イノベーションと知識拡散を促進する。**あなたの組織で最も一般的なコネクションはどれだろうか？　他のコネクションはどのように構築すればよいだろうか？**
- データデモクラシーでは、組織の誰もが必要に応じて、データアセットやデータマネタイゼーション・ケイパビリティにアクセスし、利用する方法を知っている。**あなたの組織において、従業員とケイパビリティを結びつけるうえで最も役立つ組織構造は何だろうか？**
- データデモクラシーを実現するには、周りから学び、習慣を変えたくなるようなモチベーションが従業員には必要だ。**あなたの組織ではどのようなインセンティブを用いて、データアセットの有意義な活用を促しているだろうか？　別のインセンティブを使うとしたら、どのようなものを検討すべきだろうか？**

◉イノベーションは広く拡散すればするほど、その見返りも大きくなる。自動的に**データ品質を高めるプロセスなど、チームが新しいプラクティスを取り入れたデータイニシアティブについて、最近の経験を振り返ってみよう。そのプラクティスは他のイニシアティブチームにも広まっただろうか？　それとも広まらなかっただろうか？　広まった場合、どのようなコネクションやイニシアティブがあったのだろうか？　広まらなかった場合、どのような障壁があったのだろうか？**

本章では、データデモクラシーの2つの重要な要素に注目したが、データデモクラシーについて知っておくべきことがもうひとつある。それは、データデモクラシーには方針が必要であるということだ。次の章では、データマネタイゼーション戦略の指針となるビジョンの策定について見ていく。

第 7 章

データマネタイゼーション戦略

Data Monetization Strategy

データマネタイゼーション戦略があれば恐ろしいほど役に立つ。
自分が何を考えているのかを、まざまざと自覚させられ、
何をすべきかを判断するのにも役に立つ。

——デビッド・ラモンド(セントリ・グループ)

ここまで、5つのデータマネタイゼーション・ケイパビリティ（データマネジメント、データプラットフォーム、データサイエンス、カスタマーアンダスタンディング、アクセプタブルデータユース）、3種類のデータマネタイゼーション・イニシアティブ（業務改善、ラッピング、ソリューション販売）、そして組織のイノベーションと普及を促進する5つのデータデモクラシー・コネクションを見てきた。こうしたフレームワークを実行に移せば組織は前進することができる。しかしながら、その前に「どこに向かいたいのか」を考える必要がある。

フレームワークとは、組織をさまざまな目的地へと導く道筋のようなものだ。同じフレームワークの構成要素でも、さまざまな問題を解決したり、異なる目的を達成したりすることができる。明確な進路を描くには、全社員が目指すべき、ぶれない目標＝〝北極星〟が必要だ。第1章で紹介したカーマックスの事例では、全従業員に「車の販売台数を増やす」または「車の買い取り台数を増やす」という共通する使命があった。あなたの組織にとって重要なものは何だろうか。〝北極星〟がなければ、次のような質問に対する答えを見つけることは難しいだろう。たとえば、「データによる業務改善とソリューション販売のどちらを進めるべきか」や「データサイエンスとカスタマーアンダスタンディングのどちらのケイパビリティに最も関心を向けるべき必要があるのか」「組織の中で、データアセットとケイパビリティのつながりを深めなければならない部分はどこか」などだ。

フレームワークとは、腕の良いシェフ（あなたのことだ）の前に並べられた食材だと考えればいいだろう。シェフはその食材を組み合わせて、数種類のおいしい料理を作ることができる。しかし、まず調理に取りかかる前に、料理のイメージを描き、満足させるべき相手の好みを理解しなければならない。そうすれば、何から手を付ければよいのかが見えてくるだろう。

フレームワーク（食材）を手に入れたら、次は**データマネタイゼーション戦略**が必要だ。戦略には、ゴールとそのゴールに到達するための計画が含まれる。本章では、データのマネタイズによって組織が何を達成したいのかを示す〝北極星〟、すなわちビジョンを見つけることに焦点を当てながら論じていく。データマネタイゼーションの戦略とは、データマネタイゼーション・フレームワークの最適な適用方法と、その適用によって得られる成果を明らかにするものだ。〝北極星〟が明確であればあるほど、焦点を絞ってケイパビリティの構築やイニシアティブへの投資、データデモクラシーの設計に取り組むことができる。

データマネタイゼーション戦略とは、データアセットを活用した最終利益の改善方法を示すハイレベルな計画をいう。これもデータ戦略の構成要素のひとつである。

自分自身に問いかけてみよう

現在、あなたの組織にデータマネタイゼーション戦略はあるだろうか？　ある場合、その戦略の策定と内容の共有を担当している者は誰だろうか？

データマネタイゼーション戦略による方向性の決定

戦略とは、組織が達成したいと願う目標と、その目標の達成方法を示すハイレベルな計画である。戦略により、リソースやエネルギー、関心を、他の目標ではなく、ある特定の目標に集中させることができる。[1] どんな組織も「すべてをこなす」ことはできない。なぜなら、リソースや経営的関心を無限に有している組織など存在しないからだ。すべての組織には予算、人材、時間、エネルギー、熱意、忍耐力など、あらゆる面で一定の制約が存在する。そのため、組織は明確な戦略に頼ることで、どのタイミングでイエス／ノーをはっきりさせるべきか、どこに時間を費やすべきか、どのような結果を追跡すべきかを判断することができる。

ビジネス戦略とは、特定のビジネス目標を達成するための組織の計画を示す。**デジタル戦略**とは、そのうちのデジタル技術やデジタルな業務方法に関する目標に焦点を合わせた計画のことだ。この戦略には、その目標の達成に向けて組織が何に投資するかが記述されている。**データ戦略**は、デジタル戦略の中のデータの管理と活用に関する組織の目標と計画を示したものだ。[2] これだけ多種多様な計画を同時に取り扱い、統合させることは難しい。そのため、こうした戦略はすべて互いに入り混じっていると考えるほうがいいだろう（図7・1参照）。実際、**データマネタイゼーション戦略**の要素であるデータマネタイゼーション・イニシアティブ、データマネタイゼーション・

図 7.1　ビジネス戦略全体の構成要素のひとつである
データマネタイゼーション戦略

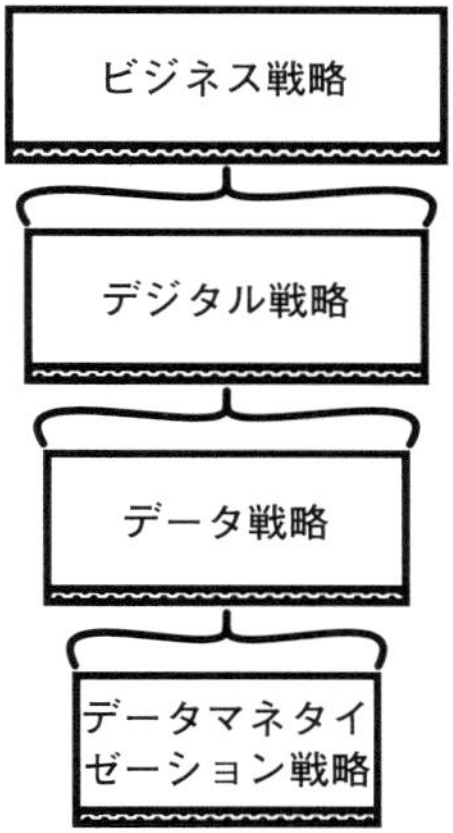

ケイパビリティ、そしてデータデモクラシーを確立するための取り組みは、一般的なデータ戦略を構成する重要な要素でもある（組織のデータ戦略にはこれら以外の要素も数多くあり、たとえば、データセキュリティ、ベンダー調達、人材管理などの課題を扱うものもある）。

読者によって戦略に関する状況はさまざまだ。リーダー陣が定期的に明確なビジネス戦略を示し、戦略が強化されている組織で働いている人もいれば、上層部から指示がなかなか下りてこない組織に身を置いている人もいるかもしれない。読者の中には、戦略に積極的に貢献する役職に就いている人もいれば、組織内の戦略関係者とはまったく別世界で働いている人もいるだろう。戦略に関する状況や役職が何であれ、データを活用してイノベーションを起こし、利益を上げたいという願望があるのなら、その熱意には規律が必要だ。上層部からの指示がない場合、部門レベルの優先事項に注目するといいだろう。ビジョンがあれば、データを手当たり次第に無計画にマネタイズするようなことは避けることができるため、最適ではなくとも、手っ取り早く成果を得やすくなる。

本章を読めば、あなたの組織が向かっている方向を理解することができるだろう（それによって、あなたも同じ方向に向かうことができる）。もしあなたの組織に明確な〝北極星〟がないのであれば、本章は、その状況に合ったデータマネタイゼーションの方向性を見つける手がかりとなるはずだ。

データマネタイゼーション戦略の4つのモデル

製品設計でペルソナをユーザー定義の代替とするように、本章ではモデルを使用して、データマネタイゼーションで取り得る4つの戦略（方向性）を説明する。4つの戦略とは、運用最適化、顧客中心、情報ソリューション、フューチャーレディ（将来への備え）のことである。各戦略パターンの名称は、それぞれの明確なデータマネタイゼーションのビジョンを要約したものであり、マネタイズする理由を表したものだ。それぞれのモデルによっては、収益について何を優先するかが異なる。たとえば、運用最適化戦略ではコスト効率を優先する一方、顧客中心戦略では売り上げを増やす方法を特定することが優先される。以下のセクションでは、4つの戦略のモデルについて説明する。これらの戦略は、異なるデータマネタイゼーション戦略を簡潔に描いた4つのスケッチだと考えるといいだろう。

その前に、これらの戦略モデルの背景を見ていこう。筆者らは2018年、データ分野のリーダー315人を対象に、各組織のデータマネタイゼーション・ケイパビリティやイニシアティブ、成果について調査を実施した。調査チームは、データマネタイゼーションから実現している価値がどのように3つのカテゴリー（コスト削減、売り上げ増加、情報ソリューション販売による直接収益の獲得）に分類されているかについて、3つの質問への回答にもとづき、回答者をグループ分けした。その結果、統計的に確実性の高い4つの集団が現れ、研究者たちはさらに、詳細な情報を得るため、複数の回答者の追跡調査を実施した。

図7・2の上部は、各戦略モデルの組織が報告した金銭的リターン（コスト削減、売り上げ増加、情報ソリューション販売による直接収益の獲得）の分布を示している。[3] また、図の下部はそれぞれのモデルに対する3つの指標が示されている。ひとつ目の指標である価値実現指数は、その組織が（同業他社と比較して）どれだけの金銭的価値を実現しているかを示す複合スコアである。2つ目の指標である競争力指数は、回答者に自社の製品や情報ソリューションの競争上の独自性を評価してもらう5つの質問から作成された。3つ目の指標であるデータマネタイゼーション・ケイパビリティ指数は、各戦略の総合的なケイパビリティスコアを示している（付録のケイパビリティ評価ツールにおける5つの個別ケイパビリティスコアの合計に相当する）。

図 7.2　データマネタイゼーション戦略の 4 つのパターンの主な特徴

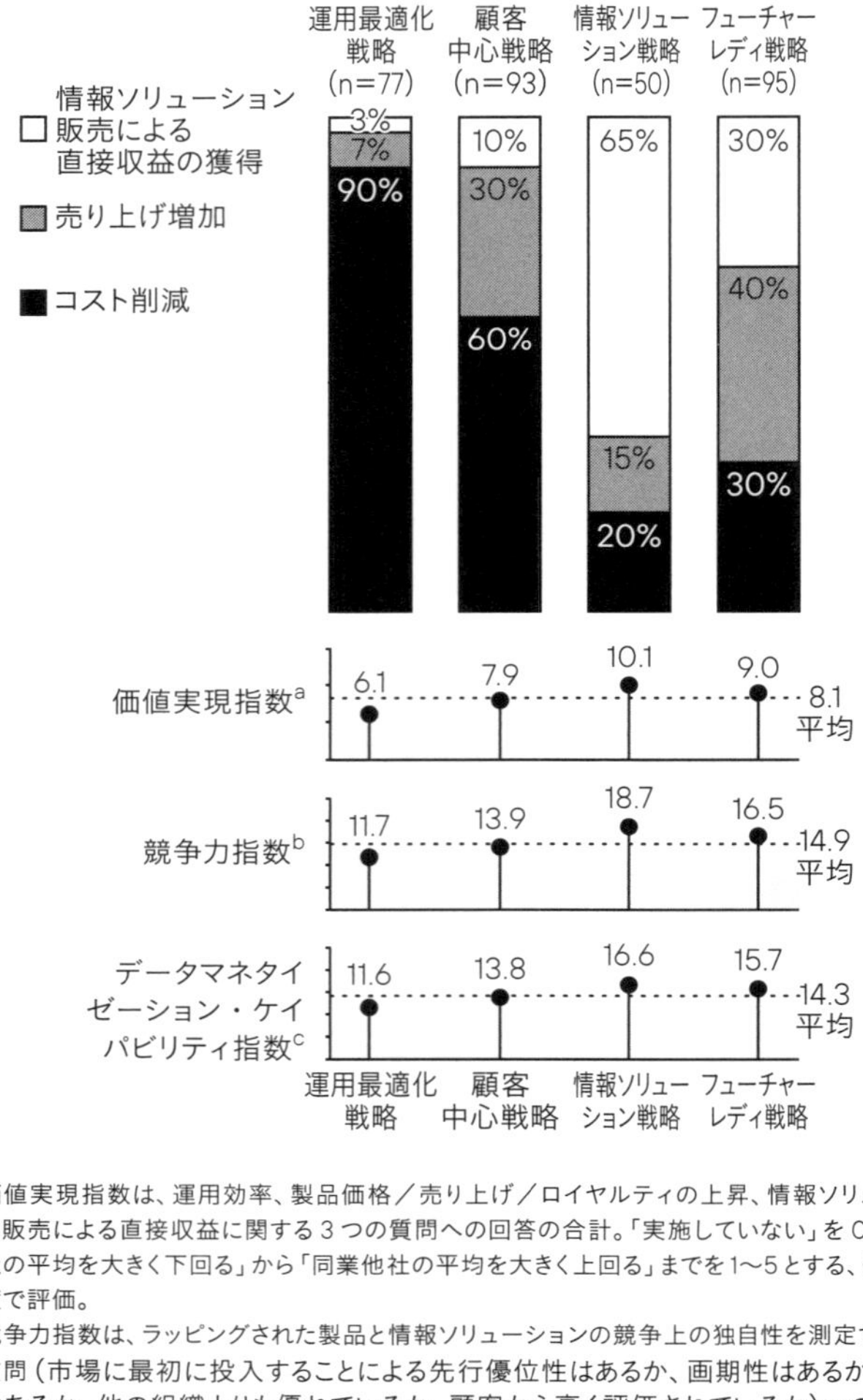

注：a　価値実現指数は、運用効率、製品価格／売り上げ／ロイヤルティの上昇、情報ソリューションの販売による直接収益に関する 3 つの質問への回答の合計。「実施していない」を 0、「同業他社の平均を大きく下回る」から「同業他社の平均を大きく上回る」までを 1〜5 とする、0〜5 の尺度で評価。

b　競争力指数は、ラッピングされた製品と情報ソリューションの競争上の独自性を測定する 5 つの質問（市場に最初に投入することによる先行優位性はあるか、画期性はあるか、収益性はあるか、他の組織よりも優れているか、顧客から高く評価されているか）への回答の合計。「まったくそう思わない」から「とてもそう思う」までの 1〜5 の尺度で評価。

c　データマネタイゼーション・ケイパビリティ指数は、5 つあるケイパビリティのスコアの合計。それぞれのケイパビリティのスコアは、そのケイパビリティを構築するためのプラクティスに関する 3 項目への回答の平均値。「このプラクティスは行っていない」を 0、「ほとんど構築されていない」から「とてもよく構築されている」までを 1〜5 とする、0〜5 の尺度で評価。

運用最適化戦略

運用最適化戦略は、組織内の変革のビジョンから始まる。調査対象組織の約4分の1（24％）が、運用最適化戦略を有していると分類された。これらの組織は、他のどの戦略を採用している組織よりも、コスト削減による価値実現を重視していた。実際、こうした組織が実現したデータマネタイゼーションの90％は、主に業務改善イニシアティブによるコスト削減という形で現れている。実現した価値の一部（実現したデータマネタイゼーション価値全体の7％）は、顧客に直接関わる改善、主に顧客にとって影響のある重要なプロセスの改善に起因する売り上げ増加によるものだ。また、ソリューション販売による直接収益（おそらく業界の情報収集者に対するデータセットの販売）からわずかな価値（3％）も実現している。売り上げ増加と直接収益は、おそらく戦略の副次的な成果だったのだろう。

運用最適化を進めている組織は、4つのパターンの中で価値実現指数が最も低かった。これは間違いなく、効率性の向上を実際の価値に転換し、最終利益に結びつけるという、リーダー陣が直面している課題を示している。また、これらの組織は競争力指数も最も低い。過去には、このような戦略を採用する組織は、自分たちの内部プロセスが競争上差別化されたものになるとは期待もしていなかっただろう。結局のところ、多くの組織が同じ既製のテクノロジーを使い、似たようなマネジメントアプローチを採用している。しかし今では、運用最適化戦略を進めている組織には、起業家精神が溢れている。中には、運営データや取引データを「製品」や「コンポーネント」としてパッケージ化することで、社内で簡単にアクセスして再利用できるようにしている組織もある。[4] これらのデータ製品を外部ユーザーにも提供する機会を見いだし始めるにつれて、製品の競争力はより顕著になってくる。

運用最適化戦略を採用している組織は、４つのパターンの中でデータマネタイゼーション・ケイパビリティ指数が最も低かった。こうした組織は主に、運用を形作るうえで必要なケイパビリティに投資しており、また、主要なビジネスプロセスや中核的な部門において、データ人材とドメイン人材を結びつけるように組織を設計していることが一般的だ。この戦略を採用した組織の例としてはマイクロソフトがあり、第3章で紹介したように、同社がビジネスモデルをクラウドサービスへと移行する際にこの戦略がとられた。マイクロソフトは、多くのイニシアティブに取り組みながらも、業務改善イニシアティブに集中的に取り組むことで、運用を再構築し、新たなプロセスや作業タスクを創出した。その結果、社内全体の従業員がダッシュボードのようなプラクティスを採用した。これにより、従業員はクラウドプラットフォームから新たなデータアセットにアクセスし、データ人材とドメイン人材のコネクションの5つのアプローチをすべて活用して、イノベーションを創出・普及させることができた。

運用最適化はあなたの組織に適しているだろうか。ここで、検討すべきポイントをいくつか以下に示す。

- より優れた新しい業務方法のための適応や標準化がもたらす、最終利益への大きな影響を軽視しないこと。もしあなたの組織がフランチャイズ、生産ライン、あるいは顧客タッチポイント全体でプロセス効率化を拡大できるビジネスモデルを持っているのであれば、この戦略はうってつけの選択かもしれない。

- もしあなたの組織がマイクロソフトのように変革を進めているのであれば、運用最適化戦略のペースや期待がうまく合致するかもしれない。この戦略は、より近代的な最新のテクノロジーやシステムへの投資と相性がとても良い。
- まだ基礎的なデータマネタイゼーション・ケイパビリティを構築中の組織にとっては、内部のイニシアティブに取りかかるにあたり、運用最適化のような業務改善を優先するデータマネタイゼーション戦略が無難かもしれない。

顧客中心戦略

顧客中心戦略は、データを活用して顧客を喜ばせるというビジョンから始まる。その目的は、顧客体験を向上させ、より効率的に顧客にサービスを提供することだ。顧客中心戦略を有すると分類された組織は、コスト削減（データマネタイゼーションで実現した価値全体の60％）と売り上げ増加（実現した価値の30％）の組み合わせにより金銭的リターンを実現していた。また、データセットの販売に加え、ラッピングへの対価を直接請求することからも一定の収益（10％）を得ている。調査対象の30％がこの集団に該当した。この戦略に導いたリーダーは、ラッピングに取り組むイニシアティブと業務改善に取り組むイニシアティブを組み合わせたものに投資している。なぜなら、より良いサービスを顧客に提供するためには、通常、より優れた製品とプロセスが必要だからだ。

顧客中心戦略をとる組織は、4つのパターンの中で価値実現指数が2番目に低かった。運用最適化を進める組織と同様、こうした組織も予算削減によって価値実現するという課題を抱えていることは間違いない。一方、製品の価格を再設定して価値実現することも、同じくらい難しい。しかし、業務改善とラッピングの両方により価値実現しているため、運用最適化戦略の集団に属する組織よりも全体的に多くの価値を達成している。また、顧客中心戦略の組織は、競争力指数も2番目に低かった。おそらく、競合他社に勝つことよりも、自社製品のコモディティ化を防ぐため、ラッピングの取り組みに注力しているのだろう。ラッピングをメインで取り組んでいる組織は、自社のラッピングを最初に市場に提供し、画期的な存在感を放つことで、会社に利益をもたらし、競合他社の製品よりも顧客に高く評価される。そうすることで、時間の経過とともに、そのラッピングが長期的に大きな価値を生み出すことに気がつく。

この戦略を進める組織のリーダーたちは、顧客に直接関わるデータやアナリティクスを高いサービスレベルで提供するためのケイパビリティに投資している。顧客中心戦略をとる組織のデータマネタイゼーション・ケイパビリティ指数の平均は、運用最適化戦略をとる組織より高かった。顧客に直接関わるイニシアティブが、ケイパビリティの水準を引き上げている。

顧客中心戦略をとる組織は専門分野横断チームを活用することで、データ担当者を製品管理、営業、マーケティングの従業員、そして顧客と結びつけている。このようなステークホルダーとの関係を構築することは、顧客が気に入って対価を支払いたくなるようなラッピングの開発に役立つ。第4章では、ペプシコが小売顧客のためにウィン－ウィンの顧客ソリューションを構築（そして、その過程でジョイントスフィアを拡大）するうえで、専門分野横断チームがどのような重要な役割を果たしたかについて取り上げた。ペプシコのリーダー陣は、専任エキスパートもうまく活用していた。同社のデマンド・アクセラレーターは、データサイエンティストと分析担当者をマーケティング部門、営業部門、広告部門にフルタイムで配置することで、ドメイン専門家がデータサイエンスのテクニックを学び、ペプシコの膨大な消費者のデータアセットを賢く活用できるようにした。

あなたの組織の現在の方向性を考えた場合、顧客中心戦略は適しているだろうか。ここで、検討すべきポイントをいくつか以下に示す。

- 優れた顧客体験の提供が必須のビジネスモデルを持つ組織にとって、この戦略は有用であるかもしれない。
- 競争の激しい市場で自社製品を差別化しようと奮闘している組織は、データを活用した便利で魅力的な機能や体験を追加することで、自社製品を差別化させることができるかもしれない。
- 顧客とデジタルなつながり（アプリやウェブサイト、あるいは製品を通じて）をすでに持っている組織は、こうしたつながりを活用して実験的に製品の機能や体験を繰り返し改良できるため、この戦略が適しているかもしれない。

◉第4章で紹介したペプシコの事例のように、企業顧客との関係をパートナーシップに移行させたいと考えている組織にとって、この戦略は魅力的に映るかもしれない。企業顧客との意思疎通を深め、知識を共有することで、顧客の価値創造に影響を与えやすくなるはずだ。

情報ソリューション戦略

データドリブン戦略は、組織のデータアセットを活用して他の組織（または消費者市場）の問題を解決するというビジョンから始まる。こうした戦略では、従業員に対して「情報ソリューションのオーナーのように考える」よう促すことで、データアセットから収益を上げる革新的な方法を見つけていく。データドリブン戦略の集団に属する組織は、主に情報ソリューションの販売による価値の実現（65%）に注力する一方、ラッピングに取り組むイニシアティブを活用してそのソリューションの販売を維持している（15%）。この集団に該当する組織は全体の16%で最も小さい割合となった。こうした組織のコスト削減（10%）の重点は、一般的にプロセスの改善ではなく、情報ソリューションの提供コストの削減となる。

情報ソリューション戦略の集団に属する組織は、4つのパターンの中で価値実現指数と競争力指数が最も高かった。情報ソリューションは一般的に利益率の高い製品・サービスであるため、情報ソリューションのリーダーが価値を実現しようとすることは自然なことだ（こうした製品・サービスには価格が明確に設定されており、顧客がその額を支払う）。情報ソリューション戦略に導かれたリーダーは、ソリューション販売に特化したビジネスモデルを開発する。そして、高い利幅を維持するためには、ソリューションが競争上際立ったものでなければならないことにすぐに気がつくだろう。

第5章を読んでおわかりのように、ソリューション販売に必要な技術的、経営的要件は厳しい。当然のことながら、この戦略をとる組織は、4つのパターンの中でデータマネタイゼーション・ケイパビリティ指数が最も高い。また、新興テクノロジーや高度な分析技術など、膨大なデータの処理にかかるコストと時間を削減するプラクティスに投資している。こうした組織は非常に賢明で、その多くが「紫の人材」（訳注：技術とビジネスの両方に精通した人材）のみを採用し、さらにトレーニングするといった取り組みによって、こうした人材の色味を「紫」の状態に保ち続けている。第5章で紹介したヘルスケアＩＱは、（データアセットの構築後に）データドリブン戦略を採用し、病院による医療用品支出の処理をサポートした企業の好例だ。同社のスタッフの多くが、かつて病院に勤務していた医療費支出の分析担当者であり、優れた分析能力を有していた。情報ソリューション戦略を進める多くの組織と同様、ヘルスケアＩＱも、専任エキスパートや部門横断チームなど、イノベーションを促すコネクションを大いに活用した。こうしたコネクションにより、同社は競争力のあるソリューションを継続的に構築して適応させることができ、市場のダイナミズムに対応しやすくなった。

（あなたの組織がデータドリブンとみなされるかどうかにかかわらず）情報ソリューション戦略に魅力を感じるだろうか。ここで、検討すべきポイントをいくつか以下に示す。

- あなたの組織は、新製品を市場に投入すること、あるいはまったく新しい市場を開拓することに長けているだろうか。新たな収益源や製品発売に刺激的な勢いを求めている組織にとっては、新たな情報ソリューションの提供に特化した戦略が正しい選択となる可能性もある。
- 情報ソリューション戦略は、既存のビジネスモデルを持つ組織であっても、別部門を立ち上げ、ソリューション販売関連のイニシアティブやケイパビリティを醸成・発展させたいという意思があれば、効果を発揮する。
- 情報ソリューションを提供するための技術的要件や組織のコミットメントは容易なものではない。ヘルスケアーQやトリップバムなど、その他第5章で紹介した事例のようなソリューション販売に取り組む企業は、絶え間ないイノベーションと深い市場理解によって、長期にわたって存続している。だからこそ、この戦略を実行する際には、この点に注意しなければならない。

フューチャーレディ戦略（将来への備え）

フューチャーレディ戦略を採用する組織は、非常に器用な組織である。つまり、コスト削減と業務の単純化を絶え間なく進めながら、顧客体験を競合他社よりも大幅に向上させることができるのだ。[5] フューチャーレディ戦略を採用する組織は、可能な限りあらゆる方法でデータから価値を実現したいと考えている。フューチャーレディなデータマネタイゼーション戦略なら、従業員のモチベーションを企業全体で高めることで、アジャイルな行動、ケイパビリティの再利用、エコシステムの機会の模索、データアセットの活用を促すことができる。このような組織は、効率性と顧客志向を同時に追求するため、常に妥協点を探したり調整したりするスキルを身につけることに長けている。

調査対象の30％がこのモデルに該当した。こうした組織は、コスト削減（データマネタイゼーションの価値全体の30％）、売り上げ増加（40％）、直接収益（30％）を通じてバランスよく金銭的価値を獲得している。これを達成するため、業務改善、ラッピング、ソリューション販売の3つのイニシアティブすべてから価値実現を追求していた。フューチャーレディ戦略は、3つのアプローチすべてが同等に優れている必要があるため、適切な実践は間違いなく最も難しい。フューチャーレディ戦略を最も追求できるのは、デジタル組織（またはデジタル変革を遂げた組織）であり、データマネタイゼーション・プラクティスがきわめて成熟している組織である。フューチャーレディ戦略の集団に属する組織は、4つのパターンの中で価値実現指数が（データドリブン戦略に次いで）2番目に高く、競争力指数も2番目に高かった。

また、データマネタイゼーション・ケイパビリティ指数も2番目に高かった。このような強力なデータマネタイゼーション・ケイパビリティが必要とされるのは、主に情報ソリューションを生み出したいという願望によるものだ。さらに、優れたケイパビリティは、業務改善やラッピングをより効果的かつ効率的に進めることができるというプラスの波及効果をもたらす。注目すべきは、フューチャーレディ戦略の集団に属する企業が、アクセプタブルデータユースのケイパビリティに関して、4つすべてのパターンの中で最も高いスコアを獲得したことだ。このケイパビリティがあれば、こうした組織は自信を持ってデータアセットを活用することができる。

フューチャーレディな意気込みを持つリーダーは、データデモクラシーを構築することで、従業員が自身の業務に関連するデータマネタイゼーション・イニシアティブに幅広く取り組めるよう尽力している。BBVA（第2章で紹介）は、さまざまな活動の組み合わせにラッピングを取り入れたあと、フューチャーレディ戦略を追求した。業務改善、ラッピング、ソリューション販売を促すことで、これらすべての活動で、増え続ける全社レベルのデータマネタイゼーション・ケイパビリティとデータアセットを活用することができたのだ。マイクロソフトと同様、BBVAもデータ専門家とドメイン専門家をつなぐ5つすべてのコネクションを活用し、広範なイノベーションを創出し、社内全体へそのイノベーションを普及した。

ところであなたの組織は、フューチャーレディ戦略を進める準備は整っているだろうか。ここで、検討すべきポイントを以下に示す。

- グーグルをはじめとするデジタルネイティブ企業は、フューチャーレディ戦略を追求しているため、従業員はどの問題を解決するにも本能的にデータを活用する。そして業務改善、ラッピング、ソリューション販売もすべて同時並行で行う。たとえば、新しいウェブサイト機能を導入する場合、サービス提供のコストを下げ、売り上げを伸ばすと同時に、組織の情報ソリューションに新たなデータをもたらすことが求められるのだ。このような両利きの文化を持つ組織なら、この戦略が適しているかもしれない。

◉フューチャーレディ戦略には、通常は相反すると思われるような目標（コスト削減と売り上げ向上など）を追求することができるデータマネタイゼーション・イニシアティブのオーナーが必要だ。検証やトレードオフを得意とするプロセスオーナー、プロダクトオーナー、情報ソリューションオーナーがいる組織にとって、この戦略は魅力的に映るかもしれない。

◉確立された強固なガバナンスプロセスを持ち、相反する目標であっても議論して解決する効果的な手法を有する組織にとっては、フューチャーレディ戦略がうってつけの選択かもしれない。

4つの戦略モデルの選択

MIT CISRの研究者たちは、トップパフォーマーと下位パフォーマーを比較し、成功の要因を把握することが多い。たとえば、データマネタイゼーション戦略の研究では、4つすべての戦略パターンにおいて、トップパフォーマーは下位パフォーマーの約1・5倍のマネタイゼーション・ケイパビリティを有していることが示されている。さらに、トップパフォーマーは下位パフォーマーと比べて、データマネタイゼーションから実現している価値が約2倍であった。データマネタイゼーションのリターンを得るには、優れたケイパビリティが不可欠だ。

データマネタイゼーション戦略は、業界ではなく、組織の願望を反映したものでなければならない。なぜなら、4つのパターンはどれも特定の業界に当てはまるものではない。たとえば、調査対象企業では、４つの各パターンにかなり均等な数の金融サービス企業が該当し（それぞれ19％、33％、16％、32％）、各モデルのトップパフォーマーと下位パフォーマーの中にも金融サービス企業が存在した。つまり、金融サービス企業はさまざまな方法（運用最適化、顧客中心、情報ソリューション販売、あるいはその３つすべて）で競争することを選択でき、またその戦略も、非常にうまく進めることができる場合もあれば、そうでない場合もあるということだ。

賢明な組織は、自分たちの戦略に固執することはない。データマネタイゼーション戦略は、進化を続ける生きた計画であり、市場ダイナミクスの変化、テクノロジーの進歩（デジタル思考）、組織の進化する能力、包括的なビジネス戦略に合わせて、時間の経過とともに適応させる必要がある。つまり、今日の組織にとって理想的なデータマネタイゼーション戦略は、１年後には理想的ではなくなっているかもしれない。だからこそ、状況に応じた調整が必要なのだ。

自分自身に問いかけてみよう

現在のあなたの組織にふさわしいのは、どの戦略パターンだろうか？　５年後に正しいとされる選択はどれだろうか？

データマネタイゼーション・イニシアティブの選択：バリュー・エフォートマトリクスの活用

データマネタイゼーション戦略はビジョンの構築に役立つ。戦略を進めるためには、目の前に無限にある機会や投資のリストの中から選択をしなければならない。戦略の最初の判断基準は、その戦略がデータマネタイゼーションの機会を優先順位付けするのに役立つかどうかということだ。これを行うための簡単なテクニック（あなたの組織ですでに使っているかもしれないアプローチ）は、図7・3に示すようなシンプルな縦横2列のバリュー・エフォートマトリクスに、自分の組織が得られる価値とそれに必要な労力にもとづいて、その選択肢を並べることである。

ここで、データマネタイゼーションで学んだ知識を活かし、バリュー・エフォートマトリクスの使い方に磨きをかける方法を2つ紹介しよう。まず、マトリクスの縦軸である「価値」を、あなたの組織のデータマネタイゼーション戦略（または最もしっくりくるパターンの戦略）の観点から定義する。たとえば、計画上のROIや回収期間にもとづいて機会を配置するのではなく、組織の戦略が目標とする価値のタイプにもとづいて配置する。組織の戦略が運用最適化戦略である場合、価値尺度としてコスト削減を用いる。戦略が顧客中心戦略であれば、売り上げ増加とコスト削減を組み合わせた価値尺度を使う（念のために言っておくが、イニシアティブ一式は、最終的に、売り上げ増加やコスト削減だけを狙ったものとはならないようにすること）。情報ビジネス戦略を追求するのであれば、価値測定には収益（直接販売と売り上げ増加）を使う。フューチャーレディ戦略を選択した場合、最

図 7.3　バリュー・エフォートマトリクス

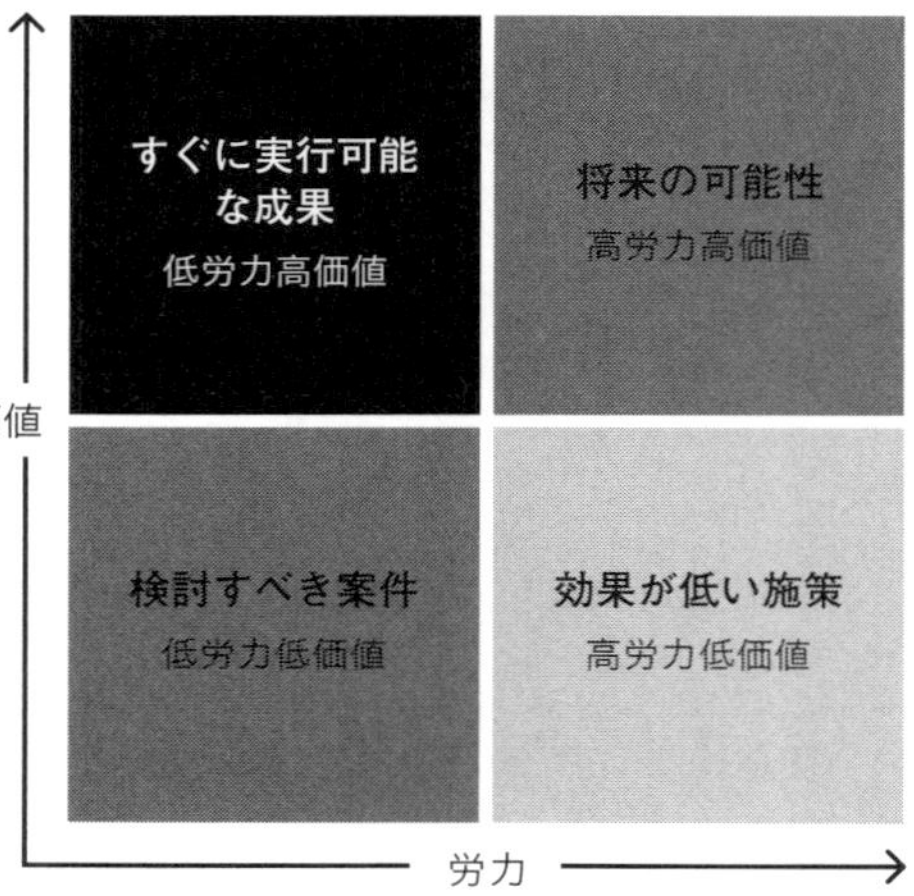

終利益の価値実現を使用する。

戦略によっては、価値の高い機会（「すぐに実行可能な成果」と「将来の可能性」）が、コストがかかっている運用上の課題を解決することもあれば、顧客のペインポイント（悩みや課題）を軽減するかもしれないし、あるいはその両方を実現するかもしれない。価値の低い機会（「検討すべき案件」と「効果が低い施策」）は、たとえ簡単に成功させることができたとしても、ビジネスの優先順位には沿っていないものをいう。これらに惑わされてはいけない。

次に、バリュー・エフォートマトリクスの横軸である「労力」の評価方法を変更していく。データマネタイゼーションの機会がどの程度の労力を必要とするかは、イニシアティブチームに与えられたデータマネタイゼーション・ケイパビリティの状態に大きく左右されることはおわかりいただけているだろう。労力をほとんど必要としないデータマネタイゼーションの機会とは、組織がすでに必要なデータアセットやケイパビリティを有している場合だ。低労力なイニシアティブとは、たとえば、必要なデータアセットにクラウドプラットフォームからアクセスできること、チームに適切なデータサイエンスのスキルが備わっていること、既存のアルゴリズムを再利用したり適応させたりすることができること、顧客のニーズを十分に把握していること、アクセプタブルデータユースのポリシーと手順が整っているだけでなく自動化されていること、などが挙げられる。

必要な能力がないため、すぐには対応できないイニシアティブについては、将来にわたって適切に取り組んでいくしかない。しかし、良い面もある。同じデータアセットやデータマネタイゼーション・ケイパビリティを必要とする右上の枠（高価値で高労力）のイニシアティブが多ければ多いほど、その再利用可能なデータリソースに直接投資する価値も高まる。

イニシアティブに要する労力の量を左右するもうひとつの要因が、組織のデータデモクラシーの状態だ。検討中のイニシアティブを進めるためには、どのようなコネクションが存在するだろうか。データ専門家をドメインに組み込む方法がまだ確立されていない場合、新しい人事方針の策定や、インセンティブの調整、専門家の再配置、従業員による知識共有の日常化など、多大な労力が必要となる。一方、フォームを記入してデスクを見つけるだけであれば、労力は少なくて済む。平たくいえば、データがすでにデモクラシー化されている組織では、より少ない労力で済むだろう。

まとめると、最優先すべきイニシアティブとは、最終利益に大きな戦略的価値、すなわち「一獲千金」をもたらすものであって、必要なデータリソースと組織のコネクションがすでに用意されていなければならない。これらは戦略的価値が高く、データマネタイゼーションの労力は少ない。

他の多くの評価ツールと同様、このツールもバイアスの影響を受けやすい。この問題は、エビデンスにもとづくアプローチを用いて各軸に沿ってイニシアティブをランク付けするか、または担当者の同意にもとづき軸に沿ってイニシアティブの位置を決定することで軽減できる。バリュー・エフォートマトリクスは、データマネタイゼーションの機会を優先順位付けするための使いやすいツールであり、特に、データマネタイゼーションの知識にもとづいてカスタマイズすると有効だ。

重要なのは、データマネタイゼーションを慎重に進め、物事がどのように展開されているかを説明するストーリーを用意し、価値があり達成可能な成果を追い求めることである。

まとめ

データマネタイゼーション戦略とは、組織がどのようにデータマネタイゼーションのリターンを生み出す計画を立てているかを示すものだ。この戦略には、目標、優先的な機会、目標とするケイパビリティ、理想的な組織設計のそれぞれについて、組織レベルでの見解を含めなければばならない。カスタマイズされたデータマネタイゼーション戦略を策定するプロセスは、組織全体でデータに関する共通言語を確立する絶好の機会である。この章で押さえておくべきポイントを以下に示す。

- 組織の戦略と結びつけることのできるデータマネタイゼーション戦略を持つことが望ましい。**あなたの組織のビジネス戦略は、組織全体でどの程度認識されているだろうか？　データマネタイゼーションへの投資は、あなたの組織の方向性をどの程度反映しているだろうか？**
- 組織が一般的に追求するデータマネタイゼーション戦略は4つある。**あなたの組織で進めているデータマネタイゼーション戦略と最も一致する戦略パターンはどれだろうか？　現在のデータマネタイゼーション戦略は、あなたの組織にとって最良の選択肢だろうか？　これまでを振り返り、または将来を考えた場合、この選択が変わることはあるだろうか？**
- それぞれのデータマネタイゼーション戦略には、異なるレベルのケイパビリティが必要となる。付録にワークシートを用意してあるので、まだの方は、それを使用して組織のデータマネタイゼーション・ケイパビリティを評価してみていただきたい。**有しているケイパビリティで、あなたが選んだ戦略をサポートできるだろうか？　あなたの組織は、手に入れたい戦略をサポートするためのケイパビリティを得るためには、どのようなプラクティスを採用すべきだろうか？**
- 組織は、追求しているデータマネタイゼーション戦略を踏まえて、自身のケイパビリティとコネクションを見直す必要がある。**新しいイニシアティブを推進する人びとにとって、自身が必要とするケイパビリティがいつ手に入るのかを予測するのは、どの程度難しいだろうか？　あなたの組織では、データ専門家とドメイン専門家のコネクションはどの程度形式化されているだろうか？**

これで、データマネタイゼーションのリターンをどのように生み出したいかというビジョンが生まれ、データマネタイゼーション戦略の糸口も見え始めてきたことだろう。次の章では、データマネタイゼーションをビジネスとして取り組む段階を見ていく。

第 8 章

データをマネタイズする

Monetizing Your Data

> 誰もがデータには価値があり、それを活用したいと考えているが、どこから手をつければよいのか、流行に流されないためにはどうすればよいのか、そうした知識が欠如している。
>
> ――――――――――ショーン・クック（パシフィック・ライフ）

明日出勤すると、データ関連の新しい流行語が飛び交っていたり、魅力的な新しいデータ技術が登場していたり、人目を引く最先端のテクノロジープラットフォームが導入されていたり、あるいはデータに関する衝撃的なツイートの共有に躍起になっている同僚がいるかもしれない。データの世界では常に新しいものが登場しているため、それに対する評価、議論、選択、理解が必要だ（倫理的なＡＩや消費者のデータプライバシーなど、本書で扱う範囲以外でも深く考えるべき重要な関心事は存在する）。ここまで読み進んだあなたは、データに関する新しい情報について、深く調査すべきかどうかを判断する基準を手に入れている。それにより、競合他社の技術革新、業界の変化、あるいは新しいプライバシー規制に関するニュースを、適切な文脈に沿って理解することができるだろう。データの世界は激動し、起業家精神にあふれ、絶えず変化している。ショーン・クックの前掲の言葉にもあるが、あなたは、流行に流されない心構えが整ったと感じているだろう。

まず、本書で登場した基本的なアイデアを簡単におさらいしよう。

- データマネタイゼーションは、仕事における日常業務のようなものであるべきだ。これは曖昧なものでも意味不明なものでもあってはならない。データアセットから金銭的リターンを生み出すという単純な行為だ。組織は、データアセット、データマネタイゼーション・ケイパビリティ、データ関連のイニシアティブ、データ人材とドメイン人材のコネクションへの支出からＲＯＩを期待すべきである。そして、収入が支出を上回るようにデータをマネタイズしなければならない。

- データマネタイゼーションは、業務改善に取り組むイニシアティブ、ラッピングに取り組むイニシアティブ、ソリューション販売に取り組むイニシアティブの3つのイニシアティブから生まれる。データマネタイゼーションは5つの全社レベルのケイパビリティを必要とし、データ専門家とドメイン専門家を結ぶコネクションが豊富な組織で力を発揮する。
- データマネタイゼーション戦略があれば、具体的な投資の選択肢を知ることができる。戦略を持つことで、従業員が同じ方向を向いて、組織の最優先事項に貢献することができる。

データマネタイゼーションを理解することで、データ関連の問題にさらに深く取り組み、変化し続ける状況の中で新たな機会を見いだせるようになる。たとえば、あるプロセスを自動化できる場合、あなたはまず、上司に「自動化によって生まれる余剰分はどうするつもりですか」と尋ねるかもしれない。競合他社が物理的な製品にダッシュボードを組み合わせて提供し始めた場合には、「顧客はそのダッシュボードから価値を創出するために何をしなければならないのか。そしてどれだけの価値を実現するのだろうか」と尋ねるかもしれない。パートナーから新しい情報ソリューションを共同開発するアイデアを持ちかけられた場合、あなたは、彼らに対して「そのケイパビリティはあるのだろうか」と疑問に思うかもしれない。また、新しいプライバシー規制が発表された場合、あなたはデータとドメイン両方の視点で、何を変更すべきか、情報にもとづいた計画を立てるのに役立つことを知っているため、「紫の人材」のネットワークを活用するかもしれない。

本書を、あなたが次にとるべきステップを提案して締めくくることにしよう。それは、（1）現状を評価する、（2）進捗状況を追跡する手法を確立する、（3）データマネタイゼーションをビジネスとして取り組む、ということだ。

現状を評価する

本書で紹介したフレームワークがあれば、あなたの組織や部門、チームにおけるデータマネタイゼーションの現状を記録しやすくなる。その記録が基準となり、時間の経過とともにその基準に対してどのように進捗しているかを測定することができる。

データマネタイゼーションはデータそのものに左右されるため、まず組織の主要なデータアセットを見てみよう。あなたの組織には、お金、顧客、従業員、製品、患者、訴訟案件、プロジェクトなど、自身の組織にとって重要なテーマについて、「信頼できる唯一の情報源」となるデータアセットはあるだろうか。そのデータアセットは正確、完全、最新で標準化されており、検索可能かつ解釈可能だろうか。こうした質問に対する答えを念頭に置いて、ケイパビリティ、イニシアティブ、コネクションの評価を始めることができる。図8・1に、次に尋ねるべき大局的な質問を示す。

あなたの組織は、従業員が好きなだけ利用できるデータアセットをどれだけ生み出しているだ

図 8.1　データマネタイゼーションの現状を評価する

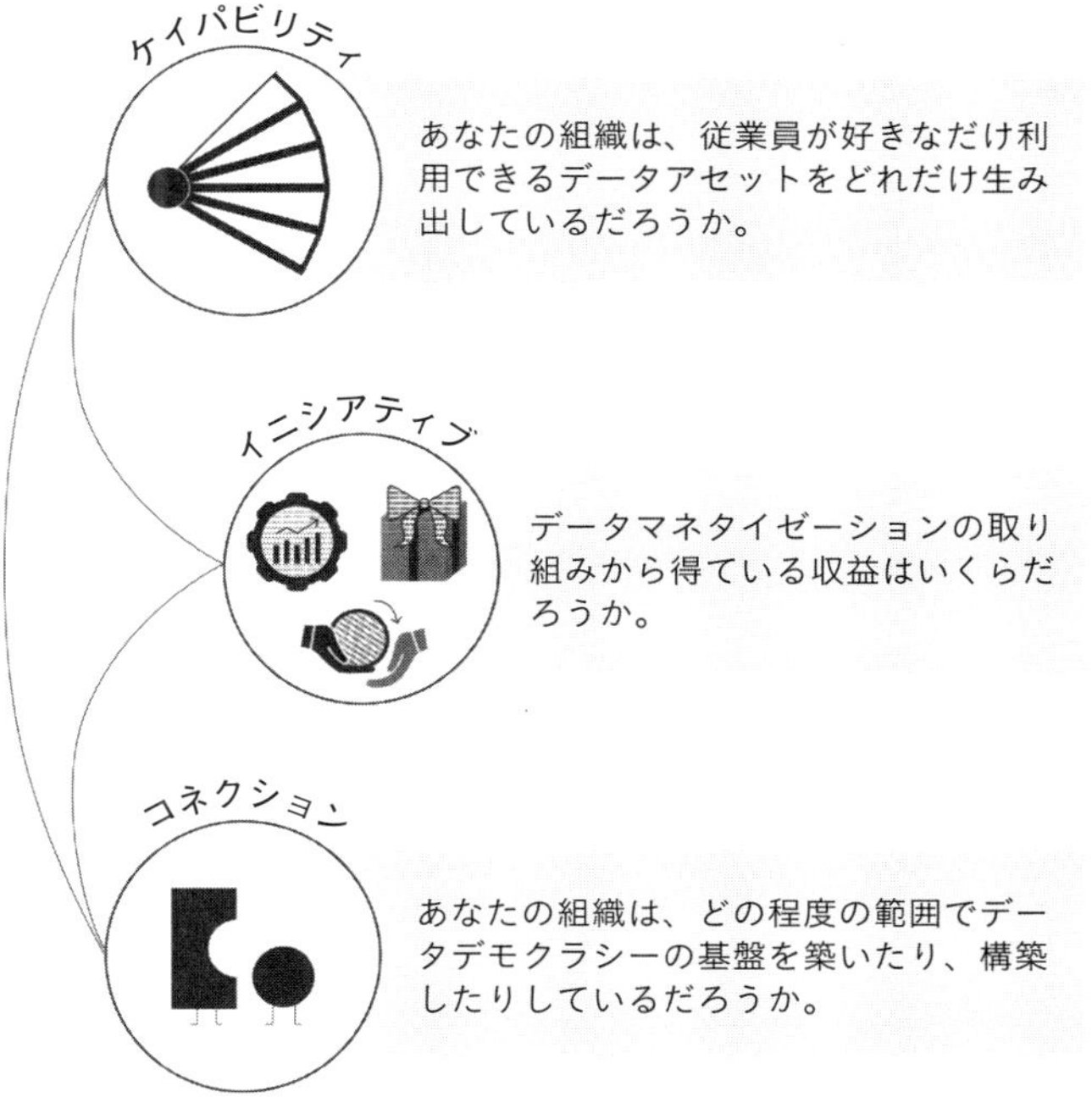

ろうか。再利用可能なデータアセットは、組織のデータマネタイゼーション・プラクティスが生み出すマネタイゼーション・ケイパビリティによってもたらされる。付録のケイパビリティ評価ワークシートを使えば、データマネジメント、データプラットフォーム、データサイエンス、カスタマーアンダスタンディング、アクセプタブルデータユースの各ケイパビリティを評価することができる。また、あなたのプラクティスがケイパビリティ（そして優れたデータアセット）を生み出す可能性があるかどうか、そしてケイパビリティが最も強い領域と最も弱い領域を理解するうえでも役立つ。次に、このワークシートをもう一度使用して、組織全体でどのプラクティスが実施されているかを評価し、組織のケイパビリティの中でどれが「全社レベルのケイパビリティ」であるかを見極めよう。得られた回答から、データアセットが再利用のためにどの程度適切に設定されているかがわかる。

データマネタイゼーションの取り組みから得ている収益はいくらだろうか。「データマネタイゼーションの取り組みが実を結んでいるかどうかという疑問を掘り下げて調べることは、魅力的ではないにせよ、多くの人にとって非常に有益なことだ。あなたの組織による最近のデータマネタイゼーション・イニシアティブをいくつか挙げ、その成果を次のように定量化してみよう。この3年間で、業務改善に取り組むイニシアティブ、ラッピングに取り組むイニシアティブ、ソリューション販売に取り組むイニシアティブによって、どのような価値がどれだけ創造されただろうか。そのイニシアティブは、期待された最終利益のリターンを達成しただろうか。こうしたイニシアティブのリスクと成果の管理について、ふさわしい者が責任を負っていただろうか。

あなたの組織は、どの程度の範囲でデータデモクラシーの基盤を築いたり、構築したりしているだろうか。組織の「紫具合」(紫の人材はどの部署にいるのか、どの部署で赤や青の人材が紫に変わっているのか)を特定するには、次のように組織のデータマネタイゼーション・コネクションを評価しよう。5種類のコネクション、すなわち専任の専門家、専門分野横断チーム、シェアードサービス、ソーシャルネットワーク、アドバイザリーサービスのうち、あなたの組織で活用されているものはいくつあるだろうか。部門横断チームを迅速に結成することは可能だろうか。それとも調整や説得が必要だろうか。ソーシャルネットワークを活用して、データの問題やソリューションに関する知識を共有しているだろうか。ドメイン専門家には、データ専門家と意思疎通を図りながら学ぶ意欲はあるだろうか。

これらの質問の目的は、大局を把握し、検討の材料を得ることだ。回答によっては、あなたの組織が軌道に乗っていると確信できるかもしれないし、そうでないかもしれない。こうした質問に対する答えを出すのが簡単か、あるいは難しいかを知るだけでも、関心を向けるべき領域を特定する際に役立つかもしれないのだ。

進捗状況を追跡する手法を確立する

測定できないものは管理できない。前に進むにつれて、行動を起こして変化を推進しようという意欲が湧いたのであれば、データマネタイゼーションの進捗状況を追跡する手法が必要だ。あなたは幸運にも、データマネタイゼーションをしっかりと監視している組織で働いているかもしれないし、そうでないかもしれない。このフレームワークがあれば、組織の測定カルチャーを問わず、指針を得ることができる。ケイパビリティ、イニシアティブ、コネクションはある程度測定することが必要だ。もし、すでに組織で測定方法が確立されている場合は、それを使うといいだろう。そうでない場合は、構成要素の情報を把握する手法を確立しなければならない。

アイデアのヒントとして、ここで改めてBBVAの事例を紹介しよう。BBVAは、子会社のBBVA D&Aを設立した際、データマネタイゼーションの進捗状況を追跡する手法を確立している。BBVA D&Aは、情報ソリューションの販売、運営資金の自己調達、BBVAとの金融取引（BBVAのデータアセットに対する使用料の支払いなど）を想定していたため、財務の健全性をモニタリングする正式な方法を開発しなければならなかった。その最初の一手として、BBVA D&Aのリーダー陣は、自社の経済的影響にもとづいてプロジェクトを分類するフレームワークを構築した。このフレームワークを使用して、D&Aプロジェクトのポートフォリオがどのような価値を創出するかを評価したところ、主に売り上げ増加や市場規模の拡大を達成したプロジェクトもあれば、業務効率を高めたプロジェクト、非財務的価値（BBVAのケイパビリティへの寄与など）を生み出したプロジェクトもあった。

各事業部門は、それぞれが支援するプロジェクトから期待される価値を創造し、それを測定する責任を負っていた。また、財務専門家がファイナンスとオペレーションの責任者として雇われた。彼は、D&Aの多様なプロジェクト・ポートフォリオの管理を担当し、また各事業部門のリーダーによる適切な測定手法の策定や、イニシアティブの成果の検証をサポートした。さらに、プロジェクトが生み出す価値が、D&AとBBVAの双方に利益をもたらすようにすることも彼の使命であった。

また、BBVAはD&Aに責任を与えたうえで、全社レベルのケイパビリティを構築し、すべての銀行従業員を対象にデータサイエンスについて教育するよう依頼した。こうした目標の進捗具合をモニタリングするため、BBVA D&Aは、データサイエンスのケイパビリティ構築と人材開発の進捗状況を追跡するダッシュボードを作成した。このダッシュボードでは、部門レベルのデータベースからBBVAの全社レベルのデータプラットフォームに移行されたデータセットの数、新しいプロジェクトで既存のアルゴリズムが再利用された回数、データサイエンス・トレーニングに参加したBBVA従業員の数といった指標を確認することができた。このダッシュボードにより、D&Aのリーダー陣は、データマネタイゼーションの進捗に積極的に貢献しているBBVAの部門を特定しやすくなったため、こうした部門が今後も貢献を続けるよう促し、また、消極的な部門のモチベーションも高めようと試みた。

本書のフレームワークを使えば、BBVAがイニシアティブ、ケイパビリティ、コネクションを追跡していたことがわかる。独自の経済的影響フレームワークと測定手法により、イニシアティブが成果を上げているかどうか、また、どのように成果を上げているかを把握することができたため、D&Aのリーダー陣はさまざまなタイプのプロジェクトに投資し、BBVAもデータマネタイゼーションのプロジェクトから金銭的利益を得ることができた。このダッシュボードは、BBVAのケイパビリティとデータデモクラシーの強みを表すものであった。

あなたの組織が、進捗状況を追跡する方法を編み出さなければならないとしても、気後れする必要はない。押さえておくべき測定の原則は2つある。まず、複雑すぎたり費用がかかり過ぎたりしない方法で測定することだ。測定にかかるコストが、その測定手法を手に入れる価値を超えてはならない。理想的には、長期にわたって組織のコミットメントを維持するのに最低限必要な量の測定を行うべきだ。何をもって「最低限必要」なのかは、組織特有のニーズによって異なる。たとえば、プロセス改善への投資が少額であれば、部門レベルの効率性やコスト削減、あるいはスラックの再配分を測定するだけで十分かもしれない。投資額が大きい場合は、下流工程の効率性とそれに伴うスラックの削減を洗い出すことや、プロセス改善に起因する製品の売り上げ向上を測定することが重要かもしれない。そして、その収益が最終利益にどのように貢献しているのかを忘れずに確認しよう。

次に、組織の人びとに信頼される方法で測定することである。中には、確固たるエビデンスに固執する組織もある。こうした組織にとっては、すべての投資について綿密な投資対効果の検討と事後監査が必要となる。一方、もっともらしいエビデンスを必要としているものの、エピソードやざっくりとした推計で満足している組織もある。またある組織は、価値を管理するために、計測機器や形式的なモニタリングが継続的に生み出すエビデンスを必要としている。あなたの組織でコミットメントの構築と維持に何が必要かを知っているのは、あなただけだ。

データマネタイゼーションをビジネスとして取り組む

本書ではことあるごとに、データマネタイゼーションには組織内の多くの人の関与が必要であると述べてきた。つまり、本書で伝えたいのは、データマネタイゼーションには全員の力が必要であるということだ。プロセスオーナー、プロダクトオーナー、情報ソリューションオーナーはそれぞれ、組織のデータアセットから価値を生み出すことに責任を負わなければならない。専門家は互いに学び合い、知識を共有する必要があり、従業員はインサイトにもとづいて行動し、イノベーションを追求しなければならず、リーダーはこの取り組みを資金面で支援する義務がある。

データマネタイゼーションには全員の関与が必要だが、たった一人（あるいはごく少人数）でも変化を起こすことはできる。BBVAのデータマネタイゼーションの歩みは、情報ソリューションの販売について学ぶため、MITに派遣された4人のイノベーターから始まった。ペプシコの場合も、一人の経験豊富で信頼の厚いベテラン営業リーダーの話に上層部が耳を傾け、分析と成長の詳細な関連性を理解しなければ、デマンド・アクセラレーターは資金を得ることはなかったかもしれない。そして、ヘルスケアIQの成長を後押ししたソリューションやラッピングの多くを提案し、推進したのも、顧客ニーズの変化を感じ取り、製品・サービスを適応させ、ニーズの充足に貢献した一人の顧客担当者であった。

今度はあなたの番だ。今、あなたの組織は、取り組みをスタートさせたり継続させたりできる、あなたのような人材を必要としている。業務の改善や製品の強化、情報ソリューションの設計など、データを駆使してイノベーションを起こす機会を見つけよう。データマネタイゼーションリソースの成熟度や、最終利益に結びつけるうえでの課題について深く理解するには、業務改善やラッピング、ソリューション販売のイニシアティブチームに加わることが最良の方法だ。

だからこそ、イニシアティブチームを立ち上げるか、既存のチームの一員になろう。現在直面している業務上の課題に対して、価値創造プロセス（データ・インサイト・アクション）のどこからでもアプローチできる。まずはデータを手に入れよう。課題の解決に役立つオープンデータセットはあるだろうか（data.govには30万以上のオープンデータセットが存在する）。もしかすると、もっとインサイトが必要かもしれない。その場合、より高度な数値解析は利用できるだろうか。もしかすると、アクションを起こす方法を標準化する必要があるかもしれない。その場合、自動化は役に立つだろうか。実際にやってみることでしか、データをマネタイズする方法を真に身につけることはできない。

たとえば、こうしたイニシアティブのアイデアのひとつに取り組むことにしたとしよう。プロジェクトの開始、実行、完了に必要なすべての専門知識を有するチームを編成することで、組織のデータ人材とドメイン人材のコネクションについて知るべきことがすべてわかるだろう。チームを編成したあとは、必要なデータマネタイゼーション・ケイパビリティをまとめる必要がある。ケイパビリティを見つけるには、データマネタイゼーション・プラクティスを実施している部門を探すことになるわけだが、そこで、プラクティスとケイパビリティの関連性をはっきりと理解することができるだろう。また、イニシアティブに取り組むことで、5つのケイパビリティすべてが必要である理由、そしてケイパビリティが全社レベルのケイパビリティであるべき理由も見えてくるはずだ。

この取り組みが大成功を収めたと仮定した場合、次に学ぶべきことは、生み出した価値をお金に変えることだ。あなたの組織には、これを実現するための正式なプロセスがすでにあるかもしれないし、あるいは、多くの従業員と協力して、最終利益に結びつけるための組織的な調整の方法を考えなければならないかもしれない。

データマネタイゼーションに積極的に取り組むことで、あなた自身が学び、そして組織が学ぶ手助けもあなたの役割となる。あなたが関与することでデータマネタイゼーションのフライホイール（弾み車）に力が加わり、その結果、データアセットが増加することでその利用が増え、価値がさらに生まれ、それによってデータアセットがまた増えて、さらにその利用が増加するといった形で、ポジティブな強化サイクルのスタートに弾みがつくというわけだ。組織全体で、あらゆる部門の従業員が自分のビジネスとしてデータマネタイゼーションに取り組むことで、こうした状況が生まれることは想像に難くない。

だからこそ、データは誰もが向き合うべきアセットなのだ。

付録　ケイパビリティ評価ワークシート

本付録のケイパビリティ評価ワークシート（表Ａ・１）を使用することで、組織のデータマネタイゼーション・ケイパビリティとそのレベル（図２・３）を評価することができる。また、組織のデータマネタイゼーション・ケイパビリティ指数（図７・２）の算出も可能だ。

表Ａ・１
ケイパビリティ評価ワークシート

ケイパビリティ	一般的なプラクティス	スコア（０～５）	ケイパビリティのレベル（基礎、中、高）
データマネジメント：データマネジメント・ケイパビリティを構築するにあたり、組織はデータを正確かつ統合されたデータアセットにするためのプラクティスに取り組む必要がある。	**基礎レベル：マスターデータ** 再利用可能なデータアセットを生み出すプラクティスの例としては、自動化されたデータ品質管理プロセスの確立、コアビジネスに関わる活動や、顧客、製品などの主要エンティティ（データ項目）を記述するデータソースとフローの特定、優先的な組織データフィールドの標準定義の作成、およびこうしたデータフィールドのメタデータの確立などが挙げられる。		

中レベル：インテグレーテッドデータ
社内外のソースからデータを統合できるようにするプラクティスには、データのマッピングとハーモナイゼーション、データフィールドの標準化、マッチング、結合などがある。

高レベル：キュレーテッドデータ
組織は、データの分類体系（タクソノミー）とデータの関係性（オントロジー）を定めることでデータを処理する。こうしたプラクティスの例として、データ同士の関連性の分析、分析した関連性のユーザーフレンドリーな表現、およびその表現を長期にわたって維持することなどが挙げられる。このようなプラクティスにより、組織は外部のデータアセットや、AIモデル開発の副産物として生じたデータアセットを活用して、自身のデータアセットを補強できるようになる。

データプラットフォーム：データプラットフォームを構築するにあたり、組織はクラウド、オープンソース、先進的なデータベース技術を駆使して、データ処理、管理、および提供におけるニーズ

基礎レベル：先進技術
クラウドネイティブ技術の採用は、データプラットフォーム・プラクティスの一例だ。最新のデータベース管理ツールとしては、データの圧縮、保存、最適化、移動に関する最先端技術を活用した製品などが挙げられる。

ケイパビリティ	一般的なプラクティス	スコア（0～5）	ケイパビリティのレベル（基礎、中、高）
を満たすソフトウェアとハードウェアの構成を作成するプラクティスに取り組む。	**中レベル：内部アクセス** データや分析のサービスを社内で利用できるようAPIを使用することは、どのシステムからも生データやデータアセットにアクセスしやすくするためのプラクティスである。		
	高レベル：外部アクセス APIは、組織の生データやデータアセットを外部チャネル、パートナー、顧客が利用できるようにするためにも使用できる。組織外のステークホルダーにAPIを提供するには、外部ユーザーを認証し、そのプラットフォームでのアクティビティを追跡できるプラクティスを採用しなければならない。		
データサイエンス：データサイエンス・ケイパビリティを構築するにあたり、組織はデータサイエンスの技術や考え方を活用する能力を高めるためのプラクティスに取り組む必要がある。また、新たな人材を採用し、既存の従業員のスキルアップと能力開発を実	**基礎レベル：レポーティング** ダッシュボードなどの可視化・報告用のツールの活用を促すプラクティスとしては、データを用いたプレゼンテーションツールの標準化、業務プロセス結果やビジネス成果についての「信頼できる唯一の情報源」として使うことができるデータアセットの特定などが挙げられる。また、データを活用して主張に説得力を持たせる方法や、根拠にもとづく意思決定を行		

施すべきである。さらに、データサイエンスに関連する業務をサポートするツールや手法に投資することで、業務を適切に管理し、組織内での拡張を可能にする。

カスタマーアンダスタンディング：カスタマーアンダスタンディング・ケイパビリティを構築するために、組織は顧客とつながり、顧客に関するデータ（属性、感情、利用背景、利用状況、欲求など）を

う方法を従業員に教育することも、このプラクティスに含まれる。

中レベル：統計
数学と統計の活用を促すプラクティスとしては、分析ツールの選択、高度な数学的・統計的知識を持つ人材の採用、データサイエンス支援部門の設置などが挙げられる。また、確率や統計、分析ツールやテクニックを使いこなすスキルを教えることも、このプラクティスに含まれる。

高レベル：機械学習
機械学習、自然言語処理、画像処理などの高度な分析技術の利用を促進するにあたり、組織は特徴量エンジニアリング、モデルトレーニング、モデル管理に取り組む。また、AIモデルが価値を生み出し、法令を順守し、信頼性のあるものであることを保証するためのプラクティスを実践している。[1]

基礎レベル：仮説構築
顧客の声に耳を傾け、そのニーズを理解することは、基礎的なカスタマーアンダスタンディング・プラクティスの一例だ。顧客と接する従業員が、「目安箱」やイベントを通じてアイデアを共有することで、組織は重要な顧客ニーズを特定しやすくなる。こうして

ケイパビリティ	一般的なプラクティス	スコア（0〜5）	ケイパビリティのレベル（基礎、中、高）
収集し、その情報から顧客の基本的・潜在的なニーズについて分析し、インサイトを抽出する。	従業員は、共有された顧客ニーズをもとにカスタマージャーニーを作成したり、新しい製品やプロセスを設計したりするアジャイル的なチームや部門横断型のチームに参加することもできるようになる。		
	中レベル：協創 新しい製品やプロセスの協創に顧客を巻き込むには、適切な顧客の特定、顧客参加の条件の設定、顧客の時間の有効活用に関するプラクティスが必要となる。		
	高レベル：検証の実施 顧客とのアイデアをテストするための一般的なプラクティスとしては、仮説検証（顧客の行動を観察し、期待に合致するかどうかを検証する）や、A／Bテスト（AとBの2つの種類を用いた比較実験）が挙げられる。		
アクセプタブルデータユース：アクセプタブルデータユース・ケイパビリティを構築するために、組織は従業員、パートナー、および顧客によるデータアセットの利用、またはステークホルダーの	**基礎レベル：社内監視** 従業員による安全なデータ利用のためのプラクティスは、通常、データオーナーの設定、法律・規制・組織方針に関する従業員のトレーニング、データアクセスに関する承認プロセスの設定、従業員のデータアクセスの監視から始まる。		

データアセットの利用について、規制上および倫理上の懸念に効果的に対処するためのプラクティスに取り組む必要がある。組織はこのケイパビリティを活用して、データアセットを不正確に、望ましくない形で、あるいは契約上または法的に認められていない形で利用するリスクを軽減することができる。		
中レベル：社外監視 パートナーによるデータアセットの適切な使用のためのプラクティスは、適切な使用に関するパートナーとの明確な合意の形成、パートナーによるデータアセットの使用の監視を行うことである。	**高レベル：監視の自動化** 顧客が自身のデータを自己管理できるようにするためのプラクティスは、顧客のデータ管理に関するポリシーを確立することから始まる。こうしたポリシーを実践させるには、顧客にポリシーを伝達し、顧客自身での管理を自動化して容易にするという両方のステップを踏む必要がある。プラクティスを自動化することで、組織による監視を内部だけでなく外部に広げることができる。	

ワークシートの使用方法は以下のとおりだ。組織の規模が大きく、事業部門が多い場合は、特定の事業部門のケイパビリティに絞って評価したほうがよいだろう。対象の事業部門がシェアードサービスやコーポレートIT部門からデータ関連のサービスを受けている場合、その部門のデータマネタイゼーション・ケイパビリティが利用できるため、その部門のプラクティスも評価に含める。

まず、選択した事業部門の、各ケイパビリティに含まれる3つのプラクティスについて、その取り組みレベルをスコアリングする。0～5のスケール（0＝このプラクティスはない、1＝ほとんど構築されていない、2＝あまり構築されていない、3＝平均的に構築されている、4＝ある程度構築されている、5＝とてもよく構築されている）を使用する。

各アセットにケイパビリティレベルを割り当てるには、自身のスコアを参照してほしい。最も高いスコアのレベル（基礎、中、高）を選択する。特定のケイパビリティの基礎レベルのプラクティスで3以上のスコアを獲得していない場合、そのケイパビリティはまだ構築されていない。2つのレベルが同じスコアの場合、スコアが高いほうのレベルを選択する。たとえば、基礎的なプラクティスと中レベルのプラクティスがある程度構築されており、それらのプラクティスのスコアは4だったが、高レベルのプラクティスがいくつか採用されているものの、構築が不十分でスコアが1であった場合、そのケイパビリティのレベルは中レベルとなる。データマネタイゼーション・ケイパビリティを構築するプラクティスは段階的に進行するため、プラクティスのスコアは通常、基礎レベルで最も高く、高レベルで最も低くなることに注意してほしい。

表A・2には、2018年の調査[2]で315人のエグゼクティブが回答したスコアを記載しているので、あなたのスコアと比較してみよう。なお、調査回答者のケイパビリティは平均して基礎レベルであった。データマネタイゼーション・ケイパビリティ指数を算出するには、まず各ケイパビリティ（3つのレベル）のスコアの平均値を求める。たとえば、データマネジメント・ケイパビリティについて、基礎的なプラクティスのスコアが4、中レベルのプラクティスのスコアが4、高レベルのプラクティスのスコアが1であった場合、このケイパビリティの平均スコアは3［(4+4+1)／3］となる。そして、5つのケイパビリティのスコアを合計する。この指数のスコアの範囲は0から15となる。

表A・2　MIT CISRの調査に参加した315名のスコア

ケイパビリティ	一般的なプラクティス	スコア（0～5）	ケイパビリティのレベル（基礎、中、高）
データマネジメント	**基礎レベル：マスターデータ** 再利用可能なデータアセットを生み出すプラクティスの例としては、自動化されたデータ品質管理プロセスの確立、コアビジネスに関わる活動や、顧客、製品などの主要エンティティ（データ項目）を記述するデータソースとフローの特定、優先的な組織データフィールドの標準定義の作成、およびこうしたデータフィールドのメタデータの確立などが挙げられる。	3・2	基礎
	中レベル：インテグレーテッドデータ 社内外のソースからデータを統合できるようにするプラクティスには、データのマッピングとハーモナイゼーション、データフィールドの標準化、マッチング、結合などがある。	2・9	
	高レベル：キュレーテッドデータ 組織は、データの分類体系（タクソノミー）とデータの関係性（オントロジー）を定めることでデータを処理する。こうしたプラクティスの例として、データ同士の関連性の分析、分析した関連性のユーザーフレン	2・5	

	ドリーな表現、およびその表現を長期にわたって維持することなどが挙げられる。このようなプラクティスにより、組織は外部のデータアセットや、AIモデル開発の副産物として生じたデータアセットを活用して、自身のデータアセットを補強できるようになる。		
データプラットフォーム	**基礎レベル：先進技術** クラウドネイティブ技術の採用は、データプラットフォーム・プラクティスの一例だ。最新のデータベース管理ツールとしては、データの圧縮、保存、最適化、移動に関する最先端技術を活用した製品などが挙げられる。	3.1	中
	中レベル：内部アクセス データや分析のサービスを社内で利用できるようAPIを使用することは、どのシステムからも生データやデータアセットにアクセスしやすくするためのプラクティスである。	3.0	
	高レベル：外部アクセス APIは、組織の生データやデータアセットを外部チャネル、パートナー、顧客が利用できるようにするためにも使用できる。組織外のステークホルダーにAPIを提供するには、外部ユーザーを認証し、そのプラットフォームでのアクティビティを追跡できるプラクティスを採用しなければならない。	2.3	

ケイパビリティ	一般的なプラクティス	スコア（0〜5）	ケイパビリティのレベル（基礎、中、高）
データサイエンス	**基礎レベル：レポーティング** ダッシュボードなどの可視化・報告用のツールの活用を促すプラクティスとしては、データを用いたプレゼンテーションツールの標準化、業務プロセス結果やビジネス成果についての「信頼できる唯一の情報源」として使うことができるデータアセットの特定などが挙げられる。また、データを活用して主張に説得力を持たせる方法や、根拠にもとづく意思決定を行う方法を従業員に教育することも、このプラクティスに含まれる。	3・6	中
	中レベル：統計 数学と統計の活用を促すプラクティスとしては、分析ツールの選択、高度な数学的・統計的知識を持つ人材の採用、データサイエンス支援部門の設置などが挙げられる。また、確率や統計、分析ツールやテクニックを使いこなすスキルを教えることも、このプラクティスに含まれる。	3・1	
	高レベル：機械学習 機械学習、自然言語処理、画像処理などの高度な分析技術の利用を促進するにあたり、組織は特徴量エ	2・2	

ンジニアリング、モデルトレーニング、モデル管理に取り組む。また、AIモデルが価値を生み出し、法令を順守し、信頼性のあるものであることを保証するためのプラクティスを実践している。

カスタマーアンダスタンディング	**基礎レベル：仮説構築** 顧客の声に耳を傾け、そのニーズを理解することは、基礎的なカスタマーアンダスタンディング・プラクティスの一例だ。顧客と接する従業員が、「目安箱」やイベントを通じてアイデアを共有することで、組織は重要な顧客ニーズを特定しやすくなる。こうして従業員は、共有された顧客ニーズをもとにカスタマージャーニーを作成したり、新しい製品やプロセスを設計したりするアジャイル的なチームや部門横断型のチームに参加することもできるようになる。	3・1	基礎
	中レベル：協創 新しい製品やプロセスの協創に顧客を巻き込むには、適切な顧客の特定、顧客参加の条件の設定、顧客の時間の有効活用に関するプラクティスが必要となる。	2・9	
	高レベル：仮説の検証 顧客とのアイデアをテストするための一般的なプラクティスとしては、仮説検証（顧客の行動を観察し、期待に合致するかどうかを検証する）や、A／Bテスト（AとBの2つの種類を用いた比較実験）が挙げられる。	2・8	

ケイパビリティ	一般的なプラクティス	スコア（0～5）	ケイパビリティのレベル（基礎、中、高）
アクセプタブルデータユース	**基礎レベル：社内監視** 従業員による安全なデータ利用のためのプラクティスは、通常、データオーナーの設定、法律・規制・組織方針に関する従業員のトレーニング、データアクセスに関する承認プロセスの設定、従業員のデータアクセスの監視から始まる。	3・0	基礎
	中レベル：社外監視 パートナーによるデータアセットの適切な使用のためのプラクティスは、適切な使用に関するパートナーとの明確な合意の形成、パートナーによるデータアセットの使用の監視を行うことである。	2・8	
	高レベル：監視の自動化 顧客が自身のデータを自己管理できるようにするためのプラクティスは、顧客のデータ管理に関するポリシーを確立することから始まる。こうしたポリシーを実践させるには、顧客にポリシーを伝達し、顧客自身での管理を自動化して容易にするという両方のステップを踏む必要がある。プラクティスを自動化することで、組織による監視を内部だけでなく外部に広げることができる。	2・3	

注：315人の調査回答者にはあらゆる規模の組織のエグゼクティブが含まれており、2017年の年間売上高が30億ドル以上の組織が44%、5億ドル未満の組織が32%であった。エグゼクティブの所属する組織の大半は営利団体で、42%が上場企業、18%が非営利団体または政府機関となっている。各組織は世界各地で活動しており、そのうち79%は北米でも活動。これらの組織が活動する業界はさまざまであり、39%が金融サービス／銀行業、製造業、専門サービス業のカテゴリーで活動していた。

出典：Barbara H. Wixom, "Data Monetization:Generating Financial Returns from Data and Analytics—Summary of Survey Findings," Working Paper No. 437, MIT Sloan Center for Information Systems Research, April 18, 2019, https://cisr.mit.edu/publicationMIT_CISRwp437_DataMonetizationSurveyReport_Wixom (accessed January 17, 2023).

謝辞

われわれ筆者より、マサチューセッツ工科大学出版局チームの献身と助言に謝意を表する。また、時間を割いてレビューをしていただいた匿名査読者の方々、草稿に目を通していただいた次の友人や同僚たちに感謝を申し上げる。グレッグ・ガリクソン氏、ジジ・ケリー氏、アン・マーフィー氏、ゲイリー・ショルテン氏。才能あるグラフィックデザイナー、アリ・トルバン氏とのコラボレーションからは刺激をもらうことができた。同氏は忍耐強くプロフェッショナルで、直感的かつクリエイティブな人物だ。彼女のデザインプロセスは執筆に良い影響を与え、その素敵なグラフィックスは今後もわれわれのアイデアを定着させるうえで役立つだろう。

また、マサチューセッツ工科大学（ＭＩＴ）の方々のおかげで、われわれ筆者はアイデアを形成し、深めることができた。励ましと鋭いフィードバックを提供していただいたＭＩＴ ＣＩＳＲの次の同僚たちに感謝を申し上げる。イソベラ・バイアリー＝チャップマン氏、クリスティン・デリー氏、ジェド・ダイアモンド氏、マルゲリータ・ディピント氏、クリス・フォグリア氏、ニルス・フォンスタッド氏、アンバー・フラニー氏、ドロシア・グレイ氏、ニック・ファン・デル・ムーレン氏、シェリル・ミラー氏、イナ・セバスチャン氏、ジャンヌ・ロス氏、アマン・シャー氏、オースティン・ヴァン・グローニンゲン氏、ピーター・ワイル氏、ステファニー・ウォーナー氏。そして、ＭＩＴスローン経営大学院、『スローン・マネジメント・レビュー』、ＭＩＴスローン経営大学院の各研究センターのすべての同僚たち、特にデビット・シュミトリン氏、マイケル・クスマノ氏、エリザベス・ハイヒラー氏、アビー・ルンドバーグ氏、ワンダ・オリコウスキー氏にお礼を申し上げる。

30年にわたるデータマネタイゼーションの研究成果を、6週間のデータマネタイゼーション戦略オンラインコースにまとめる過程において、われわれを導いていただいた次のMITスローン・エグゼクティブ・エデュケーション・チームの方々の助言と励ましに謝意を表する。イザベラ・ディマンブロ氏、クリスティン・ゴンザレス氏、ピーター・ハースト氏、ポール・マクドナー＝スミス氏、メグ・リーガン氏、そしてゲットスマーター（GetSmarter）チームの方々（カーラ・ドゥワー氏、アンドレ・グロブラー氏、パメラ・マクキルカン氏、ジョン・ルジッカ氏）。教育デザイナーである彼らからの質問のおかげで、われわれは考えに磨きをかけ、その提供方法を改善することができた。また、エグゼクティブ・エデュケーションの同僚たち、そしてMITインダストリアル・リエゾン・プログラムの同僚たちにもお礼を申し上げる。彼らは、われわれのテーマに積極的に取り組んでくれる好奇心旺盛でグローバルなエグゼクティブたちを紹介してくれ、そのおかげで、あらゆる種類のリーダーたちにとってデータマネタイゼーションがなぜ、そしてどのように重要なのかを理解することができた。

本書は、多数の共同研究者による数十年間の研究成果をまとめたものである。組織がデータデモクラシーになるメカニズムや、AIの拡大に必要なものを把握するにあたり、ご協力いただいたイダ・ソメ氏にとても感謝している。同氏は定性的調査の権威であり、MIT CISRのインタビューやケーススタディ（BBVA、ゼネラル・エレクトリック、マイクロソフトなど）から重要なインサイトを引き出してくれた。イダ、われわれはあなたの知的貢献、そして前向きな姿勢と友情に感謝している。そして、プロダクトマネージャーたちがデータ分析を活用して調査結果を強化している方法を理解するにあたり、協力してくださったロニー・シュリッツ氏とキリアン・ファレル氏に深い感謝を捧げる。両氏は才能豊かなデータサイエンティストであり、われわれがデータラッピングとデータマネタイゼーションのケイパビリティを構築し、発展する際の手助けをしてくれた。また、デジタルリソースの倫理的視点からデータマネタイゼーションを検討する作業を支援してくださった、ガブリエレ・ピッコリ氏とホアキン・ロドリゲス氏にも感謝している。彼らの協力により、デジタルデータアセット、アクションのアナリティクス、データ流動性といった刺激的なコンセプトに加え、フィデリティやトリップバム（後者はフェデリコ・ピグニ氏とともに）などの事例を展開することができた。長年にわたり、他の数多くの共同研究者たちが、各自の専門分野の知識を惜しみなく提供してくれ、われわれの特定のプロジェクトニーズを支援してくれた。ここで次の方々に感謝を申し上げる。アン・バフ氏、ジャスティン・カッシー氏、ウィン・チン氏、トム・ダベンポート氏、タマラ・ダル氏、デール・グッドヒュー氏、ロバート・グレゴリー氏、ラジブ・コーリー氏、ドロシー・レイドナー氏、M・リン・マーカス氏、アン・クアドグラス氏、ポール・タロン氏、ピーター・トッド氏、オルゲルタ・トナ氏、ヒュー・ワトソン氏、リック・ワトソン氏、アンジェラ・ズタヴァーン氏。

学術研究は、実務家の方々の役に立ち、そこから情報を得ることが不可欠だ。ここで、30年以上にわたってこの調査に協力してくれた何千人ものインタビュー対象者、ケーススタディ参加者、調査回答者の方々に謝意を表する。また、われわれの研究で紹介することを許可していただいた次のリーダーの方々に深い感謝を申し上げる。リンダ・エイブラハム氏、マジッド・エイブラハム氏、スコット・アルビン氏、エレナ・アルファロ氏、フアン・ムリーリョ・アリアス氏、サルミラ・バス氏、ジュリー・バッチ氏、トム・ベイヤー氏、マルコ・ブレッサン氏、マイク・ブラウン氏、ピーター・キャンベル氏、トム・セントリヴル氏、マイケル・クリーヴィンガー氏、リード・コルソン氏、ショーン・クック氏、ジェフ・デール氏、ノーム・ドビェシュ氏、ジム・デュボア氏、ジャン・フルゴーニ氏、ダニー・ギリガン氏、エンリケ・ハンブルトン氏、スー・ハンソン氏、スコット・ハインツマン氏、キャシー・ホレンホースト氏、ブランドン・フートマン氏、ランディ・ハースト氏、グレッグ・ヤンコウスキー氏、ヴィンス・ジェフス氏、ロバート・ジョーンズ氏、ニル・カルデロ氏、デビッド・ラモンド氏、ディック・ルフェーブ氏、マイク・マクレラン氏、シャミム・モハマド氏、デトレフ・ナウク氏、サンドラ・ニール氏、ロブ・フィリップス氏、ミシェル・ピニェイロ氏、ヴィジャイ・ラガヴァン氏、ヴィジャイ・ラヴィ氏、ジーヴァン・レバ氏、マイケル・レリッチ氏、アン・マリー・レイノルズ氏、スティーブ・レイノルズ氏、リンダ・リチャードソン氏、ラジーヴ・ロナンキ氏、マーサ・ルース氏、マレク・ルチンスキー氏、ローラ・セイガー氏、キキ・サンチェス氏、メアリー・シャピロ氏、ミヒール・シャー氏、マーカス・シプリー氏、ジョン・ショメイカー氏、ダニー・スリンガーランド氏、ティム・スミス氏、クリス・スン氏、スコット・スティーブンソン氏、ドン・ストーラー氏、ジェフ・ストボール氏、ジェフ・スウェアリンジェン氏、リム・テラウイ氏、オミド・トルイ氏、ロバート・ウェルボーン氏、デビッド・ライト氏、ジャッキー・ライト氏、ブルース・イェン氏、イン・ヤン氏。

ＭＩＴ ＣＩＳＲでのわれわれの研究に資金を提供し、われわれの研究コンソーシアムにご参加くださっている世界的なリーダーの方々に恩義を感じている。資金提供者と賛同者の最新のリストは、https://cisr.mit.edu/content/mit-cisr-members に掲載している。われわれの研究に並々ならぬ熱意と支援を提供していただいた、次の調整担当者の方々にもお礼を申し上げる。ヌノ・バルボーザ氏、デューク・ベバード氏、クリス・ブラッチリー氏、デブ・キャシディ氏、スティン・クリスティアンス氏、カレン・クラーク氏、ヴィットリオ・クレテッラ氏、バーナード・ガヴガニ氏、デビッド・ハックシャル氏、アレクサンダー・ハネング氏、クレイグ・ホプキンス氏、ディルク・ファン・デル・ホルスト氏、ナオミ・ジャクソン氏、ジェフ・ジョンソン氏、キャロリン・キャメロン＝カークスミス氏、ミシェル・マホニー氏、ハイメ・モンテマヨール氏、マーク・マイヤー氏、ロバート・オー氏、パトリック・オルーク氏、カル・ルバーグ氏、テック・シン氏、イヴァン・スケル氏、デビッド・スターマー氏、ジム・スワンソン氏、ベルナルド・タヴァレス氏、ドナ・ヴィンチ氏、スティーブ・ウィテカー氏、プイチー・ウォン氏、エドガー・ファン・ゾーレン氏。

最後に、本書はＭＩＴ ＣＩＳＲデータ理事会の並々ならぬ貢献なしには実現しなかっただろう。２０１５年から、データやアナリティクス分野の数百人のリーダーたちが、調査を試験的に実施して完成させ、インタビューやオンラインミーティングのスケジュールを調整し、調査結果について議論を交え、困難と成功を分かち合ってきた。彼らは生涯を通して学び続ける、好奇心と勇気、熱意を持ったパートナーであり、われわれの研究を向上させ、この分野の進展を後押ししてくれる存在だ。われわれは、こうした方々一人ひとりに感謝している。そして、理事会を設立し、活気あるコミュニティ作りに貢献してくれた次の方々に感謝の意を表す。デビッド・エイブラハムズ氏、ジェニファー・アグネス氏、ラキ・アーメド氏、ダニエル・バックマン氏、メラニー・ベル氏、オーレリー・ベルグナット氏、マイケル・ブルムバーグ氏、グスタボ・ボテリョ・デ・ソウザ氏、ギャビン・バローズ氏、ジョナサン・カー氏、リシオ・カルバーリョ氏、フィオナ・カーバー氏、ラファエル・カヴァルカンティ氏、ハルジ・チャンド氏、クリシュナ・チェリアス氏、マーロ・コブ氏、グレン・コガー氏、スコット・クーパー氏、トニー・コッサ氏、グレンダ・クリスプ氏、ホセ・ルイス・ダビラ氏、レジーヌ・デリュー氏、スティーブ・デルベッキオ氏、ジェフ・デウルフ氏、テジ・ダワン氏、デビッド・ディットマン氏、アンドリュー・ドブソン氏、ブラッド・フェドソフ氏、メイヴィス・ガーリングハウス氏、ポール・グラント氏、リテッシュ・グプタ氏、ソフィア・ハグストロム氏、リチャード・ハインズ氏、ダン・ホロハン氏、アリ・ケタニ氏、ジェーン・キング氏、ジム・キンジー氏、ジョー・クラインヘンズ氏、ケイト・コリッチ氏、ラム・クマール氏、デビッド・ラモンド氏、ホルヘ・レレーナ氏、リン・リン・ロー氏、ゲイリー・ロッツ氏、アンドレ・ルコウ氏、エステル・マラガ氏、ユルゲン・メアシェーゲ氏、マラヴィカ・メルコート氏、ディデム・ミシェネ氏、アビシェク・ミッタル氏、フレドリック・オールソン氏、ダグ・オア氏、マケール・ペイス氏、ナンダ・パダヤチー氏、アジェイ・パデー氏、トム・パガーノ氏、ドライヴェル・パラニヴェル氏、ディオゴ・ピッコ氏、カラ・ラマスワミー氏、ペリー・ロテッラ氏、リアン・ロティエ氏、ロブ・サミュエル氏、サイ・シータラ氏、トム・サーヴェン氏、エイミー・シーナッシュ氏、デビッド・ショート氏、ファウスト・ソーサ氏、ジム・タナー氏、ジルベルト・フロレス・テラ氏、サイモン・トンプソン氏、マイク・トリンクル氏、デビッド・ヴァズ氏、ケイト・ウェイ氏、グレッグ・ウィリアムズ氏、ジャニーン・ウッドサイド氏、ブレット・ウーリー氏、フロイド・イェーガー氏、ケリー・ヨーエ氏、ブライアン・ザカリアス氏、ジェニー・ファン・ジップ氏。

バーブからのメッセージ

本書は、私の博士課程での研究に端を発している。「組織はいかにしてデータから価値を生み出すのか」というひとつの疑問について30年間続けた学術研究の成果である。間違いなく、本書は私の学位論文のフィナーレを飾るものだ。共著者であるシンシア・ビース（愛称「ブー」）とレスリー・オーウェンスの二人には、人びとがデータの夢を実現できるような本作りを手伝ってくれたことに感謝している。二人の相互補完的な貢献、辛抱強さ、そして友情をありがたく思っており、これがすべて合わさったことで、この共同作業が私にとっての一生の贈り物となった。

30年以上にわたって私の歩みを見守っていてくれた心強い相談相手が、ヒュー・ワトソン氏、ライアン・ネルソン氏、シンシア・ビース氏の三人だ。ヒュー、あなたは私に、データを愛してプラクティスを評価し、この分野に変化をもたらす意欲を与えてくれた。ライアン、あなたは大きな転機の中で私にアドバイスをくれ、楽しむのが大切であることを思い出させ、高みを目指すよう私の背中を押してくれた。ブー、あなたは私の可能性を見抜いて自信を高め、夢を摑み取るよう助けてくれた。ヒュー、ライアン、ブー、あなたたちは私にとってかけがえのない存在だ。

数え切れないほどの人びとが私の研究に影響、そしてインスピレーションを与えてくれた。AIS、SIG－DSA、SIM、TDWI、TUN、バージニア大学マッキンタイア・スクールの次の学術界、実務界の友人たちに感謝を申し上げる。スーザン・バスキン氏、スティーブ・クーパー氏、スコット・デイ氏、アラン・デニス氏、ハワード・ドレスナー氏、ジル・ディチェ氏、ウェイン・エッカーソン氏、ダン・エルロン氏、スコット・グナウ氏、ジェーン・グリフィン氏、リチャード・ハッカソーン氏、マーティン・ホランド氏、シンディ・ハウソン氏、シンディ・ハドルストン氏、クラウディア・イムホフ氏、ビル・インモン氏、ラクシュミ・アイヤー氏、アデレード・キング氏、メアリー・ラシティ氏、ダグ・ラネー氏、エヴァン・レヴィ氏、ショーン・ロジャース氏、アンヌ＝マリー・スミス氏、キャサリン・シュピンドール氏、リアン・トンプソン氏、リッチ・ワン氏、マデリーン・ワイス氏、ロバート・ウィンター氏。

私に愛と支えを与え、また、仕事に没頭している私に辛抱強く付き合い、理解を示してくれた家族や友人に感謝している。あなたたちのポジティブなエネルギーが私の人生に流れ込むことで、私はより強く、より良い人間になることができる。

そして、夫のクリス、娘のヘイリーとハンナに感謝を伝えたい。本書の執筆、そして私の仕事人生において、あなたたちが与えてくれる揺るぎない愛、励まし、ユーモアに身が引き締まる思いだ。私は、あなたたちの前向きな気持ちと生きる力に毎日勇気づけられている。クリス、ヘイリー、ハンナ、私の心は、あなたたちへの愛で溢れている。

シンシア（愛称「ブー」）からのメッセージ

ジャンヌ・W・ロス、マーティン・モッカー、そして私の三人が*Designed for Digital*, MIT Press, 2019（『デザインド・フォー・デジタル　持続的成功のための組織変革』日本経済新聞出版）の初期草稿に対するフィードバックを求めたとき、最も頻繁に寄せられたのが、「データはどうなんだ」という意見だった。われわれの回答は、「それにはまったく別の本が必要だ」であった。これがその本だ。

バーブとレスリーには、このチームに誘ってくれたこと、私に辛抱強く付き合ってくれたこと、そしてここに至るまで何度も何度も笑わせてくれたことに感謝している。信じられないほど素晴らしい道のりであった。

他にも感謝を伝えたい人がいる。

何よりもまず、夫であるデニー・マッコイに感謝している。デニー、解決策を押し付けることなく、私の創造的な挑戦に共感してくれてありがとう。締め切りが迫っているにもかかわらず白紙のページに立ち向かう私を支えてくれてありがとう。時には、創造的な研究が実は「完成している」ことに気づかせてくれてありがとう。創造的であると同時に規律正しくもあれということを教えてくれてありがとう（「創造的であると同時に整っている」という教訓がまだ理解できていなくて申し訳ない）。たくさんのハグとコーヒーをありがとう。

次に、この素晴らしい研究と発見の旅を始めるきっかけをくれたバート・スワンソン氏にも感謝を伝えたい。バートは、実践との関連性にもとづいて研究を進めるよう教えてくれ、そのおかげで、私はキャリアを通じて研究への熱意を高く保ち続けることができている。また、研究には真の忍耐力が必要であること、不可能とも思える書き直しの連続が伴うこと、人間の限界を超えるほどの思考が必要であることも教えてくれた。そのすべてに感謝している。

そして、何も言わずに私の愚痴を聞き、仕事が長引いたときも辛抱強く一緒にいてくれ、うまくいかないアイデアを吐き出し、新しいアイデアを取り入れるための散歩にもいつも付き合ってくれた愛しの小さな愛犬ドリー・ママにも感謝している。

最後に、私が望むものすべてを与えてくれる宇宙に感謝する。

レスリーからのメッセージ

この楽しくてやりがいのある経験に誘ってくれたバーブとブー、ありがとう。あなたたちのユーモア、優しさ、そしてやればできるという精神に感謝している。

本書の主なテーマはデータだが、人びとに関するものでもある。今年50歳を迎えるにあたり、自分がどれだけ幸運か考えてみた。私は幸運にも、幼少期、大学時代、職場、隣人など、人生のさまざまな年齢やステージから付き合いのある親しい友人がいる。私の相談相手は、ポーリン・コクラン氏、ジョー・コフィー氏、ウィン・レニハン氏、ジェフ・ライオンズ氏、スティーブン・パワーズ氏、リッチ・ストレ氏などだ。困難な時にも支えてくれ、喜びやチャンスを手に入れて祝福できるよう応援してくれた方々一人ひとりに感謝している。

そして、私の家族である両親、アドリアン、コリーン、ジョージ、スコット、ケリー、エリック、グラハム、ニックにも感謝の気持ちでいっぱいだ。私の母はもともと感性豊かな賢い起業家であり、家庭と仕事の二足のわらじが一般的でなかった時代に、その2つを見事に両立させていた。父は心優しく、私を支え、自信を与えてくれた。夫のエリックと息子のグレアム、あなたたちは私の人生で最も大切な人たちだ。激励や新しい発想を与えてくれてありがとう。あなたたちの勤勉さや誠実さはまさに手本であり、私もそれを目指して頑張っている。二人を心から愛している。

原注

はじめに

1 1.Miriam Daniel, "Immersive View Coming Soon to Maps—Plus More Updates," The Keyword, May 11, 2022, https://blog.google/products/maps/three-maps -updates-io-2022 (accessed August 30, 2022).

2 "Alphabet Q2 2022 Earnings Call Transcript," Alphabet Investor Relations, July 26, 2022, https://abc.xyz/investor/static/pdf/2022_Q2_Earnings_Transcript .pdf (accessed August 30, 2022).

3 Barbara H. Wixom and Gabriele Piccoli, "Build Data Liquidity to Accelerate Data Monetization," MIT Sloan Center for Information Systems Research, Research Briefing, vol. XXI, no. 5, May 20, 2021, https://cisr.mit.edu/publication/2021_0501_DataLiquidity_WixomPiccoli (accessed January 17, 2023).

4 Barbara H. Wixom, Thilini Ariyachandra, Michael Goul, Paul Gray, Uday Kulkarni, and Gloria Phillips-Wren, "The Current State of Business Intelligence in Academia," *Communications of the AIS* 29, no. 1 (2011), http://aisel.aisnet. org/cais/vol29/iss1/16 (accessed January 17, 2023).

5 Mark Mosley and Michael Brackett, eds., *The DAMA Guide to the Data Management Body of Knowledge (DAMA-DMBOK Guide)* (『データマネジメント知識体系ガイド』日経BP) (Bradley Beach, NJ: Technics Publications 2009).

第1章

1 Jeanne W. Ross, Cynthia M. Beath, and R. Ryan Nelson, "Redesigning CarMax to Deliver an Omni-Channel Customer Experience," Working Paper No. 442, MIT Sloan Center for Information Systems Research, June 18, 2020, https://cisr.mit.edu/publication/MIT_CISRwp442_CarMax_RossBeathNelson (accessed January 17, 2023).

2 Ida A. Someh and Barbara H. Wixom, "Microsoft Turns to Data to Drive Business Success," Working Paper No. 419, MIT Sloan Center for Information Systems Research, July 28, 2017, https://cisr.mit.edu/publication/MIT_CISRwp419_MicrosoftDataServices_SomehWixom (accessed January 17, 2023).

3 "BBVA, an Overall Digital Experience Leader Five Years in a Row, According to 'European Mobile Banking Apps, Q3 2021,'" Banco Bilbao Vizcaya Argentaria, February 11, 2022, https://www.bbva.com/en/bbva-an-overall-digital-experience-leader-five-year-in-a-row-according-to-european-mobile-banking-apps-q3-2021/ (accessed August 30, 2022).

4 Barbara H. Wixom, "PepsiCo Unlocks Granular Growth Using a Data-Driven Understanding of Shoppers," Working Paper No. 439, MIT Sloan Center for Information Systems Research, December 19, 2019, https://cisr.mit.edu/publication/MIT_CISRwp439_PepsiCoDX_Wixom (accessed January 17, 2023).

5 Barbara H. Wixom, Killian Farrell, and Leslie Owens, "During a Crisis, Let Data Monetization Help Your Bottom Line," MIT Sloan Center for

Information Systems Research, Research Briefing, vol. XX, no. 4, April 16, 2020, https:// cisr.mit.edu/publication/2020_0401_DataMonPortfolio_WixomFarrellOwens (accessed January 17, 2023).

6 Jitendra V. Singh, "Performance, Slack, and Risk Taking in Organizational Decision Making," *The Academy of Management Journal* 29, no. 3 (1986): 562– 585; L. Jay Bourgeois III, "On the Measurement of Organizational Slack," *The Academy of Management Review* 6, no. 1 (1981): 29–39.

7 Barbara H. Wixom, "Data Monetization: Generating Financial Returns from Data and Analytics—Summary of Survey Findings," Working Paper No. 437, MIT Sloan Center for Information Systems Research, April 18, 2019, https://cisr.mit.edu/publication/MIT_CISRwp437_DataMonetizationSurveyReport_Wixom (accessed January 17, 2023).

8 Steven Rosenbush and Laura Stevens, "At UPS, the Algorithm Is the Driver," *Wall Street Journal*, February 16, 2015, https://www.wsj.com/articles/at-ups-the-algorithm-is-the-driver-1424136536 (accessed August 30, 2022).

9 Clint Boulton, "Columbia Sportswear Boosts Profit with Focus on Supply Chain," *Wall Street Journal*, May 8, 2015, https://www.wsj.com/articles/colum bia-sportswear-boosts-profit-with-focus-on-supply-chain-1431121627 (accessed August 30, 2022).

10 Barbara H. Wixom, "Winning with IoT: It's Time to Experiment," MIT Sloan Center for Information Systems Research, Research Briefing, vol. XVI, no. 11, November 17, 2016, https://cisr.mit.edu/publication/2016_1101_IoT-Readiness_Wixom (accessed January 17, 2023).

11 Thomas H. Davenport and James E. Short, "The New Industrial Engineering: Information Technology and Business Process Redesign," *Sloan Management Review* (1990 Summer), 11–27; Michael Hammer, "Reengineering Work: Don't Automate, Obliterate!," *Harvard Business Review* (July-Aug 1990), 104– 112; Michael Hammer and James Champy, *Reengineering the Corporation: A Manifesto for Business Revolution* (New York: HarperBusiness, 1993); Thomas H. Davenport, *Process Innovation* (Cambridge, MA: Harvard Business School Press, 1993); W. Edwards Deming, *The New Economics: For Industry, Government, Education*, 3rd ed. (Cambridge, MA: MIT Press, 2018).

12 Greg Geracie and Steven D. Eppinger, eds., *The Guide to the Product Management and Marketing Body of Knowledge: ProdBOK(R) Guide* (Carson City, NV: Product Management Educational Institute, 2013), 31.

13 Malcom Frank, Paul Roehrig, and Ben Pring, *Code Halos* (Hoboken, NJ: John Wiley & Sons, 2014).

14 "Our History," Nielsen, https://sites.nielsen.com/timelines/our-history (accessed August 20, 2022); "Our Heritage of Innovation, Transformation and Growth," IRI, https://www.iriworldwide.com/en-us/company/history (accessed February 11, 2022).

15 Anne Buff, Barbara H. Wixom, and Paul P. Tallon, "Foundations for Data Monetization," Working Paper No. 402, MIT Sloan Center for Information Systems Research, August 17, 2015, https://cisr.mit.edu/publication/MIT_CISRwp402_FoundationsForDataMonetization_BuffWixomTallon (accessed January 17, 2023).

16 "Business and Weather Data: Keys to Improved Decisions," IBM, https:// www.ibm.com/

products/weather-company-data-packages (accessed August 30, 2022).

第２章

1 Barbara H. Wixom, "Data Monetization: Generating Financial Returns from Data and Analytics—Summary of Survey Findings," Working Paper No. 437, MIT Sloan Center for Information Systems Research, April 18, 2019, https://cisr.mit.edu/publication/MIT_CISRwp437_DataMonetizationSurveyReport_Wixom (accessed January 17, 2023).

2 Wixom, "Data Monetization."

3 Barbara H. Wixom and Killian Farrell, "Building Data Monetization Capabilities That Pay Off," MIT Sloan Center for Information Systems Research, Research Briefing, vol. XIX, no. 11, November 21, 2019, https://cisr.mit.edu/publication/2019_1101_DataMonCapsPersist_WixomFarrell (accessed January 17, 2023).

4 われわれはまず、ケース調査においてプラクティスとケイパビリティの関連性に注目。調査研究でこうした関係性を確認した。ウィクサムの「データマネタイゼーション」を参照。

5 Barbara H. Wixom, Ida A. Someh, Angela Zutavern, and Cynthia M. Beath, "Explanation: A New Enterprise Data Monetization Capability for AI," Working Paper No. 443, MIT Sloan Center for Information Systems Research, July 1, 2020, https://cisr.mit.edu/publication/MIT_CISRwp443_SucceedingArtificialIntelligence_WixomSomehZutavernBeath (accessed January 17, 2023).

6 Barbara H. Wixom and Gabriele Piccoli, "Build Data Liquidity to Accelerate Data Monetization," MIT Sloan Center for Information Systems Research, Research Briefing, vol. XXI, no. 5, May 20, 2021, https://cisr.mit.edu/publication/2021_0501_DataLiquidity_WixomPiccoli (accessed January 17, 2023).

7 Ida A. Someh, Barbara H. Wixom, and Cynthia M. Beath, "Building AI Explanation Capability for the AI-Powered Organization," MIT Sloan Center for Information Systems Research, Research Briefing, vol. XXII, no. 7, July 21, 2022, https://cisr.mit.edu/publication/2022_0701_AIX_SomehWixomBeath (accessed January 17, 2023).

8 Barbara H. Wixom and M. Lynne Markus, "To Develop Acceptable Data Use, Build Company Norms," MIT Sloan Center for Information Systems Research, Research Briefing, vol. XVII, no. 4, April 20, 2017, https://cisr.mit.edu/publication/2017_0401_AcceptableDataUse_WixomMarkus (accessed January 17, 2023).

9 Barbara H. Wixom, Gabriele Piccoli, Ina Sebastian, and Cynthia M. Beath, "Anthem's Digital Data Sandbox," Working Paper No. 451, MIT Sloan Center for Information Systems Research, October 1, 2021, https://cisr.mit.edu/publication/MIT_CISRwp451_Anthem_WixomPiccoliSebastianBeath (accessed January 17, 2023). ２０２２年、アンセム・ヘルスはエレバンス・ヘルスに社名を変更（https://www.elevancehealth.com を参照）。

10 Elena Alfaro, Juan Murillo, Fabien Girardin, Barbara H. Wixom, and Ida A. Someh, "BBVA Fuels Digital Transformation Progress with a Data Science Center of Excellence," Working Paper No. 430, MIT Sloan Center for Information Systems Research, April 27, 2018, https://cisr.mit.edu/publication/MIT_

CISRwp430_BBVADataScienceCoE_AlfaroMurilloGirardinWixomSomeh (accessed January 17, 2023).この論文は、情報管理学会(Society for Information Management)の2018年最優秀論文コンペティションで最優秀賞を受賞。"BBVA, an Overall Digital Experience Leader Five Years in a Row, According to 'European Mobile Banking Apps, Q3 2021,'" Banco Bilbao Vizcaya Argentaria, February 11, 2022, https://www.bbva.com/en/bbva-an-overall-digital-experience-leader-five-year-in-a-row-according-to-european-mobile-banking-apps-q3-2021 (accessed August 30, 2022).

11 Wixom and Farrell, "Building Data Monetization Capabilities That Pay Off."

第３章

1 Barbara H. Wixom, "Data Monetization: Generating Financial Returns from Data and Analytics—Summary of Survey Findings," Working Paper No. 437, MIT Sloan Center for Information Systems Research, April 18, 2019, https://cisr.mit.edu/publication/MIT_CISRwp437_DataMonetizationSurveyReport_Wixom (accessed January 17, 2023).

2 Barbara H. Wixom, Ida A. Someh, Angela Zutavern, and Cynthia M. Beath, "Explanation: A New Enterprise Data Monetization Capability for AI," Working Paper No. 443, MIT Sloan Center for Information Systems Research, July 1, 2020, https://cisr.mit.edu/publication/MIT_CISRwp443_SucceedingArtificialIntelligence_WixomSomehZutavernBeath (accessed January 17, 2023).

3 Barbara H. Wixom, Ida A. Someh, and Robert W. Gregory, "AI Alignment: A New Management Paradigm," MIT Sloan Center for Information Systems Research, Research Briefing, vol. XX, no. 11, November 19, 2020, https:// cisr.mit.edu/publication/2020_1101_AI-Alignment_WixomSomehGregory (accessed January 17, 2023).

4 Barbara H. Wixom and Jeanne W. Ross, "The U.S. Securities and Exchange Commission: Working Smarter to Protect Investors and Ensure Efficient Markets," Working Paper No. 388, MIT Sloan Center for Information Systems Research, November 30, 2012, https://cisr.mit.edu/publication/MIT_CISRwp388_SEC_WixomRoss (accessed January 17, 2023).

5 Barbara H. Wixom and Anne Quaadgras, "GUESS?, Inc.: Engaging the Business Community with the "New Look" of Business Intelligence," MIT Sloan Center for Information Systems Research, Research Briefing, vol. XIII, no. 8, August 15, 2013, https://cisr.mit.edu/publication/2013_0801_GUESS_WixomQuaadgras (accessed January 17, 2023).

6 Barbara H. Wixom, "Winning with IoT: It's Time to Experiment," MIT Sloan Center for Information Systems Research, Research Briefing, vol. XVI, no. 11, November 17, 2016, https://cisr.mit.edu/publication/2016_1101_IoT-Readiness_Wixom (accessed January 17, 2023).

7 Nitan Nohria and Ranjay Gulati, "Is Slack Good or Bad for Innovation?" *Academy of Management Journal* 39, no. 5 (1996):1245–1264; Joseph L.C. Cheng and Idalene F. Kesner, "Organizational Slack and Response to Environmental Shifts: The Impact of Resource Allocation Patterns," *Journal of Management* 23, no. 1 (1997): 1-18.

8 "Market Capitalization of Microsoft (MSFT) June 2022," Companies Market Cap, https://companiesmarketcap.com/microsoft/marketcap (accessed June 2022).

9 Wixom, "Data Monetization."

10 Barbara H. Wixom and Killian Farrell, "Building Data Monetization Capabilities That Pay Off," MIT Sloan Center for Information Systems Research, Research Briefing, vol. XIX, no. 11, November 21, 2019, https://cisr.mit.edu/publication/2019_1101_DataMonCapsPersist_WixomFarrell (accessed January 17, 2023).

第4章

1 Ronny Schüritz, Killian Farrell, and Barbara H. Wixom, "Creating Competitive Products with Analytics—Summary of Survey Findings," Working Paper, No. 438, MIT Sloan Center for Information Systems Research, June 28, 2019, https://cisr.mit.edu/publication/MIT_CISRwp438_DataWrappingParticipant Report_SchuritzFarrellWixom (accessed January 17, 2023).

2 Barbara H. Wixom and Ronny Schüritz, "Creating Customer Value Using Analytics," MIT Sloan Center for Information Systems Research, Research Briefing, vol. XVII, no. 11, November 16, 2017, https://cisr.mit.edu/publication/2017_1101_WrappingAtCochlear_WixomSchuritz (accessed January 17, 2023).

3 Wixom and Schüritz, "Creating Customer Value Using Analytics."

4 Wixom and Schüritz, "Creating Customer Value Using Analytics."

5 Ronny Schüritz, Killian Farrell, Barbara H. Wixom, and Gerhard Satzger, "Value Co-Creation in Data-Driven Services: Towards a Deeper Understanding of the Joint Sphere," International Conference for Information Systems, December 15–18, 2019; Christian Grönroos and Päivi Voima, "Critical Service Logic: Making Sense of Value Creation and Co-Creation," *Journal of the Academy of Marketing Science* 41, no. 2 (2013): 133–150.

6 Barbara H. Wixom and Ina M. Sebastian, "Don't Leave Value to Chance: Build Partnerships with Customers," MIT Sloan Center for Information Systems Research, Research Briefing, vol. XIX, no. 12, December 19, 2019, https://cisr.mit.edu/publication/2019_1201_PepsiCoCustomerPartnerships_WixomSebastian (accessed January 17, 2023).

7 "PepsiCo Annual Report, 2021," PepsiCo, https://www.pepsico.com/docs/default-source/annual-reports/2021-annual-report.pdf (accessed August 30, 2022).

8 Barbara H. Wixom, "PepsiCo Unlocks Granular Growth Using a Data-Driven Understanding of Shoppers," Working Paper No. 439, MIT Sloan Center for Information Systems Research, December 19, 2019, https://cisr.mit.edu/publication/MIT_CISRwp439_PepsiCoDX_Wixom (accessed January 17, 2023).

9 Margaret A. Neale, and Thomas Z. Lys, *Getting (More of) What You Want* (London: Profile Books, 2015).

10 Dale Goodhue and Barbara H. Wixom, "Carlson Hospitality Worldwide KAREs about Its Customers," in *Harnessing Customer Information for Strategic Advantage: Technical Challenges and Business Solutions*, ed. W. Eckerson and H. Watson (Seattle: The Data Warehousing Institute, 2000).

11 Barbara H. Wixom, "Data Monetization: Generating Financial Returns from Data and Analytics—Summary of Survey Findings," Working Paper No. 437, MIT Sloan Center for Information Systems Research, April 18, 2019, https:// cisr.mit.edu/publication/MIT_CISRwp437_DataMonetizationSurveyReport_Wixom (accessed January 17, 2023).

12 Barbara H. Wixom and Ronny Schüritz, "Making Money from Data Wrapping: Insights from Product Managers," MIT Sloan Center for Information Systems Research, Research Briefing, vol. XVIII, no. 12, December 20, 2018, https://cisr.mit.edu/publication/2018_1201_WrappingValue_WixomSchuritz (accessed January 17, 2023).

13 Barbara H. Wixom and Killian Farrell, "Building Data Monetization Capabilities That Pay Off," MIT Sloan Center for Information Systems Research, Research Briefing, vol. XIX, no. 11, November 21, 2019, https://cisr.mit.edu/publication/2019_1101_DataMonCapsPersist_WixomFarrell (accessed January 17, 2023).

14 Wixom, "Data Monetization."

第5章

1 Anne Buff, Barbara H. Wixom, and Paul P. Tallon, "Foundations for Data Monetization," Working Paper No. 402, MIT Sloan Center for Information Systems Research, August 17, 2015, https://cisr.mit.edu/publication/MIT_CISRwp402_FoundationsForDataMonetization_BuffWixomTallon (accessed January 17, 2023).

2 "8451: Who We Are," 8451, https://www.8451.com/who-we-are (accessed August 30, 2022).

3 Barbara H. Wixom, "Data Monetization: Generating Financial Returns from Data and Analytics—Summary of Survey Findings," Working Paper No. 437, MIT Sloan Center for Information Systems Research, April 18, 2019, https://cisr.mit.edu/publication/MIT_CISRwp437_DataMonetizationSurveyReport_Wixom (accessed January 17, 2023).

4 Barbara H. Wixom and Jeanne W. Ross, "Profiting from the Data Deluge," MIT Sloan Center for Information Systems Research, Research Briefing, vol. XV, no. 12, December 17, 2015, https://cisr.mit.edu/publication/2015_1201_DataDeluge_WixomRoss (accessed January 10, 2023).

5 Buff, Wixom, and Tallon, "Foundations for Data Monetization."

6 "Global Data Broker Market Size, Share, Opportunities, COVID-19 Impact, and Trends by Data Type (Consumer Data, Business Data), by End-User Industry (BFSI, Retail, Automotive, Construction, Others), and by Geography—Forecasts from 2021 to 2026," Knowledge Sourcing Intelligence, June 2021, https://www.knowledge-sourcing.com/report/global-data-broker-market (accessed August 30, 2022).

7 "About Verisk," Verisk, https://www.verisk.com/about (accessed August 30, 2022); "Verisk Fact Sheet," Verisk Inc. Newsroom, https://www.verisk.com/newsroom/verisk-fact-sheet (accessed August 30, 2022).

8 Jennifer Belissent, "The Insights Professional's Guide to External Data Sourcing," Forrester Research, Inc., August 2, 2021, https://www.forrester.com/report/The-Insights-Professionals-Guide-To-External-Data-Sourcing/RES139331 (accessible behind paywall August 30, 2022).

9 Gabriele Piccoli, Federico Pigni, Joaquin

Rodriguez, and Barbara H. Wixom, "TRIPBAM: Creating Digital Value at the Time of the COVID-19 Pandemic," Working Paper No. 444, MIT Sloan Center for Information Systems Research, July 30, 2020, https://cisr.mit.edu/publication/MIT_CISRwp444_TRIPBAM_PiccoliPigniRodriguezWixom (accessed January 10, 2023).

10 Barbara H. Wixom, Cynthia M. Beath, Ja-Nae Duane, and Ida A. Someh, "Healthcare IQ: Sensing and Responding to Change," Working Paper No. 458, MIT Sloan Center for Information Systems Research, February 1, 2023, https:// cisr.mit.edu/publication/MIT_CISRwp458_HealthcareIQDataAssets_WixomBeath DuaneSomeh (accessed February 17, 2023); Barbara H. Wixom and Cheryl Miller, "Healthcare IQ: Competing as the 'Switzerland' of Health Spend Analytics," Working Paper No. 400, MIT Sloan Center for Information Systems Research, February 6, 2015, https://cisr.mit.edu/publication/MIT_CISRwp400_HealthcareIQ_WixomMiller (accessed February 17, 2023).

11 Jay B. Barney, "Looking Inside for Competitive Advantage," *The Academy of Management Executive (1993–2005)* 9, no. 4 (1995): 49–61.

12 Magid Abraham, "Data Monetization Strategies That Can Show You the Money," MIT Sloan Center for Information Research, MIT CISR Summer Session, June 18, 2014.

13 Barbara H. Wixom, Anne Buff, and Paul P. Tallon, "Six Sources of Value for Information Businesses," MIT Sloan Center for Information Systems Research, Research Briefing, vol. XV, no. 1, January 15, 2015, https://cisr.mit.edu/publication/2015_0101_DataMonetizationValue_WixomBuffTallon (accessed January 10, 2023).

14 Barbara H. Wixom and Killian Farrell, "Building Data Monetization Capabilities That Pay Off," MIT Sloan Center for Information Systems Research, Research Briefing, vol. XIX, no. 11, November 21, 2019, https://cisr.mit.edu/publication/2019_1101_DataMonCapsPersist_WixomFarrell (accessed January 17, 2023).

15 Barbara H. Wixom and M. Lynne Markus, "To Develop Acceptable Data Use, Build Company Norms," MIT Sloan Center for Information Systems Research, Research Briefing, vol. XVII, no. 4, April 20, 2017, https://cisr.mit.edu/publication/2017_0401_AcceptableDataUse_WixomMarkus (accessed January 10, 2023); Dorothy Leidner, Olgerta Tona, Barbara H. Wixom, and Ida A. Someh, "Make Dignity Core to Employee Data Use," *Sloan Management Review*, September 22, 2021. Reprint #63215.

第6章

1 Ida Someh, Barbara H. Wixom, Michael J Davern, and Graeme Shanks, "Configuring Relationships Between Analytics and Business-Domain Groups for Knowledge Integration," *JAIS Preprints* (forthcoming), http://aisel.aisnet.org/jais_preprints/63 (accessed January 17, 2023).

2 Someh, Wixom, Davern, and Shanks, "Configuring Relationships."

3 この思考実験は、バーバラ・ウィクサムが数年前に参加したＴＤＷＩ（Transforming Data with Intelligence）という教育および研究提供者が主催したカンファレンスのイベントに着想を得たものである。カンファレンスに招待されたデータリーダーたちには、取り組みを支援するエグゼクティブを一人連れてきてほしいとの要望がなされていた。カンファレンスの冒頭、データリーダーには赤いシャツ、支持者のエグゼクティブには青いシャツを贈呈し、カンファレンスの最後には、全員が紫のシャツを着て会場を後にした。

4 Ida A. Someh and Barbara H. Wixom, "Microsoft Turns to Data to Drive Business Success," Working Paper No. 419, MIT Sloan Center for Information Systems Research, July 28, 2017, https://cisr.mit.edu/publication/MIT_CISRwp419_MicrosoftDataServices_SomehWixom (accessed January 17, 2023).

5 Ida A. Someh and Barbara H. Wixom, "Data-Driven Transformation at Microsoft," MIT Sloan Center for Information Systems Research, Research Briefing, vol. XVII, no. 8, August 17, 2017, https://cisr.mit.edu/publication/2017_0801_DataDrivenTransformation_SomehWixom (accessed January 17, 2023).

第7章

1 Donald C. Hambrick and James W. Fredrickson, "Are You Sure You Have a Strategy?" *The Academy of Management Executive* 19, no. 4 (2001): 48–59.

2 Wayne Eckerson, *The Data Strategy Guidebook: What Every Executive Needs to Know* (Boston, MA:Eckerson Group, 2019).

3 Barbara H. Wixom, Killian Farrell, and Leslie Owens, "During a Crisis, Let Data Monetization Help Your Bottom Line," MIT Sloan Center for Information Systems Research, Research Briefing, vol. XX, no. 4, April 16, 2020, https:// cisr.mit.edu/publication/2020_0401_DataMonPortfolio_WixomFarrellOwens (accessed January 17, 2023).

4 Veerai Desai, Tim Fountaine, and Kayvaun Rowshankish, "A Better Way to Put Your Data to Work," *Harvard Business Review* (July-Aug 2022), 3–9.

5 Stephanie L. Woerner, Peter Weill, and Ina M. Sebastian, *Future Ready: The Four Pathways to Capturing Digital Value* (Cambridge, MA:Harvard Business Review Press, 2022).

付録

1 Ida A. Someh, Barara H. Wixom, and Cynthia M. Beath, "Building AI Explanation Capability for the AI-Powered Organization," MIT Sloan Center for Information Systems, Research Briefing, vol. XXII, no. 7, July 21, 2022, https://cisr.mit.edu/publication/2022_0701_AIX_SomehWixomBeath (accessed January 17, 2023).

2 Barbara H. Wixom, "Data Monetization: Generating Financial Returns from Data and Analytics—Summary of Survey Findings," Working Paper No. 437, MIT Sloan Center for Information Systems Research, April 18, 2019, https://cisr.mit.edu/publication/MIT_CISRwp437_DataMonetizationSurveyReport_Wixom (accessed January 17, 2023).

訳者解説

本書では、新しい概念やフレームワークが豊富に紹介されています。書籍のタイトル「*Data Is Everybody's Business*」で表現している概念が最も基本かつ重要な概念です。データマネタイゼーションを実現するには組織の全従業員が取り組むことが重要であり、そのためのお膳立てとして、全従業員がデータアセットを使える状態にするべきであるということです。また、「価値創造」だけでなく「価値実現」まで到達することで、財務諸表に影響を与えなければ意味がないという考え方も、当たり前と言われればそうかもしれませんが、改めて自身の日々の活動を振り返り、反省すべき点があると気づかされます。

上述のように、本書で紹介される新しい概念やフレームワークは、日本のビジネスパーソンの読者からすると、今までおぼろげながら考えたり、実行したりしていたことがものの見事に表現され、思わず「そうそうそう!」と言いたくなるような内容ばかりかと思います。

データマネタイゼーションの収益化パターンを示している、「業務改善(第3章)」「ラッピング(第4章)」「情報ソリューション販売(第5章)」のうち、「業務改善」については、日本でも〝データ活用〟や〝DX〟というキーワードがビジネスの世界で飛び交い、ほとんどの企業でその検討、推進がなされていると思われます。

一方で、「ラッピング」と「情報ソリューション販売」については、日本ではどんな事例があるのだろうか、自分の企業でも実現できるのか、という疑問がある方が多いかもしれません。

われわれクニエの新規事業戦略チームでは、ここ数年、この「ラッピング」と「情報ソリューション販売」を実現するためのコンサルティングサービスを提供し、各種セミナーや、企業を集めて勉強会などを実施していますが、多くの企業からデータを活用して新たに収益を得ることが日本で可能なのか、事例はあるのか、という疑問を頂戴することが多くあります。

そこで、訳者解説として、この「ラッピング」と「ソリューション販売」について、読者の皆様が理解しやすい日本事例を紹介しておこうと思います。

ラッピングの日本事例

ラッピングは、既存製品・サービスの顧客に対してデータを活用して新たな価値を提供することで新たな収益を得たり、既存製品・サービスの市場における差別化を図ったりするものです。このため、ラッピングを検討しやすい業界としては、既存製品にＩｏＴを付加して提供しているメーカーが、最終顧客の利用中にＩｏＴから取得したデータを解析してレコメンドを提供するようなサービスや、既存サービスがＥＣやアプリなどＩＴベースの場合に、顧客の他の不便に着目したサービスがあります。

デジタルタコグラフメーカーによる労務管理、業務改善等のサービス（矢崎エナジーシステム、デンソーなど）

デジタルタコグラフは、トラックの運行状態（速度、走行時間、走行距離）をデータとして記録する装置です。トラックドライバーの安全意識を向上させる目的で、法規制にもとづく対象のトラックに搭載することが義務化されています。

法規制を守るうえでは、デジタルタコグラフは、安全意識向上に向けて、最低限のデータ（速度、走行時間、走行距離）を記録できればよく、標準機能としての製品として販売されています。このサービスは、単にデータを提供するため、本書で言うところのデータラッピングに相当します。

このサービスに加えて、メーカー各社では、デジタコで記録するデータや、併せて提供しているドライブレコーダー、ＥＴＣのデータも活用して、トラックドライバーや運行管理者向けのラッピングとしてのさまざまなサービスを提供しています。

●安全運転に向けたサービス

時間帯別の急発進・急加速やヒヤリハットの回数をレポートするサービスです。こちらはインサイトラッピングと言うことができるでしょう。

またウインカーの操作なく車線をはみ出した際や、前方車両との距離が近づいた際に警報を鳴らすアクションラッピングのサービスもあります。

●燃費改善向けのサービス

速度設定値を超えた場合や、急加速・急ブレーキ時の警告を鳴らすことで、穏やかなアクセル操作となり、燃費が改善されるサービスです。

●労務管理としてのサービス

稼働時間や休息期間が自動で計算され、一目でドライバーの労務状況を確認することができるサービスです。

●業務改善としてのサービス

運行を終えたドライバーが、鉛筆で運行日報を書く作業を自動で出力するサービスです。

これらのサービスはデジタルタコグラフメーカーが、顧客であるトラック運送業者の業務を徹底的に把握し、当たり前となっている不便を探り、声を聞きながら一体となってサービス開発しています。

タクシー配車アプリ事業者による、タクシードライバー向け需要予測、走行ルートの推奨（S・RIDEなど）

北米、中国に続き、日本でも加速度的に伸びているタクシー配車アプリは、読者でも利用されている方が多いだろうと思います。一般ドライバーが自家用車を使い有償で乗客を送迎する「ライドシェア」も一部地域で解禁され、今後もその勢いはとどまることがないと予想されます。

このタクシー配車アプリのビジネスモデルは、B2BやB2Cという一方向のサービスではなく、「乗車する人（C）」と「タクシー会社（B）」双方が顧客であるというマルチサイドプラットフォームということになります。このタクシー配車アプリの浸透は、当然「乗車する人」を増やすべく、マーケティングに力を入れてきましたが、一方で、「タクシー会社」向けにもサービス性の向上を含むマーケティングに取り組んでいます。この「タクシー会社」向けのラッピング事例を紹介します。

●需要予測サービス

タクシードライバー向けのインサイトラッピングとしてのサービスです。今後、どのエリアにタクシーに乗りたい顧客がいるのかを予測してくれるものです。

この予測をするために、過去のタクシー乗車実績や、スマホの位置情報、他の交通機関の運行状況、天候・気温情報などのデータを活用しているケースが多くあります。ここで、過去のタクシー乗車実績以外のデータは、外部から購入してきている点も注目すべきポイントです。タクシードライバーがほしい情報は需要予測ですが、自社が持っているデータは過去のタクシー乗車実績のみであり、自社のデータだけでは顧客の望むものを提供できないがために、外部のデータと掛け合わせて実現していることになります。

●走行ルートの推奨サービス

タクシードライバー向けのアクションラッピングとしてのサービスです。今後、どのルートを走れば、空車の時間を減らし、効率的に顧客を乗せることができるかを推奨するサービスです。他のタクシー車両の位置や、通行にかかる時間や交通規制、また、モデルケースとなるドライバーの分析結果による右左折の回数などから推奨ルートを作成しています。

これらのサービス開発においても、調査として実際にタクシーに乗車させてもらい、ドライバーがどのような情報にもとづいて何を判断して走行ルートを決めているかを理解したり、優良ドライバーに、一日の走行ルートに対してなぜそのようなルートを辿ったのかをインタビューしたりするなどして、顧客理解をしながら開発を進めています。

情報ソリューション販売の日本事例

情報ソリューション販売の事例も日本で徐々に登場しています。

金融業界では、クレジットカードの決済情報を活用して、マーケティング分析するサービス（三井住友カードのCustella、ＪＣＢのＪＣＢ消費ＮＯＷなど）があります。小売店は、自店舗の販売動向は商品の売れ行きで把握できるし、ハウスカードを導入している小売店であれば、顧客のデモグラフィック情報別の売れ行きなども分析できます。しかし、自店舗の顧客が外でどんな消費行動をしているのかをつかむことが難しいという課題に対して、クレジットカードの決済情報を活用した分析サービスを利用しています。

また、銀行が口座の入出金データを分析して地域ごとに年収の分布を提供して、小売店の出店計画などに活用するサービスも登場しています（みずほ銀行のMi-pot）。

また医療・ヘルスケア業界でいえば、保険事業者、医療機関からレセプトや電子カルテのデータを収集して統計加工し、アカデミアや製薬企業へ提供する、プラットフォーマーとしてのサービスが先行しています。既存事業で得られたデータを活用して新たな顧客向けに新規サービスを展開する事業としては、たとえば、腸内細菌を自宅にいながら検査をする事業者が、その検査結果をビッグデータ化してアカデミアや、食品メーカーの商品企画、マーケティングとして販売する事業（Cykinsoデータ分譲サービス）を開始しています。

日本における情報ソリューション販売において一歩進んでいるのが、通信キャリアやアプリベンダーによる位置情報サービスです。

スマホの位置情報を活用して商圏分析や、イベント分析、街づくりに活かすソリューションです。位置情報は主に2つの取得技術があり、ひとつはモバイル通信をつかさどる基地局が位置を特定する方法、2つ目はGPSにより位置を特定する方法です。基地局による位置情報を活用したサービスは大手通信キャリア（ドコモ・インサイトマーケティング、ソフトバンクなど）が展開しており、GPSの位置情報を活用したサービスはアプリベンダーが展開している構図になります。ただし、ひとつのアプリでは位置情報の数が少ないため、複数のアプリベンダーから位置情報を購入して、サービスを提供するプラットフォーマー（ブログウォッチャーなど）も登場しています。

また、自動車にもGPSは搭載されているため、自動車メーカー（HONDA等）からも位置情報を活用したサービスが提供されています。

サービス提供の形態としては、現時点では、性別年代別の統計情報を提供し、顧客が分析することで意思決定する「データを提供する情報ソリューション販売」が多くを占めています。しかし、位置情報の提供事業者は、「インサイトを提供する情報ソリューション販売」「アクションを促す情報ソリューション販売」に進化させるために、顧客の業務に入り込み、当たり前の不便を探しながらサービス企画、PoC、新サービス展開を進めています。たとえば、飲食店やスーパーマーケットの基幹システムで位置情報を見られるようにし、店長が店舗周辺に多くの人がいる場合にはビラ配りに行って顧客を呼び込むプロモーション活動をしたり、来店客が増えると予測した場合は、仕込みの量を増やすなどのアクションをとるためのサービスも実現されています。

位置情報の提供事業者は増えてきているため、各社はデータの提供だけではビジネスが立ち行かなくなると危惧しており、いかに顧客の業務に入り込んだ、代替の利かない高付加価値のサービスを作るかが生命線であると認識しており、日々のサービス開発に取り組まれています。

読者の皆様の想像するとおり、日本での「ラッピング」と「情報ソリューション販売」の事例は、北米、中国などのデジタル先進国に比べてまだ少ないのが実情です。その理由のひとつは、これも周知のとおり、日本のＤＸ化の遅れによりデータ量も豊富ではないため、ソリューション化に足る傾向値を把握できるところまで来ていないという点があります。しかし、ここ数年で、ＩｏＴの加速度的な増大やＤＸ化の推進がなされ、データ量も豊富になってきており、データマネタイゼーションの事例も出てきている状況と捉えることができます。

また現在、さまざまな企業と関わるなかで、非常に多くの企業でデータマネタイゼーションをミッションに持つ部門が設立されるなど、現在進行形で続々と企画されていると実感しています。

インターネット革命が起きた２０００年頃は、そのビジネスの可能性は諸所で叫ばれつつも、結局情報システム部門による企業ホームページを作るくらいのことしかできていなかったのが、現在では、スマホの普及も後押しして、情報の非対称性に着眼したマッチングサービスや、さまざまなアプリが登場し、儲ける型ができてきたといえるのではないでしょうか。

「データをひとつの資産としてそれをビジネスに活かす」ことが、海外ができて日本ができない、というロジックはありません。

今後、データマネタイゼーションの重要性や勘所が日本企業に浸透し、成功事例を作り続け、失われた30年を取り戻す一助になることを願っています。

ま

や

ら

な

は

た

さ

索　引

数字

アルファベット

あ

翻訳チームメンバー一覧

天野秀俊

株式会社クニエ
新規事業戦略チーム　シニアマネージャー

外資系コンサルティングファームへ入社し、製造業のサプライチェーンマネジメントを主軸とした数々のDXコンサルティングに従事。2009年よりクニエにて、通信・製造/流通・ヘルスケア・農業・教育等の様々な業界における新規ビジネス企画に従事。2021年にデータマネタイゼーション専門部隊を立ち上げ、コンサルティングサービスの提供、講演を多数実施。

境一樹

株式会社クニエ
新規事業戦略チーム　マネージャー

日本IBMへ入社し、AIの業務活用に関するコンサルティングに従事。2019年よりクニエにて、通信・製造・金融・観光等の様々な業界における新規ビジネス企画に従事。現在はデータマネタイゼーション専門部隊に所属し、コンサルティングサービスの提供、ワークショップを多数実施。

榛澤響

株式会社クニエ
新規事業戦略チーム　シニアコンサルタント

新卒でクニエに入社。通信・製造・物流等幅広い領域における新規事業企画・立ち上げのプロジェクトに従事。現在は、データマネタイゼーションをテーマに企業が保有するデータを活用した事業企画に注力。

松永健太朗

株式会社クニエ
新規事業戦略チーム　シニアコンサルタント

大手日系メーカーへ入社し、ウェアラブルデバイスの新規事業の立ち上げ、製品の企画からハードウェア設計・調達、製造・サービス立ち上げまで幅広く従事。2023年よりクニエにて、通信・医療・金融分野における新規事業ビジネスの企画に従事。

三田村美穂

株式会社クニエ
新規事業戦略チーム　コンサルタント

大手日系メーカーを経て、2022年にクニエに入社。通信・交通・観光等の幅広い領域における新規事業の企画・立ち上げを支援。

越智あやの

株式会社クニエ
新規事業戦略チーム　コンサルタント

監査法人、IT企業を経て、2023年にクニエに入社。通信・観光・ヘルスケア分野における新規事業の企画・立ち上げを支援。

河原里香

三宅伸子

著者紹介

バーバラ・ウィクサム

Barbara H. Wixom

マサチューセッツ工科大学（MIT）スローン情報システムリサーチセンター（MIT CISR）首席リサーチ・サイエンティスト、MIT CISRデータ・リサーチ・アドバイザリー・ボード創設者、MITスローン・データ・マネタイゼーション・オンライン・ショートコース・ファカルティ・ディレクター。

シンシア・M・ビース

Cynthia M. Beath

テキサス大学マコボス・スクール・オブ・ビジネス名誉教授。アカデミズム界に入る以前は、情報システム開発に関わる複数の民間企業に勤務、コンサルティングを担当。

レスリー・オーウェンス

Leslie Owens

前マサチューセッツ工科大学（MIT）スローン情報システムリサーチセンター（MIT CISR）エグゼクティブ・ディレクター。MITスローン・スクール・シニア・レクチャラー。フォレスター・リサーチ・バイス・プレジデント、調査ディレクター、アボット社マネジャーを歴任。

全社でデータを活かす技術

データマネタイゼーションの成功法則

2025年4月16日　1版1刷

著　　者　バーバラ・ウィクサム
　　　　　シンシア・M・ビース
　　　　　レスリー・オーウェンス
訳　　者　天野秀俊
発 行 者　中川ヒロミ
発　　行　株式会社日経BP
　　　　　日本経済新聞出版
発　　売　株式会社日経BPマーケティング
　　　　　〒105-8308　東京都港区虎ノ門4-3-12
装　　幀　三森健太（JUNGLE）
D　T　P　マーリンクレイン
印刷・製本　シナノ印刷株式会社

ISBN 978-4-296-12005-5

本書籍に関するお問い合わせ，ご連絡は下記にて承ります。
https://nkbp.jp/booksQA

Printed in Japan